GEC

ENG

D

by

JOHN J. TORIKASHVILI

HIPPOCRENE BOOKS
New York

John J. Torikashvili was born in the former Soviet Republic of Georgia. He received his Bachelor of Arts degree in Computer and Political Science at New York University in 1989 and his Master of Arts degree in Liberal Studies, in 1992. He presently resides in New York City and works at New York University.

The Hippocrene Edition

Georgian-English English-Georgian Dictionary
By John J. Torikashvili

For information, address the publisher:

The Hippocrene Books, Inc.
171 Madison Avenue
New York, N.Y. 10016

ISBN 0-87052-121-7

First Edition
Printed in the United States of America

To my loving wife, Kim.

FOREWORD

The Georgian language is a unique and ancient language stemming from the Ibero-Caucasian family of languages. The Georgian language is original, created by the Georgian king Parnavaz, in the third century B.C.E. Georgian literature flourished under the strength of the Georgian State during the eleventh and twelfth centuries. Georgian literary works encompassed the historical, political, philosophical, and religious ideas of the time. This period marked the emergence of great writers and poets. The creation of Shota Rustaveli's "Knight in the Tiger's Skin" further enhanced Georgian culture. His writings are comparable to the great works of the Renaissance.

A window to the West was opened to the Georgian literature in the eighteenth century due to the appointment of the writer, Soulkhan-Saba Orbeliani as ambassador of Georgia to the court of the French King, Louis the XIV. The defeat of communism and the movement towards democracy, in the twentieth century, is unleashing new realities for the Georgian people and their culture.

This Georgian-English, English-Georgian Dictionary is addressed to business people, travelers and students. It contains over 8,000 entries in Georgian and English. The use of this Dictionary is facilitated by the adoption of a simple transliteration scheme. Each word is transliterated using the alphabet of the other language. This naturally entails a degree of impression, particularly in differentiating the pronunciation of sounds unique in each language. Only one graphic symbol is employed. In the Georgian-English Dictionary, a "-", in the transliteration, divides Georgian letters that have unique sounds, such as "თ" which in English would be expressed as "-th-". (See the chart on the next page for additional letters.) This distinguishes the Georgian letter "ტ" which has a hard sound as in the words "table" or "time", from the softer sounding "თ". In the English-Georgian dictionary, the Georgian letter "თ" is used in the transliteration of the English sound "th".

The comparisons between the Georgian and English letters that contain similar sounds were not drawn, as they are self explanatory.

J.J.T.

GEORGIAN LETTER CHART

GEORGIAN	ENGLISH EQUIVALENT	EXAMPLE
თ	th	thoughtful timely
ჟ	zh	measure seizure
ფ	pf	phantom for
ქ	kh	coffee
ღ	hh	hello
ყ	qh	Chanukah
ჩ	ch	church
ც	t-s	parts
ძ	dz	dessert
წ	ts	thoughts
ჭ	tch	charity
ხ	h	harm
ჯ	j	jury

ENGLISH LETTER CHART

ENGLISH	GEORGIAN EQUIVALENT	EXAMPLE
f, ff	ფ	ფინალი ფიგურა
ph	p	ფილტვი ფაზა
th	თ	თვე ყმა

LIST OF ABREVIATIONS

adj	adjective
adv	adverb
conj	conjunction
int	interjection
n	noun
num	numeral
prep	preposition
pron	pronoun
v	verb

GEORGIAN-ENGLISH
DICTIONARY

ა

აბა! [ába] *int* well! so!

აბანო [abáno] *n* bath house

აბაჟური [aba-jh-úri], **შუქფარი** [shu-kh-pf-ári] *n* lamp shade

აბეზარი [abezári] *adj* tiresome, boring

აბზაცი [abzát-si] *n* paragraph

აბნეული [abneúli] *adj* confused, puzzled

აბსოლუტური [absolutúri] *adj* absolute, certain

აბსტრაქტული [abstraktúli] *adj* abstract, theoretical

აგება [agéba] *v* to build, construct, erect

აგეგმვა [agégmva] *v* to plan

აგენტი [agénti] *n* agent

აგერ [áger] *adv* here

აგვისტო [agvísto] *n* August

აგზნება [agznéba] *v* to excite, *n* excitement

აგრე [ágre] *adv* so, similar to

აგრეთვე [agré-th-ve] *adv* also, too

აგრესიული [agresiúli] *adj* aggressive

ადათი [adá-th-i] *n* custom, usage

ადამიანი [adamiáni] *n* a man, a human being, a creature

ადამიანური [adamianúri] *adj* human, humanistic

ადგილი [adgíli] *n* a place, area, location

ადგილობრივი [adgilobrívi] *adj* local, *n* native

ადგომა [adgóma] *v* to get up, *n* getting up

ადვილი [advíli] *adj* easy, effortless

ადრე [ádre] *adv* early

ადრინდელი [adrindéli] *adj* previous, former

ადუღება [adu-hh-éba], **დუღება** [du-hh-éba] *v* to boil, *n* boiling

აეროდრომი [aerodrómi] *n* airport

ავადმყოფი [avadm-h-ó-pf-i] *adj* ill, sick

ავანსი [avánsi] *n* deposit, advance

ავდარი [avdári] bad weather

ავეჯი [avéji] *n* furniture

ავიაცია [avia-t-s-ía] *n* aviation

ავტომობილი [avtomobíli] *n* automobile, vehicle

ავტობუსი [avtobúsi] *n* bus

ავტომატური [avtomatúri] *adj* automatic, self acting

ავტორი [avtóri] *n* author, novelist

აზერბაიჯანი [azerbaijáni] *n* Azerbaijan

აზიზი [azízi] *adj* tender, delicate

აზიური [aziúri] *adj* Asiatic, oriental

აზნაური [aznaúri] *n* nobleman

აზრიანი [azriáni] *adj* reasonable, rational, feasible, intelligent

აზროვნება [azrovnéba] *n* thinking, contemplating

ათასი [a-th-ási] *num* thousand

ათდღიუ́რი [a-th-d-hh-iúri] *n* decade
ა́თი [á-th-i] *num* ten
აივა́ნი [aiváni] *n* balcony, terrace, porch
აი́სი [aísi], გათენე́ბა [ga-th-enéba], გან-
თია́დი [gan-th-iádi] *n* dawn, sunrise
აკადემი́ა [akademía] *n* academia
აკანკალე́ბა [akankaléba] *v* tremble, shiver
ა́კი [áki] *conj* but
აკრე́ფა [akré-pf-a] *v* to pick up, to gather
აკრძა́ლვა [akr-dz-álva] *v* to forbid, to prohibit, *n* prohibition, veto
ალა́გი [alági] *n* place, site
ალა́ლი [aláli] *adj* fair, truthful, just
ა́ლბათ [álba-th] *adv* probably, supposedly, likely
ალე́რსი [alérsi] *v* to caress, to cuddle, *n* caress, embrace
ალისფე́რი [alis-pf-éri] *adj* scarlet, light-red
ალკოჰო́ლი [alkohóli] *n* alcohol
ალმა́სი [almási] *n* diamond
ალუბა́ლი [alubáli] *n* (sweet) cherry
ალუ́ჩა [alú-ch-a] *n* plum
ა́ლღი [ál-hh-i] *n* scent, smell
ამა́ვე [amáve] *adj* same
ამა́ზე [amáze] about this, on this
ამაოე́ბა [amaoéba] *n* vanity, pride, *adv* modesty
ამა́ღამ [amá-hh-am] *adv* this night, tonight

ამაღელვებელი [ama-hh-elvebéli] *adj* agitating, exciting
ამაღლება [ama-hh-léba] *v* to raise, to lift
ამაყი [amá-qh-i], დიდგული [didgúli] *adj* proud, honorable
ამაში [amá-sh-i] *adv* in this, in that
ამბავი [ambávi] *n* information, news, story
ამბულატორია [ambulatoría] *n* hospital out-patient area, dispensary
ამგვარათ [amgvára-th], ეგრე [égre] *adv* thus, therefore
ამიერიდან [amierídan] *adv* henceforth
ამიერკავკაზია [amierkavkazía] *n* Transcaucasus
ამით [ámi-th] *adv* with, therefore
ამინდი [amíndi], დარი [dári], ტაროსი [tarósi] *n* weather
ამისთანა [amis-th-ána] *adj* such as this
ამისი [amísi] his, her, its
ამიტომ [amítom], ვინაიდან [vinaídan], იმიტომ [imítom] for, because
ამოვარდნა [amovárdna] *v* to jump out, to fall out, to spring out
ამოვლება [amovléba] *v* to rinse out
ამოვსება [amovséba] *v* to fill up
ამოთრევა [amo-th-réva] *v* to pull out, to draw out
ამოთხრა [amó-th-hr-a] *v* to dig out, to dig up, *n* digging up

ამომრჩევე́ლი [amomr-ch-evéli] *n* elector, voter

ამორე́ცხვა [amoré-t-s-h-va] *v* to wash

ამოსუ́ნთქვა [amosún-th-kh-va] *v* to breathe out, to expire

ამოტა́ნა [amotána] *v* to bring up

ამოფხე́ქა [amo-pf-hé-kh-a] *v* to scrape off, *n* scrapping off

ამოქა́რგვა [amo-kh-árgva] *v* to embroider, *n* embroidery, embroidering

ამოღე́ბა [amo-hh-éba] *v* to take out, to extract

ამოშენე́ბა [amo-sh-enéba] *v* to build up

ამოძრავე́ბა [amo-dz-ravéba] *v* to move, to shift

ამოწე́რა [amo-ts-éra] *v* to write out, to copy

ამო́წვა [amó-ts-va], **და́წვა** [dá-ts-va] *v* to burn

ამჟა́მად [am-jh-ámad] *adv* now, at this point

ამშენებე́ლი [am-sh-enebéli] *n* builder, assembler

ამწვანებუ́ლი [am-ts-vanebúli] *adj* green, lush, grassy, leafy

ა́მწე [ám-ts-e] *n* hoist, elevator

ამხანა́გი [am-ha-nági] *n* comrade, companion, partner, colleague

ამხედრე́ბა [am-he-dréba] *v* to excite, to provoke

ანაბე́ჭდი [anabé-tch-di] *n* impression, print

ანბა́ნი [anbáni] *n* alphabet

ანგარი́ში [angarí-sh-i] *n* account, bill, expense
ანგარიშია́ნი [angari-sh-iáni] *adj* economical, prudent
ანგრე́ვა [angréva], ნგრე́ვა [ngréva] *v* to destroy, to demolish, to wreck
ანდე́რძი [andér-dz-i] *n* will, testament
ანთე́ბა [an-th-éba] *n* inflammation, *v* to light
ანკა́რა [ankára], სუ́ფთა [sú-pf-th-a] *adj* clean, fresh
ანკე́ტა [ankéta] *n* questionnaire, application form
ა́ნუ [ánu] *conj* or
აორთქლე́ბა [aor-th-kh-léba] *v* to evaporate, to exhale, *n* evaporation, exhalation
აოხრე́ბა [ao-hr-éba] *v* to ruin, to devastate, *n* ruin, devastation
აპათი́ა [apa-th-ía] *n* apathy, indifference
აპრი́ლი [aprílí] *n* April
ა́რა [ára] no
არა́ბი [arábi] *n* Arab
არაგონიე́რი [aragoniéri] *adj* unreasonable, unwise
არა́ვინ [arávin] nobody, none
არა́მედ [arámed] *conj* but
არარაო́ბა [araraóba] *n* nothingness
არასაპატი́ო [arasapatío] *adj* unsatisfactory, unacceptable
არასასურვე́ლი [arasasurvéli] *adj* undesirable, objectionable

არასდროს [arásdros] *adv* never
არასწორი [aras-ts-óri] *adj* untrue, incorrect, wrong
არაფერი [ara-pf-éri] nothing
არაყი [ará-qh-i] *n* vodka
არაჩვეულებრივი [ara-ch-veulebrívi] *adj* unusual, unique, rare
არახელსაყრელი [ara-he-lsa-qh-réli] *adj* unfavorable, disadvantageous
არბენა [arbéna] *v* to run up
არდადეგები [ardadegébi] *n* vacation, holiday, rest
არეკვლა [arékvla] *v* to reflect, *n* reflection
არემარე [aremáre] *n* neighborhood
არითმეტიკა [ari-th-metíka] *n* arithmetic
არის [áris] *v* is
არნახული [arna-hú-li], გაუგონარი [gaugonári] *adj* unheard, unseen, unprecedented
არსად [ársad] *adv* nowhere
არსება [arséba] *n* being, creature
არსებითი სახელი [arsebi-th-i sa-hé-li] *n* noun
არსებობა [arsebóba] *v* to exist, to be, *n* existence
არტისტი [artísti] *n* artist, actor
არქეოლოგია [ar-kh-eología] *n* archaeology
არქივი [ar-kh-ívi] *n* archives
არქიტექტურა [ar-kh-ite-kh-túra] *n*

architecture

არში́ა [ar-sh-ía] *n* border, edging

არხეი́ნად [ar-he-ínad] *adv* very quietly, quite coolly

ა́რხი [ár-hi] *n* canal, channel

ასა́კი [asáki] *n* age

ასა́ნთი [asán-th-i] *n* match, lighter

ასა́ხვა [asá-hv-a] *v* to represent, to depict, to portray

ა́სე [áse] *adv* so

ასეუ́ლი [aseúli] *n* company

ა́სვლა [ásvla] *v* to climb up, to mount, *n* ascent

ა́სი [ási] *num* hundred

ა́სო [áso] *n* letter

ასპარე́ზი [asparézi] *n* arena, field

ასპირა́ნტი [aspiránti] *n* post graduate student

ასრულე́ბა [asruléba] *v* to execute, to carry out, fulfill

ასტრონო́მი [astronómi] *n* astronomer

ასწლოვა́ნი [as-ts-lováni] *adj* secular, centennial

ატა́მი [atámi] *n* peach

ატა́ნა [atána] *v* to lift, to raise, to endure

ატესტა́ტი [atestáti] *n* testimonial, character

ატლა́სი [atlási] *n* satin

ატმოსფე́რო [atmos-pf-éro] *n* atmosphere

აუ́ზი [aúzi] *n* reservoir, watershed, pool

აუჩქარებე́ლი [au-ch-kh-arebéli] *adj* slow, clumsy
აუხსნე́ლი [au-hs-néli] *adj* inexplicable
აფთია́ქი [a-pf-th-iá-kh-i] *n* chemist's shop, pharmacy, drugstore
აფრე́ნა [a-pf-réna] *v* to fly
აფხაზე́თი [a-pf-ha-zé-th-i] *n* Abkhazia
აფხა́ზი [a-ph-ázi] *n* Abkhazian
ა́ქ [a-kh] *adv* here
აქაუ́რი [a-kh-aúri] *adj* local, native
აქე́დან [a-kh-édan] *adv* hence, from here
აქლე́მი [a-kh-lémi] *n* camel
ა́ქტი [á-kh-ti] *n* act, deed
აქტი́ვი [a-kh-tívi] *n* assets, resources
აქტიუ́რი [a-kh-tiúri] *adj* active, industrious
აქტუალუ́რი [a-kh-tualúri] *adj* actual, factual
აღდგე́ნა [a-hh-dgéna] *v* to reestablish, to restore
აღე́ბა [a-hh-éba] *v* to take; *n* taking
აღელვე́ბა [a-hh-elvéba] *v* to agitate, to disturb, to excite;*n* agitation
ა́ღზრდა [á-hh-zrda] *v* to bring up, to educate; *n* upbringing
აღიარე́ბა [a-hh-iaréba] *v* to confess, to recognize; *n* confession
აღმა́რთვა [a-hh-már-th-va] *v* to erect, to set up; *n* erection, setting up
აღმა́რთი [a-hh-már-th-i] *n* ascent, slope

აღმზრდელი [a-hh-mzrdéli], გამზრდელი [gamzrdéli] *n* nanny

აღმოსავლეთი [a-hh-mosavlé-th-i] *n* east, orient

აღმოჩენა [a-hh-mo-ch-éna] *v* to discover, to find, to reveal; *n* discovery

აღმრიცხველი [a-hh-mri-t-s-hv-éli] *v* register, recorder

აღნიშვნა [a-hh-ní-sh-vna] *v* to mark, to denote; *n* designation

აღრიცხვა [a-hh-rí-t-s-hv-a] *v* to calculate; *n* calculation

აღსასრული [a-hh-sasrúli] *n* end, death

აღტაცება [a-hh-ta-t-s-éba] *v* to admire, to delight, to ravish; *n* admiration

აღწერა [a-hh-ts-éra] *v* to describe; *n* description, census

აყვავება [a-qh-vavéba] *v* to bloom, to flower

აყვანა [a-qh-vána] *v* to lift, to adopt; *n* adoption

აყვირება [a-qh-viréba] *v* to cry, to shout

აჩრდილი [a-ch-rdíli] *n* ghost, shadow

აჩქარება [a-ch-kh-aréba] *v* to hasten, to hurry

აცახცახება [a-t-s-a-h-t-s-a-hé-ba] *v* to tremble; *n* trembling

აცდენა [a-t-s-déna] *v* to miss

აცრა [á-t-s-ra] *v* to vaccinate; *n* vaccination

აწევა [a-ts-éva] *v* to raise

აწეწილი [a-ts-e-ts-íli] *adj* tangled, complicat-

ed
აწო́ნა [a-ts-óna] *v* to weigh
აწყო́ბა [a-ts-qh-óba] *v* to tune, to attune, to compose
აჭა́რა [a-tch-ára] *n* Achara
ა́ჭრა [á-tch-ra], გა́ჭრა [gá-tch-ra] *v* to cut, to trim
ახალგა́ზრდა [a-ha-lgázrda] *adj* young, youngster
ახა́ლი [a-há-li] *adj* new, fresh
ახალშე́ნი [a-ha-l-sh-éni] *n* colony
ახალშობი́ლი [a-ha-l-sh-obíli] *adj* new-born, infant
ახვე́ვა [a-hv-éva] *v* to bind, to tie
ა́ხლა [á-hl-a] *adv* now, anew
ახლანდე́ლი [a-hl-andéli] *adj* present, actual, modern
ა́ხლო [á-hl-o] *adv* near, close
ა́ხსნა [á-hs-na] *v* to explain; *n* explanation
ახტო́მა [a-ht-óma] *v* to jump up
ა́პა [ápa] *int* here you are, well now

ბ

ბაა́სი [baási] *v* to converse; *n* conversation, talk
ბა́ბუა [babúa] *n* grandfather
ბა́გა [bága] *n* crib
ბაგა́ჟი [bagá-jh-i], ბა́რგი [bárgi] *n* luggage,

baggage
ბაგი́რი [bagíri] *n* rope, cable
ბადა́ლი [badáli] *adj* equal, alike, same
ბადრა́გი [badrági] *n* convoy, escort
ბადრიჯა́ნი [badrijáni] *n* egg plant
ბა́ვშვი [báv-sh-vi] *n* child
ბავშვო́ბა [bav-sh-vóba] *n* childhood
ბა́ზა [báza] *n* base
ბაზა́რი [bazári] *n* bazaar, market
ბაიყუ́ში [bai-qh-ú-sh-i], ბუ [bu] *n* owl
ბაკუ́ნი [bakúni] *n* stamping; *v* to stamp
ბალა́ნი [baláni] *n* hair
ბალა́ხი [balá-hi] *n* grass
ბა́ლი [báli] *n* cherry
ბალი́ში [balí-sh-i] *n* pillow, cushion
ბალიშისპი́რი [bali-sh-ispíri] *n* pillow-case, pillow-cover
ბა́ლღი [bál-hh-i] *n* baby, infant
ბა́მბა [bámba] *n* cotton
ბამბუ́კი [bambúki] *n* bamboo
ბა́ნა [bána] *v* to wash; *n* washing
ბა́ნკი [bánki] *n* bank
ბა́ჟი [bá-jh-i] *n* duty, tax
ბარა́თი [bará-th-i] *n* letter, note
ბარა́კი [baráki] *n* hut
ბარა́ქა [bará-kh-a] *n* abundance, plenty
ბარაქია́ნი [bara-kh-iáni] *adj* abundant

ბარბარო́სი [barbarósi] *n* barbarian, savage

ბა́რი [bári] *n* shovel

ბარომე́ტრი [borométri] *n* barometer

ბარძა́ყი [bar-dz-á-hh-i] *n* thigh

ბა́სრი [básri] *adj* sharp

ბატარი́ა [bataría] *n* battery

ბა́ტი [báti] *n* goose

ბატკა́ნი [batkáni] *n* lamb

ბატო́ნი [batóni] *n* mister, sir

ბაქა́ნი [ba-kh-áni] *n* platform

ბაქიაო́ბა [ba-kh-iaóba] *n* boast, brag

ბა́ღი [bá-hh-i] *n* garden

ბაღლი́ნჯო [ba-hh-ínjo] *n* bug, insect

ბაყა́ყი [ba-qh-á-qh-i] *n* frog

ბაწა́რი [ba-ts-ári] *n* rope

ბებე́რი [bebéri] *adj* old

ბები́ა [bebía] *n* grandmother

ბე́დი [bédi] *n* destiny, fate

ბედკრუ́ლი [bedkrúli] *adj* unhappy, sad

ბედნიე́რი [bedniéri] *adj* happy, lucky, joyful

ბელორუსი́ა [belorusía] *n* Byelorussia

ბენზი́ნი [benzíni] *n* gasoline, petrol

ბე́რი [béri] *n* monk, friar

ბე́რტყვა [bért-qh-va] *v* to shake out

ბერძნუ́ლი [ber-dz-núli] *adj* Greek

ბეწვეუ́რი [be-ts-veúri] *n* furry

ბე́წვი [bé-ts-vi] *n* hair

ბეჭდვა [bé-tch-dva] *v* to print, to type
ბეჭედი [be-tch-édi] *n* ring, wedding ring
ბზიკი [bzíki] *n* wasp, bee
ბიბლიოთეკა [biblio-th-éka] *n* library
ბითუმად [bi-th-úmad] *n* wholesale
ბილეთი [bilé-th-i] *n* ticket
ბინა [bína] *n* apartment
ბინდი [bíndi] *n* twilight, nightfall
ბიურო [biúro] *n* bureau, office
ბიუროკრატია [biurokratía] *n* bureaucracy
ბიუჯეტი [biujéti] *n* budget
ბიცოლა [bi-t-s-óla], დეიდა [deída] *n* aunt
ბიძა [bí-dz-a] *n* uncle
ბიძაშვილი [bi-dz-a-sh-víli], დეიდაშვილი [deida-sh-víli] *n* cousin
ბიჭი [bí-tch-i] *n* boy
ბლოკნოტი [bloknóti] *n* note book
ბლომად [blómad] *adv* much, plenty, abundant
ბნელი [bnéli] *adj* dark, dim
ბოდიში [bodí-sh-i] *n* excuse, pardon, apology
ბოთლი [bó-th-li] *n* bottle
ბოლვა [bólva] *n* smoke
ბოლო [bólo] *n* end
ბოლოკი [bolóki] *n* radish
ბოროტი [boróti] *adj* malicious, spiteful
ბოსტანი [bostáni] *n* vegetable garden
ბოსტნეული [bostneúli] *n* vegetable

ბოქლომი [bo-kh-lómi] *n* padlock, lock
ბოძება [bo-dz-éba] *v* to grant, to bestow
ბოხოხი [bo-hó-hi] *n* Georgian fur cap
ბრალდებული [braldebúli] *adj* accused
ბრალი [bráli] *n* fault, guilt
ბრინჯაო [brinjáo] *n* bronze
ბრინჯი [brínji] *n* rice
ბრმა [brma] *adj* blind
ბროლი [bróli] *n* crystal, cut glass
ბრძანებულება [br-dz-anebuléba] *n* instruction, order
ბრძოლა [br-dz-óla] *v n* struggle, fight, battle
ბრწყინვა [br-ts-qh-ínva] *v n* glitter, shine, sparkle
ბრწყინვალე [br-ts-qh-invále] *adj* lustrous, shining, shiny
ბუდე [búde] *n* nest, case, box
ბუზი [búzi] *n* fly
ბულბული [bulbúli] *n* nightingale
ბულვარი [bulvári], გამზირი [gamzíri] *n* boulevard, avenue
ბულიონი [bulióni] *n* broth, soup
ბუმბერაზი [bumberázi] *n* giant
ბუნება [bunéba] *n* nature
ბუნებრივი [bunebrívi] *adj* natural
ბურჟუა [bur-jh-úa] *n* bourgeois
ბურთი [búr-th-i] *n* ball

ბურუსი [burúsi] *n* mist, fog
ბუფეტი [bu-pf-éti] *n* bar, buffet
ბუქი [bú-kh-i] *n* snow storm
ბუღალტერი [bu-hh-altéri] *n* bookkeeper
ბუჩქი [bú-ch-kh-i] *n* bush, shrub
ბუხარი [bu-há-ri] *n* fire-place

გ

გაადვილება [gaadviléba] *v* to relieve, to facilitate; *n* relief
გააზრიანება [gaazrianéba] *v* to comprehend, to understand
გაახლება [gaa-hl-éba] *v* to restore, to renovate, to renew ; *n* renovation
გაბატონება [gabatonéba] *v* to dominate, to reign, to rule
გაბედვა [gabédva] *v* to dare; *n* daring
გაბედულობა [gabedulóba] *n* daring, boldness
გაბერილი [gaberíli] *adj* swollen, inflated
გაბერტყვა [gabért-qh-va] *v* to shake out
გაბზარვა [gabzárva] *v* to split, to burst, to crack
გაბზარული [gabzarúli] *adj* cracked
გაბინძურება [gabin-dz-uréba] *v* to soil; *adj* dirty
გაბოლილი [gabolíli] *adj* smoky
გაბოროტებული [gaborotebúli] *adj* irritated,

sad

გაბრაზება [gabrazéba], **გაჯავრება** [gajavréba] *v* to anger, to be angry

გაბრუებული [gabruebúli] *adj* stupefied

გაგება [gagéba] *v* to understand, to learn, to comprehend

გაგზავნა [gagzávna] *v* to send; *n* sending

გაგიჟებული [gagi-jh-ebúli], **გადარეული** [gadareúli], **გიჟი** [gí-jh-i] *adj* mad, insane, crazy

გაგონება [gagonéba] *v* to listen, to hear, to obey

გაგორება [gagoréba] *v* to roll

გაგრძელება [gagr-dz-eléba] *v* to continue, to prolong

გადაგდება [gadagdéba] *v* to throw

გადავარდნა [gadavárdna] *v* to fall

გადაზიდვა [gadazídva] *v n* transport

გადათარგვნა [gada-th-árgvna] *v* to translate

გადათვალიერება [gada-th-valieréba] *v* to review, to reevaluate, to revise

გადაკეცვა [gadaké-t-s-va] *v n* fold

გადაკვეთა [gadakvé-th-a], **გადარბენა** [gadarbéna] *v* to intersect, to cross

გადალახვა [gadalá-hv-a] *v* to overcome, to get over; *n* overcoming

გადარევა [gadaréva] *v* to go mad, to go insane

გადარჩენა [gadar-ch-éna] *v* to save, to rescue; *n* rescue

გადასახლება [gadasa-hl-éba] *v* to exile, to

banish; *n* exile, banishment

გადა́სვლა [gadásvla] *v* to pass, to cross

გადა́სხმა [gadás-hm-a] *v* to pour

გადატა́ნა [gadatána] *v* to transfer, to carry, to endure

გადატრიალე́ბა [gadatrialéba] *v* to upset, to overturn, coup d'etat

გადაუდებე́ლი [gadaudebéli] *adj* pressing, urgent

გადაფარე́ბა [gada-pf-aréba] *v* to cover; *n* covering

გადაფიქრე́ბა [gada-pf-i-kh-réba] *v* to change one's mind, *n* hesitation

გადაფრე́ნა [gada-pf-réna], გაფრე́ნა [ga-pf-réna] *v* to fly across, to fly away; *n* flight

გადაქცე́ვა [gada-kh-t-s-éva] *v* to transform, to pour out

გადაღე́ბა [gada-hh-éba] *v* to photograph, to copy

გადა́ყრა [gadá-qh-ra] *v* to throw out (away)

გადაცე́მა [gada-t-s-éma] *v* to pass, to transmit

გადა́ცვლა [gadá-t-s-vla], გა́ცვლა [gá-t-s-vla] *v n* exchange

გადაწე́რა [gada-ts-éra] *v* to copy

გადაწყვე́ტა [gada-ts-qh-véta] *v* to decide

გადაჭარბე́ბა [gada-tch-arbéba] *v* to overdo

გადა́ხდა [gadá-hd-da] *v* to pay; *n* payment

გადახვე́ვა [gada-hv-éva] *v n* embrace, hug

გადმოცემა [gadmo-t-s-éma] *n* legend, program
გავლენა [gavléna] *n* influence
გავრცელება [gavr-t-s-eléba] *v* to spread; *n* spreading, circulation
გავსება [gavséba] *v* to fill (up)
გაზაფხული [gaza-pf-hú-li] *n* spring
გაზეთი [gazé-th-i] *n* newspaper, paper
გაზომვა [gazómva] *v* to measure; *n* measurement
გაზრდა [gázrda] *v* to grow, to increase, to raise
გათავება [ga-th-avéba], დაბოლოება [daboloéba], დამთავრება [dam-th-avréba] *v* to finish, to end; *n* finishing
გათბობა [ga-th-bóba] *v* to warm, to heat; *n* heating, warming
გათვალისწინება [ga-th-valis-ts-inéba] *v* to foresee; *n* foresight, prudence
გათხოვება [ga-th-ho-véba] *v* to marry (female)
გათხოვილი [ga-th-ho-víli] *adj* married (female)
გაიაფება [gaia-pf-éba] *v* to cheapen
გაკეთება [gake-th-éba] *v* to do, to make
გაკვეთილი [gakve-th-íli] *n* lesson
გაკვრით [gákvri-th] *adv* slightly
გაკიცხვა [gakí-t-s-hv-a] *v n* blame
გალესვა [galésva] *v* to sharpen; *n* sharpening
გალობა [galóba] *v* to sing; *n* singing

გამადიდებელი [gamadidebéli] *n* magnifier
გამართლება [gamar-th-léba] *v* to excuse, to justify; *n* apology, justification
გამარჯვება [gamarjvéba] *n* victory, triumph
გამარჯობა [gamarjóba] *n* good day, greetings, hello!
გამასპინძლება [gamaspin-dz-léba] *v* to treat; *n* treating
გამბედავი [gambedávi] *adj* bold, daring, courageous
გამგე [gámge] *n* manager, director
გამგზავრება [gamgzavréba] *v* to depart; *n* departure
გამდიდრება [gamdidréba] *v* to become rich
გამეორება [gameoréba], განმეორება [ganmeoréba] *v* to repeat; *n* repetition
გამოანგარიშება [gamoangari-sh-éba] *v* to calculate; *n* calculation
გამოღვიძება [gamo-hh-vi-dz-éba] *v* to awaken
გამოყენება [gamo-qh-enéba] *v* to use, to apply
გამოყვანა [gamo-qh-vána] *v* to take out, to solve, to work out
გამოყოფა [gamo-qh-ó-pf-a] *v* to separate
გამოშვება [gamo-sh-véba] *v* to issue, to let out
გამოჩენა [gamo-ch-éna] *v* to appear; *n* appearance
გამოჩენილი [gamo-ch-eníli] *adj* famous, well known, popular

გამოცა́ნა [gamo-t-s-ána] *n* riddle
გამო́ცდა [gamó-t-s-da] *n* examination, test
გამოცდილე́ბა [gamo-t-s-diléba] *n* experience
გამო́ცლა [gamó-t-s-la] *v* to empty
გამოცხადე́ბა [gamo-t-s-ha-déba] *v* to announce, to advertise
გამოცხო́ბა [gamo-t-s-hó-ba] *v* to bake
გამოძახე́ბა [gamo-dz-a-hé-ba] *v* to call for; *n* call
გამოძიე́ბა [gamo-dz-iéba] *v* to examine, to investigate; *n* investigation
გამოხა́რშვა [gamo-há-r-sh-va] *v* to boil
გამრავლე́ბა [gamravléba] *v* to increase, to multiply; *n* multiplication
გამყიდვე́ლი [gam-qh-idvéli] *n* seller, vendor, salesman, saleswoman
გამყო́ლი [gam-qh-óli] *n* guide, conductor, leader
გამყო́ფი [gam-qh-ó-pf-i] *n* divider, denominator
გა́მძლე [gám-dz-le] *adj* enduring
გამხდა́რი [gam-hd-ári], თხე́ლი [th-hé-li] *adj* thin, lean, meager
გამხიარულე́ბა [gam-hi-aruléba] *v* to amuse, to entertain
გამხმა́რი [gam-hm-ári] *adj* dried
გა́ნა? [gána] is it possible? really? indeed?
განაზებუ́ლი [ganazebúli] *adj* delicate
განათე́ბა [gana-th-éba] *v* to light, to illuminate;

n illumination
განათლება [gana-th-léba] *n* instruction, education
განაპირი [ganapíri] *n* borderland, outskirts
განაწილება [gana-ts-iléba] *v* to distribute; *n* distribution
განედი [ganédi] *n* latitude
განვითარება [ganvi-th-aréba] *v* to develop; *n* development
განზოგადება [ganzogadéba] *v* to generalize; *n* generalization
განზრახ [gánzra-h] *adv* intentionally, purposely
განზრახვა [ganzrá-hv-a] *v n* project, design, plan
განთავისუფლება [gan-th-avisubléba] *v* to free, to liberate; *n* freedom, liberation
განთქმული [gan-th-kh-múli] *adj* famous, celebrated
განი [gáni] *n* breadth, width
განიერი [ganiéri] *adj* wide
განკარგულება [gankarguléba] *n* ordinance, decree, edict
განკიცხული [ganki-t-s-hú-li]*n* curing, healing
განკურნებული [gankurnebúli] *prep* during
განმეორება [ganmeoréba] *v* to repeat
განმტკიცება [ganmtki-t-s-éba] *v* to strengthen, to fortify
განსაზღვრა [gansáz-hh-vra] *v* to define, to

determine

განსაკუთრებით [gansaku-th-rébi-th] *adv* especially, particularly

განსაცვიფრებელი [gansa-t-s-vi-pf-rebéli], გასაოცარი [gasao-t-s-ári] *adj* wonderful, amazing, marvelous

განსახიერება [gansa-hi-eréba] *v* to personify, to embody; *n* personification

განსვენებული [gansvenebúli] *n* the late, deceased; *adj* defunct

განსხვავება [gans-hv-avéba] *v* to distinguish; *n* distinction

განსხვავებული [gans-hv-avebúli] *adj* different

განუზომელი [ganuzoméli] *adj* immeasurable

განუსაზღვრელი [ganusaz-hh-vréli] *adj* indefinite

განუყოფელი [ganu-qh-o-pf-éli] *adj* indivisible

განცალკევება [gan-t-s-alkvevéba] *v* to disunite, to disassociate

განცხადება [gan-t-s-ha-déba] *v* to state; *n* statement, advertisement

განძი [gán-dz-i] *n* treasure

განძრევა [gan-dz-réva] *v* to stir, to move

განჯინა [ganjína] *n* cupboard, wardrobe, closet

გაორკეცებული [gaorke-t-s-ebúli] *adj* doubled

გაოფლიანება [gao-pf-lianéba] *v* to sweat, to perspire

გაოცება [gao-t-s-éba] *v* to astonish, to amaze

გაპა́რვა [gapárva] *v* to sneak out , to escape
გაპა́რსვა [gapársva] *v* to shave; *n* shave, shaving
გაპო́ბა [gapóba], დაჩე́ხვა [da-ch-é-hv-a] *v* to chop, to crack open
გარბე́ნა [garbéna] *n* to run over; *n* run
გა́რდა [gárda] except, besides
გარდანავა́ლი [gardanaváli] *adj* transitional, transitive
გარდაცვალე́ბა [garda-t-s-valéba] *v* to die; *n* death
გა́რე [gáre], გარე́შე [garé-sh-e] *adj* outer, external
გა́რეთ [gáre-th] *adv* out
გარე́მო [garémo] *n* surroundings
გარემოები́თი [garemoebí-th-i] *adj* circumstantial
გარეუბა́ნი [gareubáni] *n* suburb
გარეუ́ლი [gareúli] *adj* wild
გარე́ცხვა [garé-t-s-hv-a], რე́ცხვა [ré-t-s-hv-a] *v* to wash; *n* washing
გარეცხი́ლი [gare-t-s-hí-li] *adj* washed
გარიგე́ბა [garigéba] *v* to advise
გარი́ცხვა [garí-t-s-hv-a] *v* to exclude, to expel; *n* expulsion, exclusion
გარკვე́ვა [garkvéva] *v* to find out, ascertain, to determine
გარკვე́ვით [garkvévi-th] *adv* clearly, brightly
გარკვეუ́ლი [garkveúli] *adj* distinct, clear

გა́რსი [gársi] *n* envelope
გარშე́მო [gar-sh-émo] *adv* round, around
გარჩე́ვა [gar-ch-éva] *v* to analyse; *n* trial
გასაგე́ბი [gasagébi] *adj* intelligible, clear
გასავა́ლი [gasaváli] *n* expense
გასამართლე́ბა [gasamar-th-léba] *v* to judge
გასართო́ბი [gasar-th-óbi] *adj* entertaining
გასაღე́ბა [gasa-hh-éba] *v* to sell; *n* sale
გასაჭი́რი [gasa-tch-íri], გაჭირვე́ბა [ga-tch-irvéba] *n* want, need
გასესხე́ბა [gases-hé-ba] *v* to borrow; *n* borrowing
გა́სვლა [gásvla] *v* to go out
გასივე́ბა [gasivéba] *v* to swell; *n* swelling
გასი́ნჯვა [gasínjva] *v* to taste, to examine
გა́სმა [gásma], გახა́ზვა [ga-há-zva] *v* to underline; *n* underlining
გასრე́სა [gasrésa] *v* to crush, to squash; *n* crushing, squashing
გასტუმრება [gastumréba] *v* to pay off, to send off
გასუფთავე́ბა [gasu-pf-th-avéba] *v* to clean, to purify; *n* cleaning
გასუქე́ბა [gasu-kh-éba] *v* to fatten
გასუქებული [gasu-kh-ebúli] *adj* fatty, fat
გატა́ნა [gatána] *v* to take out, to carry out, to export
გათითვლებული [gatitvlebúli], გამიშვლ-

ებული [ga-sh-i-sh-vlebúli] *adj* nude, naked
გატრიალება [gatrialéba] *v* to turn back
გაუგებლობა [gaugeblóba] *n* misunderstanding
გაუვალი [gauváli] *adj* impassable
გაუთვალისწინებული [gautvalis-ts-inebúli] *adj* unforseen
გაუთოება [gau-th-oéba] *v* to iron
გაუთხოვარი [gau-th-ho-vári] *adj* unmarried (female)
გაუმარჯოს! [gaumárjos] *n* cheers, long live!
გაუმჯობესება [gaumjobeséba] *v* to improve; *n* improvement
გაუნათლებელი [gauna-th-lebéli] *adj* uneducated, unlearned
გაურკვეველი [gaurkvevéli] *adj* illegible
გაუტანელი [gautanéli] *adj* treacherous, unreliable
გაუფორმებელი [gau-pf-ormebéli] *adj* unofficial
გაუფრთხილებელი [gau-pf-r-th-hi-lebéli] *adj* imprudent
გაუყოფელი [gau-qh-o-pf-éli] *adj* inseparable, indivisible
გაფანტვა [ga-pf-ántva] *v* to disperse, to scatter, to waste
გაფართოება [ga-pf-ar-th-oéba] *v* to widen, to expand, to dilate; *n* widening, expansion
გაფიცვა [ga-pf-í-t-s-va] *v n* strike

გაფლა́ნგვა [ga-pf-lángva] *v* to embezzle; *n* embezzlement, defalcation
გაფორმე́ბა [ga-pf-orméba] *n* form
გაფრთხილე́ბა [ga-pf-r-th-hi-léba] *v* to warn, to caution; *n* warning, caution
გაფუ́რჩქვნა [ga-pf-úr-ch-kh-vna] *v* to blossom; *n* blossoming
გაფუჭე́ბა [ga-pf-u-tch-éba] *v* to spoil, to damage; *n* spoiling
გა́ფცქვნა [gá-pf-t-s-kh-vna] *v* to peel; *n* peeling
გაქუ́რდვა [ga-kh-úrdva] *v* to rob; *n* robbery
გაღე́ბა [ga-hh-éba] *v* to open; *n* opening
გაღვიძე́ბა [ga-hh-vi-dz-éba] *v* to awaken, to awake; *n* awakening
გაღინე́ბა [ga-hh-inéba] *v* to smile
გაღმერთე́ბა [ga-hh-mer-th-éba] *v* to idolize, to worship
გაყი́დვა [ga-qh-ídva] *v* to sell; *n* sale
გაყი́ნვა [ga-qh-ínva] *v* to freeze; *n* freezing
გაყინუ́ლი [ga-qh-inúli] *adj* freezing, frozen
გაყო́ფა[ga-qh-ó-pf-a] *v* to divide, to part
გა́ყრა [gá-qh-ra] *v n* divorce
გაყუჩე́ბა [ga-qh-u-ch-éba] *v* to calm, to numb
გაშავე́ბა [ga-sh-avéba] *v* to blacken, to tan
გაშვე́ბა [ga-sh-véba] *v* to let out
გაშორე́ბა [ga-sh-oréba] *v* to separate, to disunite

გაშრობა [ga-sh-róba] *v* to dry
გაჩენა [ga-ch-éna] *v* to create, to make
გაჩერა [ga-ch-éra] *v n* stop
გაცდენა [ga-t-s-déna] *v* to miss
გაცვეთა [ga-t-s-vé-th-a] *v* to wear out
გაციება [ga-t-s-iéba] *v* to catch a cold
გაცინება [ga-t-s-inéba] *v* to laugh
გაცნობა [ga-t-s-nóba] *v* to acquaint, to make acquaintance, to meet
გაცხელება [ga-t-s-he-léba] *v* to warm, to heat
გაძლება [ga-dz-léba] *v* to endure
გაძლომა [ga-dz-lóma] *v* to satiate, to satisfy
გაწამებული [ga-ts-amebúli] *adj* tortured, tormented
გაწევა [ga-ts-éva] *v* to move
გაწერა [ga-ts-éra] *v* to discharge
გაწმენდა [ga-ts-ménda] *v* to clean, to cleanse
გაწმენდილი [ga-ts-mendíli] *adj* cleaned, cleansed
გაწურვა [ga-ts-úrva] *v* to filter, to strain
გაჭიმვა [ga-tch-ímva] *v* to extend, to stretch
გაჭუჭყიანება [ga-tch-u-tch-qh-ianéba] *v* to soil, to dirty
გახდომა [ga-hd-óma] *v* to lose weight
გახედვა [ga-hé-dva], **დახედვა** [da-hé-dva] *v* to look out
გახეული [ga-he-úli] *adj* torn

გრძელი [gr-dz-éli] *adj* long
გრძნობა [gr-dz-nóba] *v* to feel; *n* feeling
გეთანი [ge-th-áni] *n* plough
გულახდილი [gula-hd-íli], გულღია [gul-hh-ía] *adj* frank, candid, honest
გულგატეხილი [gulgate-hí-li] *adj* disappointed, disenchanted
გულდადებით [guldadébi-th] *adv* zealously, diligently
გული [gúli] *n* heart
გულითადი [guli-th-ádi] *adj* cordial, sincere
გულისრევა [gulisréva] *v* to vomit; *n* vomit
გულისტკივილი [gulistkivíli] *n* grief, heartache
გულკეთილი [gulke-th-íli] *adj* kind, good, gentle
გულმართალი [gulmar-th-áli] *adj* truthful, honest
გულმკერდი [gulmkérdi] *n* breast, chest
გულნატკენი [gulnatkéni] *adj* distressed, sorry
გულფიცხი [gul-pf-í-t-s-hi] *adj* passionate, quick-tempered
გუნდი [gundi] *n* team, chorus, choir
გუნება [gunéba] *n* mood, temper
გურია [guría] *n* Guria
გურული [gurúli] *n adj* Gurian
გუშინ [gú-sh-in] *adv* yesterday
გუშინდელი [gu-sh-indéli] *n* last night's, yesterday's

გუში́ნწინ [gu-sh-ín-ts-in] *n* the day before yesterday

დ

და́ [dá] *conj* and; *n* sister
დაარსე́ბა [daarséba], **დამყარე́ბა** [dam-qh-aréba] *v* to establish
დაახლოე́ბით [daa-hl-oébi-th] *adv* about, approximately
და́ბა [dába] *n* borough, region, area
დაბადე́ბა [dabadéba] *n* birth
დაბა́ლი [dabáli] *adj* low
დაბა́ნა [dabána] *v* to wash
დაბანდე́ბა [dabandéba] *v* to invest; *n* investment
დაბეზღე́ბა [dabez-hh-éba] *v* to denounce, to inform
დაბერებუ́ლი [daberebúli] *adj* old
დაბეჯითე́ბით [dabeji-th-ébi-th] *adv* persuasively
დაბინავე́ბა [dabinavéba] *v* to settle
და́ბლა [dábla], **და́ღმა** [dá-hh-ma] *adv* downstairs
და́ბმა [dábma] *v* to tie, to fasten
დაბმუ́ლი [dabmúli] *adj* tied, fastened
დაბნელე́ბა [dabneléba] *v* to darken; *n* darkening
დაბრმავე́ბა [dabrmavéba] *v* to blind
დაბრუნე́ბა [dabrunéba] *v* to return, to come

back; *n* returning
დაბურული [daburúli] dense
დაგდება [dagdéba] *v* to throw
დაგება [dagéba] *v* to spread, to lay
დაგეგმვა [dagégmva] *v* to plan
დაგვიანება [dagvianéba] *v* to be late, to arrive late
დაგლეჯილი [daglejíli] *adj* torn
დაგროვება [dagrovéba] *v* accumulate; *n* accumulation
დაგრძელება [dagr-dz-eléba] *v* to lengthen
დადასტურება [dadasturéba] *v* to confirm; *n* confirmation
დადგენილება [dadgeniléba] *n* decision, decree
დადგენილი [dadgeníli] *adj* established
დადგმა [dádgma] *n* a play, staging
დადგომა [dadgóma] *v* to stand
დადება [dadéba] *v* to put, to place
დადებითი [dadebí-th-i] *adj* positive
დადნობა [dadnóba] *v* to melt
დადუმება [daduméba] *v n* silence
დავალება [davaléba] *v* to oblige
დავალიანება [davalianéba] *n* liability
დავარდნა [davárdna], ვარდნა [várdna] *v* to fall down
დავარცხნა [davár-t-s-hn-a] *v* to comb, to brush

დავთა́რი [dav-th-ári] *n* notebook
დავიწყე́ბა [davi-ts-qh-éba] *v* to forget
დაზარალე́ბა [dazaraléba] *v* to suffer
დაზე́ლა [dazéla] *v* to rub, to massage
დაზეპირე́ბა [dazepiréba] *v* to memorize
დაზღვე́ვა [daz-hh-véva] *v* to insure; *n* insurance
დაზღვეუ́ლი [daz-hh-veúli] *adj* insured
დათანხმე́ბა [da-th-an-hm-éba] *v* to agree; *n* agreement
დათარიღე́ბა [da-th-ari-hh-éba] *v* to date
დათარიღებუ́ლი [da-th-ari-hh-ebúli] *adj* dated
დათვალიერე́ბა [da-th-valieréba] *v* to inspect, to survey; *n* inspection
და́თვი [dá-th-vi] *n* bear
და́თვლა [dá-th-vla] *v* to count; *n* counting
და́თლა [dá-th-la] *v* to cut; *n* cutting
დათმო́ბა [da-th-móba] *v* to give in, to concede
დათრო́ბა [da-th-róba] *v* to drink, to get drunk
დათხო́ვნა [da-th-hó-vna] *v* to dismiss, to let go; *n* dismissal
დაკავე́ბა [dakavéba] *v* to occupy
დაკაკუნე́ბა [dakakunéba] *v n* knock
დაკანონე́ბა [dakanonéba] *v* to legitimize, to legalize
დაკა́რგვა [dakárgva] *v* to lose

დაკეტვა [dakétva] *v* to lock, to close, to shut
დაკვირვება [dakvirvéba] *v* to observe, to survey
დაკვრა [dákvra] *v* to play, to strike
დაკითხვა [dakí-th-hv-a] *v* to question, to interrogate; *n* interrogation
დაკლება [dakléba] *v* to reduce, to lower
დაკმაყოფილება [dakma-qh-o-pf-iléba] *v* to satisfy; *n* satisfaction
დალაქი [dalá-kh-i] *n* barber
დალევა [daléva], სმა [sma] *v* to drink
დალოცვა [daló-t-s-va] *v* to bless; *n* blessing
დალპობა [dalpóba] *v n* rot, spoil
დამაარსებელი [damaarsebéli] *n* founder
დამაგრება [damagréba] *v* to strengthen, to reinforce
დამაკმაყოფილებელი [damakma-qh-o-pf-ilebéli] *adj* satisfactory, sufficient
დამალვა [damálva] *v* to hide
დამამშვიდებელი [damam-sh-videbéli] *adj* calming
დამამცირებელი [damam-t-s-irebéli] *adj* humiliate
დამარცხება [damar-t-s-hé-ba] *v* to defeat
დამარწმუნებელი [damar-ts-munebéli], დამაჯერებელი [damajerebéli] *adj* convincing, persuasive
დამატება [damatéba] *v* to add
დამახსოვრება [dama-hs-ovréba] *v* to remem-

ber

დამეგობრება [damegobréba] v to make friends

დამზადება [damzadéba] v to prepare

დამთვრალი [dam-th-vráli], მთვრალი [m-th-vráli] adj drunk, intoxicated

დამთქნარება [dam-th-knaréba] v to yawn

დამიზნება [damiznéba] v n to aim

დამკვიდრება [damkvidréba] v to consolidate

დამკვრელი [damkvréli] n player

დამლაგებელი [damlagebéli] n attendant, cleaning person

დამნაშავე [damna-sh-áve] adj guilty

დამოკიდებულება [damokidebuléba] n dependence

დამოკლება [damokléba] v to shorten

დამონება [damonéba] v to enslave, to subjugate

დამოუკიდებელი [damoukidebéli] adj independent

დამოუკიდებლობა [damoukideblóba] n independence

დამოწმება [damo-ts-méba] v to witness, to prove

დამჟავება [dam-jh-avéba], დაძმარება [da-dz-maréba] v to turn sour, to languish

დამრგვალება [damrgvaléba] v to round; n rounding

დამრიგებელი [damrigebéli] n advisor, teacher

დამსახურება [damsa-hu-réba] v to deserve, to

merit

დამსახურებული [damsa-hu-rebúli] *adj*
esteemed, honorable

დამსგავსება [damsgavséba] *v* to resemble

დამსწრე [dáms-ts-re], მოწმე [mó-ts-me] *n*
witness

დამსჯელი [damsjéli] *adj* punitive, vindictive

დამტკიცება [damtki-t-s-éba] *v* to prove; *n*
argument

დამუშავება [damu-sh-avéba] *v* to work out, to
elaborate, to cultivate

დამღუპველი [dam-hh-upvéli] *adj* destructive

დამშვენება [dam-sh-venéba] *v* to decorate

დამშვიდება [dam-sh-vidéba], დაწყნარება
[da-ts-qh-naréba] *v* to appease, to pacify, to calm

დამშვიდებული [dam-sh-videbúli], დინჯი
[dínji] *adj* calm, peace

დამჩაგვრელი [dam-ch-agvréli] *n* oppressor

დამცველი [dam-t-s-véli] *n* defender

დამცირება [dam-t-s-iréba] *v* to humiliate, to
degrade

დამძიმებული [dam-dz-imebúli] *adj* heavy

დამწერლობა [dam-ts-erlóba] *n* writing

დამწვარი [dam-ts-vári] *adj* burnt

დამწიფება [dam-ts-i-pf-éba] *v* to ripen

დამწყები [dam-ts-qh-ébi] *n* beginner

დამხმარე [dam-hm-áre] *n* assistant, helper

დამხობა [dam-hó-ba] *v* to overthrow

დამჯერებელი [damjerebéli], დამჯერე [damjére] *adj* obedient

დანა [dána] *n* knife

დანაზოგი [danazógi] *n* savings, economy

დანაკარგი [danakárgi], დანაკლისი [danaklísi] *n* loss

დანამატი [danamáti] *n* appendage

დანანება [dananéba] *v* to regret, to pity

დანაპირები [danapirébi] *adj* promise

დანართი [danár-th-i] *n* appendix

დანარჩენი [danar-ch-éni] *n* remainder, excess

დანაშაული [dana-sh-aúli] *n* fault, guilt

დანაწილება [dana-ts-iléba] *v* to distribute

დანდობა [dandóba] *v* to trust, to spare

დანდურება [danduréba] *v* to quarrel, to argue

დანებება [danebéba] *v n* surrender

დანთება [dan-th-éba] *v* to fire

დანიშვნა [daní-sh-vna] *v* to appoint

დანიშნულება [dani-sh-nuléba] *n* designation

დანიშნული [dani-sh-núli] *adj* appointed, engaged

დაპატარავება [dapataravéba] *v* to diminish, to lessen, to reduce

დაპატიმრება [dapatimréba] *v* to arrest, to imprison

დაპატიჟება [dapati-jh-éba] *v* to invite

დაპირება [dapiréba] *v* to promise, to intend

დაპირისპირება [dapiraspiréba] *v* to oppose, to contrast

დაპროექტება [daproe-kh-téba] *v n* design

დაპყრობა [dap-qh-róba] *v* to conquer, to occupy

დარბაზი [darbázi] *n* hall

დარგი [dárgi] *n* branch

დარგული [dargúli] *adj* planted

დარეკვა [darékva] *v* to ring, to call, to telephone

დარიგება [darigéba] *v* to distribute, to admonish

დარქვევა [dar-kh-véva] *v* to name, to call

დარჩენა [dar-ch-éna] *v* to remain, to stay

დარწმუნება [dar-ts-munéba], დაჯერება [dajeréba] *v* to assure; *n* assurance

დასაბუთება [dasabu-th-éba] *v* to document

დასავლეთი [dasavlé-th-i] *n* west

დასავლური [dasavlúri] *adj* western

დასალევი [dasalévi] *n* beverage, drink

დასანახავი [dasana-há-vi] *adj* visible

დასასრულ [dasásrul] *adv* at last

დასაჩუქრება [dasa-ch-u-kh-réba] *v* to reward, to give as a gift

დასაწყისი [dasa-ts-qh-ísi] *n* beginning, start

დასახლება [dasa-hl-éba] *v* to settle; *n* settlement

დასაჯერებელი [dasajerebéli] *adj* probable, believable

დასველება [dasveléba] *v* to wet

დასივება [dasivéba] *v* to swell
დასკვნა [dáskvna] *n* conclusion
დასტა [dásta] *n* parcel, batch
დასუსტება [dasustéba] *v* to weaken
დასწრება [das-ts-réba] *v* to be present
დასხმა [dás-hm-a] *v* to pour, to sit down
დატენა [daténa] *v* to charge; to fill, to stuff
დატვირთვა [dat-vír-th-va] *v* to load
დატოვება [datovéba] *v* to abandon, to leave behind
დატრაბახება [datraba-hé-ba] *v* to boast, to brag
დაუდევრობა [daudevróba] *n* negligence
დაუვიწყავი [dauvi-ts-qh-ávi] *adj* unforgettable
დაუკმაყოფილებელი [daukma-qh-o-pf-ilebéli] *adj* dissatisfied
დაუმთავრებელი [daum-th-avrebéli] *adj* unfinished, incomplete
დაუმსახურებელი [daumsa-hu-rebéli] *adj* unmerited, undeserved
დაუმუშავებელი [daumu-sh-avebéli] *adj* raw, uncultivated
დაუსჯელი [dausjéli] *adj* unpunished
დაუფასებელი [dau-pf-asebéli] *adj* priceless
დაუფლება [dau-pf-léba] *v* to master
დაუღალავი [dau-hh-alávi] *adj* untiring
დაუცველი [dau-t-s-véli] *adj* defenseless

დაუძლევე́ლი [dau-dz-levéli] *adj* invincible
დაუწმენდე́ლი [dau-ts-mendéli] *adj* unclean, dirty
დაუჯერებე́ლი [daujerebéli] *adj* disobedient, naughty
და́ფა [dá-pf-a] *n* blackboard, chalkboard
დაფა́ნტვა [da-pf-ántva] *v* to scatter, to waste
დაფარე́ბა [da-pf-aréba], დაფე́ნა [da-pf-éna] *v* to cover
დაფა́რვა [da-pf-árva] *v* to conceal, to hide
დაფასე́ბა [da-pfa-séba] *v* to estimate, to value, to appraise
დაფიქრე́ბა [da-pf-i-kh-réba] *v* to think, to muse
დაფიცე́ბა [da-pf-it-s-éba] *v* to swear, to take an oath
დაფრთხო́ბა [da-pf-r-th-hó-ba], დაშინე́ბა [da-sh-inéba] *v* to frighten
დაფხა́ქნა [da-pf-há-kh-na] *v* to scratch
დაქა́ნცვა [da-kh-án-ts-va], და́ღლა [dá-hh-la] *v* to tire
დაქვემდებარე́ბა [da-kh-vemdebaréba] *v* to subordinate; *n* subordination
დაქირავე́ბა [da-kh-iravéba] *v n* to hire,to employ
დაქნე́ვა [da-kh-néva] *v* to wave
დაქორწინე́ბა [da-kh-or-ts-inéba] *v* to marry
დაღე́ჭვა [da-hh-é-tch-va] *v* to chew

დაღმართი [da-hh-már-thi] *n* descent, slope

დაღრიალება [da-hh-rialéba], **დაყვირება** [da-qh-viréba] *v* to roar, to cry

დაყრა [dá-qh-ra] *v* to throw

დაყრუება [da-qh-ruéba] *v* to deafen; *n* deafening

დაშვება [da-sh-véba] *v* to deflate; to admit

დაშლა [dá-sh-la] *v* to decompose, to analyse, to take apart

დაშორება [da-sh-oréba], **დაცილება** [da-t-s-iléba] *v* to separate; *n* separation

დაჩაგვრა [da-ch-ágvra] *v* to oppress

დაჩაგრული [da-ch-agrúli] *adj* oppressed

დაჩვევა [da-ch-véva] *v* to get accustomed

დაჩქარება [da-ch-kh-aréba] *v* to accelerate, to quicken, to hasten

დაცარიელება [da-t-s-arieléba], **დაცლა** [da-t-s-la] *v* to empty

დაცდა [dá-t-s-da] *v* to wait; *n* waiting

დაცემა [da-t-s-éma] *v* to fall, to attack

დაცვა [dá-t-s-va] *v* to defend; *n* defense

დაცინვა [da-t-s-ínva] *v* to laugh at

დაძაბული [da-dz-abúli] *adj* strained, tense, strenuous

დაძალება [da-dz-aléba] *v* to oblige, to force, to compel

დაძახება [da-dz-a-hé-ba] *v* to call out

დაძინება [da-dz-inéba] *v* to fall asleep

და-ძმა [dá-dz-ma] *n* sister and brother

დაძმობილება [da-dz-mobiléba] *v* to fraternize; *n* fraternization

დაწებება [da-ts-ebéba] *v* to paste, to glue; *n* pasting

დაწევა [da-ts-éva] *v* to overtake; to lower

დაწერა [da-ts-éra] *v* to write; *n* writing

დაწოლა [da-ts-óla] *v* to go to bed

დაწინაურება [da-ts-inauréba] *v* to promote, to advance; *n* promotion

დაწუნება [da-ts-unéba] *v* to reject; *n* rejection

დაწყება [da-ts-qh-éba] *v* to begin; *n* beginning

დაწყევლა [da-ts-qh-élva] *v* to curse

დაჭედვა [da-tch-édva] *v* to nail

დაჭერა [da-tch-éra] *v* to catch

დაჭკვიანება [da-tch-kvianéba] *v* to grow wiser

დაჭკვიანებული [da-tch-kvianebúli] *adj* wise

დაჭკნობა [da-tch-knóba] *v* to fade

დაჭრილი [da-tch-ríli] *adj* wounded, cut

დახაზვა [da-há-zva], დახატვა [da-há-tva] *v* to draw, to trace

დახარისხება [da-ha-ris-hé-ba] *v* to sort, to organize

დახარჯვა [da-há-rjva] *v* to spend

დახასიათება [da-ha-sia-th-éba] *v* to characterize; *n* recommendation

დახევა [da-hé-va] *v* to tear; to retreat

დახელოვნება [da-he-lovnéba] *v* to become skilful
დახვდომა [da-hv-dóma], დახვედრა [da-hv-édra] *v* to meet; *n* meeting
დახველება [da-hv-eléba] *v* to cough
დახლი [dá-hl-i] *n* counter
დახმარება [da-hm-aréba] *v n* help
დახურდავება [da-hu-rdavéba] *v n* exchange
დახუჭუჭება [da-hu-tch-u-tch-éba] *v* to curl
დახუჭუჭებული [da-hu-tch-u-tch-ebúli] *adj* curly
დაჯავშნა [daján-sh-na] *v* to reserve, to book
დაჯავშნული [dajav-sh-núli] *adj* reserved, booked
დაჯარიმება [dajariméba] *v* to fine; *n* fine, penalty
დაჯდომა [dajdóma] *v* to sit down
დაჯილდოება [dajildoéba] *v n* reward
დგომა [dgóma] *v* to stand; *n* standing
დედა [déda] *n* mother; დედი! [dédi], დედიკო! [dedíko], დედილო! [dedílo] *n* mom, mommy
დედამთილი [dedam-th-íli] *n* mother-in-law (female)
დედამიწა [dedamí-ts-a] *n* earth, motherland
დედაქალაქი [deda-kh-alá-kh-i] *n* capital
დედინაცვალი [dedina-t-s-váli] *n* step-mother
დედ-მამა [ded-máma] *n* parents

დედოფა́ლი [dedo-pf-áli] *n* queen
დეკემბე́რი [dekembéri] *n* December
დემოკრატი́ა [demokratía] *n* democracy
დემოკრა́ტი [demokráti] *n* democrat
დე́ნი [déni] *n* current
დეპე́შა [depé-sh-a] *n* telegram
დესპა́ნი [despáni], ე́ლჩი [él-ch-i] *n* ambassador
დეტალუ́რი [detalúri] *adj* detailed
დეფიცი́ტი [de-pf-i-t-s-íti] *n* deficit
დიასახლი́სი [diasa-hl-ísi] *n* mistress
დი́ახ [día-h] *adv* yes
დიდე́ბა [didéba] *n* fame
დი́დი [dídi] *adj* great, big, large, huge
დიდსულოვნე́ბა [didsulovnéba] *n* generosity
დი́დხანს [díd-ha-ns] *n* long time
დივა́ნი [diváni] *n* sofa, couch
დი́ლა [díla] *n* morning
დილაადრი́ან [dilaadrían] early morning
დილაო́ბით [dilaóbi-th], დილ-დილო́ბით [dil-dilóbi-th] in the morning
დოვლა́თი [dovlá-th-i] *n* wealth, fortune
დოვლათია́ნი [dovla-th-iáni] *adj* wealthy, fortunate
დო́ლი [dóli] *n* drum
დრამატუ́რგი [dramatúrgi] *n* dramatist, playwright
დრო́ [dró] *n* time

დროდა́დრო [drodádro] *adv* from time to time, now and again
დროები́თი [droebí-th-i] *adj* temporary, provisional
დრო́ზე [dróze] *adv* in time, on time
დროუ́ლი [droúli] *adj* timely
დღე́ [d-hh-é] *n* day
დღეგრძელო́ბა [d-hh-egr-dz-elóba] *n* longevity
დღევანდე́ლი [d-hh-evandéli] *adj* today's
დღეი́დან [d-hh-eídan] *adv* from today
დღე́მდე [d-hh-émde] *adv* until today
დღეო́ბა [d-hh-eóba], დაბადები́ს დღე [dabadebis d-hh-e] *n* birthday
დღეს [d-hh-es] *adv* today
დღესასცაუ́რი [d-hh-esas-t-s-aúri] *n* holiday
დღე და ღა́მე [d-hh-e da hh-áme] *n* day and night, 24 hours
დღი́სით [d-hh-ísi-th] *adv* every day
დღიუ́რად [d-hh-iúrad] *adv* daily
დღიუ́რი [d-hh-iúri] *n* diary, journal

ე

ებრაე́ლი [ebraéli] *n* Jew, Israelite
ებრაელო́ბა [ebraelóba] *n* Jewry
ებრაუ́ლი [ebraúli] *adj* Jewish, Hebrew
ე́გ [ég] *pron* this

ეგება [egéba] *adv* may be, perhaps

ეგეთი [egé-th-i] *adj* such

ეგერ [éger] *adv* there

ეგვიპტე [egvípte] *n* Egypt

ეგზემპლარი [egzemplári] *n* copy, sample, example

ევროპა [evrópa] *n* Europe

ევროპული [evropúli] *adj* European

ეზო [ézo] *n* yard

ეკვატორი [ekvatóri] *n* equator

ეკლესია [eklesía] *n* church

ეკონომია [economía] *n* economy

ეკონომიკა [ekonomíka] *n* economics

ეკონომისტი [ekonomísti] *n* economist

ეკონომიური [ekonomiúri] *adj* economical

ეკრანი [ekráni] *n* screen

ელექტროდენი [ele-kh-trodéni] *n* electric energy

ელექტრომატარებელი [ele-kh-tromatarebéli] *n* electric train

ელვა [élva] *n* lightning

ელვარე [elváre] *adj* shiny, brilliant

ელიფსი [elí-pf-si] *n* ellipse

ემირი [emíri] *n* emir

ენა [éna] *n* tongue; language

ენათმეცნიერება [ena-th-me-t-s-nieréba] *n* linguistics

ენერგიული [energiúli] *adj* energetic, vigorous, strenuous
ენთუზიაზმი [en-th-uziázmi] *n* enthusiasm
რპარქია [epar-kh-ía], ეპისკოპოსი [episkopósi] *n* bishop
ეპიზოდი [epizódi] *n* episode
ეპილოგი [epilógi] *n* epilogue
ერბო [érbo] *n* butter ერბო-კვერცხი [erbo-kver-t-s-hi] *n* omelette
ერთად [ér-th-ad] *adv* together
ერთადგილიანი [er-th-adgiliáni] *adj* one seater
ერთადერთი [er-th-adér-thi] *adj* only, single, unique
ერთგულად [er-th-gúlad] *adv* faithfully
ერთგული [er-th-gúli] *adj* faithful, trusty
ერთდროული [er-th-droúli] *adv* simultaneous
ერთი [ér-th-i] *num* one
ერთიანობა [er-th-iánoba], ერთობა [er-th-óba] *n* unity
ერთიორად [er-th-iórad] *adv* double, twice
ერთმანეთი [er-th-mané-th-i] each other, one another
ერთნახევარი [er-th-na-he-vári] one and a half
ერთპიროვნული [er-th-pirovnúli] *adj* individual, personal
ერთსართულიანი [er-th-sar-th-uliáni] *adj* one story high
ერთფერი [er-th-pf-éri] *adj* monochromatic

ერთ წამს [ér-th ts-ams] in a moment
ერთწლიანი [er-th-ts-liáni] *n* one year
ერთხელ [ér-th-he-l], ერთჯერ [ér-th-jer] *adv* once, once upon a time
ერთხმად [ér-th-hm-ad] *adv* unanimously
ერი [éri] *n* nation, people
ეროვნება [erovnéba] *n* nationality
ეროტიკა [erotíka] *n* erotic, erotica
ეს [és] *pron* this
ესენი [eséni] *pron* these
ესკიზი [eskízi] *n* sketch, rough
ესპანეთი [espané-th-i] *n* Spain
ესპანური [espanúri] *adj* Spanish
ესტონეთი [estoné-th-i] *n* Estonia
ესტონური [estonúri] *n adj* Estonian
ეტაპი [etápi] *n* stage
ეტიკეტი [etikéti] *n* etiquette, manners
ეფექტური [e-pf-e-kh-túri] *adj* effective
ექვსი [é-kh-vsi] *num* six
ექიმი [e-kh-ími] *n* physician, doctor
ექსკურსია [e-kh-skursía] *n* excursion, trip
ექსპედიცია [e-kh-spedi-t-s-ía] *n* expedition
ექსპერტი [e-kh-spérti] *n* expert
ექსპლოატაცია [e-kh-sploata-t-s-ía] *n* exploitation
ექსპონატი [e-kh-sponáti] *n* exhibit
ექსპორტი [e-kh-spórti] *n* export

ეშმაკი [e-sh-máki] *n* devil

ეშმაკური [e-sh-makúri] *adj* diabolical, devilish

ეშხიანი [e-sh-hi-ani] *adj* attractive

ეჭვი [é-tch-vi] *n* doubt, suspicion, jealous

ეჭვიანი [e-tch-viáni] *adj* jealous, doubtful

ვ

ვა [vá], ეჰ [éh] *int* oh! ah!

ვაგონი [vagóni] *n* carriage, car, wagon

ვაი [vái] woe! oh my word! wow!

ვალდებულება [valdebuléba] *n* duty, responsibility

ვალი [váli] *n* debt

ვალუტა [valúta] *n* foreign currency

ვაჟი [vá-jh-i] *n* boy, son

ვაჟკაცობა [va-jh-ka-t-s-óba] *n* bravery, courage

ვაჟკაცური [va-jh-ka-t-s-úri] *adj* brave, courageous

ვარდი [várdi] *n* rose

ვარსკვლავი [varskvlávi] *n* star

ვარჯიში [varjí-sh-i] *n* exercise

ვაშა! [vá-sh-a] *int* hurray!

ვაშლი [vá-sh-li] *n* apple

ვაჭარი [va-tch-ári] *n* merchant, tradesman

ვაჭრობა [va-tch-róba] *v* trade

ვახშამი [va-hsh-ámi] *n* dinner, supper

ვეებერთელა [veeber-th-éla] *adj* huge, enormous

ველოსიპედი [velosipédi] *n* bicycle

ვენახი [vená-hi] *v* vineyard

ვერ [vér], **ვერა** [véra] *adv* no, not

ვერავითარი [veravi-th-ári] *pron* none, not any

ვერავინ [verávin] *pron* nobody

ვერასოდეს [verasódes] *adv* never

ვერაფერი [vera-pf-éri] *pron* nothing

ვერსად [vérsad] *adv* nowhere

ვერცხლი [vér-t-s-hl-i] *n* silver

ვერცხლისწყალი [ver-t-s-hl-is-ts-qh-áli] *n* mercury

ვერძი [vér-dz-i] *n* ram

ვეფხვი [vé-pf-hv-i] *n* tiger

ვეფხვისტყაოსანი [ve-pf-hv-ist-qh-aosáni] The Knight in Tiger's (Panther's) Skin (Georgian novel)

ვექილი [ve-kh-íli] *n* lawyer, attorney, solicitor

ვექსილი [ve-kh-síli], **თამასუქი** [th-amasú-kh-i] bill of exchange

ვეშაპი [ve-sh-ápi] *n* whale

ვიდრე [vídre] rather, before, till

ვითომ [ví-th-om] as if, as though

ვინ [vín] *pron* who

ვინმე [vínme], **ვიღაცა** [vi-hh-á-t-s-a] *pron* anybody, somebody

ვირთხა [vír-th-ha] *n* rat

ვირი [víri] *n* ass, donkey

ვის [vís] *pron* whom, to whom, who

ვისი [vísi] *pron* whose

ვიტრინა [vitrína] *n* store window

ვიწრო [ví-ts-ro] *adj* narrow

ზ

ზავი [závi] *n* peace

ზამთარი [zam-thári] *n* winter

ზანგი [zángi] *n* Negro

ზარი [zári] *n* bell

ზარმაცი [zarmá-t-s-i] *adj* lazy, idle

ზაფხული [za-pf-hú-li] *n* summer

ზე [zé], ზედ [zéd] *prep* on, at, about

ზებუნებრივი [zebunebrívi] *adj* supernatural, miraculous

ზეგ [zég] day after tomorrow

ზედა [zéda] *adj* upper

ზედიზედ [zedízed] one after another

ზედმეტი [zedméti] *adj* too much

ზედნადები [zednadébi] *n* invoice

ზედსართავი სახელი [zedsar-th-avi sa-hé-li] *n* adjective

ზევიდან [zevídan], ზემოდან [zemódan] from above

ზევით [zévi-th], ზემოთ [zémo-th] *adv* up, above

ზეთი [zé-th-i] *n* oil

ზეთიანი [ze-th-iáni] *adj* oily

ზეთისხილი [zedis-hí-li] *n* olive

ზემოაღნიშნული [zemoa-hh-ni-sh-núli] *adj* above mentioned

ზეპირად [zepírad] *adv* orally, from memory

ზეშთაგონება [ze-sh-th-agonéba] *n* inspiration

ზეცა [zé-t-s-a] *n* heaven

ზმნა [zmná] *n* verb

ზმნისართი [zmnisár-th-i] *n* adverb

ზმნისწინი [zmnis-ts-íni] *n* prefix

ზნედაცემული [zneda-t-s-emúli] *n* prostitute, whore

ზნეობა [zneóba] *n* morality, ethics

ზნეობრივი [zneobrívi] *adj* moral

ზოგადად [zogádad] *adv* generally, in general

ზოგი [zógi], ზოგიერთი [zogiér-th-i] *adj pron* some, certain

ზოგჯერ [zógjer] *adv* sometimes

ზომა [zóma] *n* measure

ზოოლოგია [zoología] *n* zoology

ზრდილობა [zrldilóba] *n* politeness

ზუსტი [zústi] *n adj* exact, precise

ზღაპარი [z-hh-apári] *n* fairytale

ზღაპრული [z-hh-aprúli] *adj* fantastic, fabulous, superb, outstanding

ზღვა [z-hh-va] *n* sea

თ

თაგვი [th-ágvi] *n* mouse

თავადაზნაურობა [davadaznauróba] *n* nobility, royalty

თავადი [davádi], თავადიშვილი [th-avadi-sh-víli] *n* prince

თავადობა [th-avadóba] *n* principality

თავაზიანად [th-avaziánad] *adv* politely, courteously

თავაზიანი [th-avaziáni] *adj* polite, courteous

თავბედი [th-avbédi] *n* fate

თავგადასავალი [th-avgadasaváli] *n* adventure

თავდაბლობა [th-avdablóba] *n* modesty

თავდადებულობა [th-avdadebulóba] *n* devotion, devotedness

თავდაცვა [th-avdá-t-s-va] *n* self defence

თავდაჭერილობა [th-avda-tch-erilóba] *n* discretion

თავდები [th-avdébi] *n* bail, sponsor

თავზეხელაღებული [th-avze-he-la-hh-ebúli] *adj* desperate, reckless

თავი [th-ávi] *n* head, chapter, origin, source

თავიანთი [th-avián-th-i] *pron adj* theirs, their

თავიდან [th-avídan] from the beginning

თავისებური [th-avisebúri] *adj* special, peculiar; singular

თავისთავად [th-avis-th-ávad] *adj* independently

თავი́სი [th-avísi] *adj pron* his, her, its, hers

თავისუფა́ლი [th-avisu-pf-áli] *adj* free

თავისუ́ფლად [th-avisú-pf-lad] *adv* freely

თავისუფლე́ბა [th-avisu-pf-léba] *n* freedom

თავის ქე́ბა [th-avis kh-éba] *v* boast oneself

თავდაბა́ლი [th-avdabáli] *adj* modest

თავმოყვარეო́ბა [th-avmo-qh-vareóba] *n* ambition, self-esteem

თავმჯდომა́რე [th-avmjdomáre] *n* chairman, president, director

თავმჯდომარეო́ბა [th-avmjdomareóba] *v* to preside, to be the chairman; *n* presidency, chairmanship

თავშა́ლი [th-av-sh-áli] *n* shawl

თავშესაფა́რი [th-av-sh-esa-pf-ári] *n* refuge, shelter, asylum

თავშეუკავებე́ლი [th-av-sh-eukavebéli] *adj* unrestrained

თათა́რი [th-a-th-ári] *n* Tatar, Tartar

თათბი́რი [th-a-th-bíri] *n* council

თათრუ́ლი [th-a-th-rúli] *adj* Tatar

თა́მადა [th-ámada] *n* head of a table

თამა́ში [th-amá-sh-i] *n* play, amusement

თამბა́ქო [th-ambá-kh-o], **თუთუ́ნი** [th-u-th-úni] *n* tobacco

თამბა́ქოს წე́ვა [th-ambá-kh-os ts-éva] *v* to smoke

თან [th-án] *prep adv* with

თანაბარი [th-anabári] *adj* proportional, equal

თანაგვარობა [th-anagvaróba] *n* analogy

თანაგრძნობა [th-anagr-dz-nóba] *v* to symphathize, condole

თანამგზავრი [th-anamgzávri] *n* travelling companion

თანამდებობა [th-anamdebóba] *n* post, employment, appointment

თანამედროვე [th-anamedróve] *adj* modern, contemporary

თანამონაწილე [th-anamona-ts-íle] *n* participant; associate

თანამოსამსახურე [th-anamosamsa-hú-re] *n* colleague

თანამშრომელი [th-anam-sh-roméli] *n* collaborator, contributor

თანაც [th-ána-t-s] *adv* besides

თანახმად [th-aná-hm-ad] *adv* according

თანდათან [th-andá-th-an] *adv* gradually, slowly

თანდებული [th-andebúli] *n* preposition

თანმიყოლებით [th-anmi-qh-olébi-th] *n* in succession

თანხა [th-án-ha] *n* sum, capital; bribe

თანხმობა [th-an-hm-óba] *n* accord, agreement,

თანხმოვანი [th-an-hm-ováni] *adj* consonant

თაობა [th-aóba] *n* generation

თაოსნობა [th-aosnóba] *n* initiative
თარგმნა [th-árgmna] *n* translate
თარიღი [th-arí-hh-i] *n* date
თარჯიმანი [th-arjimáni] *n* interpreter
თასი [th-ási] *n* cup
თაფლი [th-á-pf-li] *n* honey
თბილი [th-bíli] *adj* warm
თეატრი [th-eá-th-ri] *n* theater, cinema
თებერვალი [th-ebervàli] *n* February
თევზი [th-évzi] *n* fish
თეთრეული [th-e-th-reúli] *n* linen
თეთრი [th-é-th-ri] *adj* white
თემა [th-éma] *n* theme, subject
თერთმეტი [th-er-th-méti] *num* eleven
თერძი [th-ér-dz-i] *n* tailor
თესვა [th-ésva] *v* to sow,; *n* sowing
თესლი [th-ésli] *n* seed, sperm
თეფში [th-é-pf-sh-i] *n* plate, dish
თექვსმეტი [th-e-kh-vsméti] *num* sixteen
თვალდახუჭული [th-valda-hu-tch-úli] *adj* with eyes closed
თვალებდაჭყეტილი [th-valebda-tch-qh-etíli] *adj* with eyes opened
თვალდახედვა [th-valda-hé-dva] *n* eyesight
თვალი [th-váli] *n* eye
თვალწინ [th-vál-ts-in] *adv* in front of one's eyes

თვე [th-vé] *n* month
თვითეული [th-vi-th-eúli] *adj* each, every
თვითმოძრავი [th-vi-th-mo-dz-rávi] *adj* automatic
თვითმფრინავი [th-vi-th-m-pf-rinávi] *n* airplane
თვითღირებულება [th-vid-hh-irebuléba] net cost, cost price
თვითშეგნება [th-vi-th-sh-egnéba] *n* consciousness, self-consciousness
თვისება [th-viséba] *n* innate, quality
თვიური [th-viúri] *adj* monthly
თვლა [th-vlá] *v* to count; *n* counting
თვრამეტი [th-vraméti] *num* eighteen
თითბერი [th-i-th-béri] *n* brass
თითი [th-í-th-i] *n* finger
თითოეული [th-i-th-oeuli] *adj* each, every
თითქმის [th-í-th-kh-mis] *adv* almost
თითონ [th-í-th-on] *pron* himself, herself, itself
თითქოს [th-í-th-kh-os] as if, as though
თმა [th-má] *n* hair
თმახუჭუჭი [th-ma-hu-tch-ú-tch-i] *adj* curly, frizzy
თმენა [th-ména] *v* to tolerate, to endure, to survive
თმიანი [th-miáni] *adj* hairy, shaggy
თოვა [th-óva], თოვლა [th-óvla] *v n* snow

თოვლიანი [th-ovliáni] *adj* snowy
თოთხმეტი [th-o-th-hm-éti] *num* fourteen
თოკი [th-óki] *n* rope
თორემ [th-órem] *conj* otherwise
თორმეტი [th-orméti] *num* twelve
თორნე [th-órne] *n* Georgian bakery
თოფი [th-ó-pf-i] *n* rifle, gun
თოჯინა [th-ojína] *n* doll
თრობა [th-róba] *v* to get drunk; *n* intoxication
თუ [th-ú] *conj* if
თუთიყუში [th-u-th-i-qh-ú-sh-i] *n* parrot
თუმანი [th-umáni] *n* ten rubles
თუმცა [th-úm-t-s-a] *conj* though, although
თუნდაც [th-únda-t-s] *adv* if even
თურქეთი [th-ur-kh-é-th-i] *n* Turkey
თურქი [th-úr-kh-i] *n* Turk
თქვენ [th-kh-vén] *pron* you
თქმა [th-kh-ma] *v* to say; *n* dialect
თქმული [th-kh-múli] *adj* told, said
თხა [th-há] *n* goat
თხილი [th-hí-li] *n* hazel-nut
თხოვა [th-hó-va] *v* to ask
თხოვება [th-ho-véba] *v* to lend, to loan
თხრა [th-hr-á] *v* to dig; *n* digging
თხუთმეტი [th-hu-th-méti] *num* fifteen

ი

ია [ía] *n* violet
იადონი [iadóni] *n* nightingale
იანვარი [ianvári] *n* January
იაპონელი [iaponéli] *n* Japanese
იაპონია [iaponía] *n* Japan
იაფად [iá-pf-ad] *adv* cheaply
იაფი [iá-pf-i], იაფფასიანი [ia-pf-pf-asiáni] *adj* cheap, inexpensive
იგი [ígi], ის [ís] *pron* that, it, he, she
იგივეობა [igiveóba] *n* alike, identity
იგინი [igíni], ისინი [isíni] *pron* they
იერი [iéri] *n* expressiveness
იერიანი [ieriáni] *adj* expressive
ივლისი [ivlísi], მკათათვე [mka-th-á-th-ve] *n* July
ივნისი [ivnísi], თიბათვე [th-ibá-th-ve] *n* June
იზოლირება [izoliréba] *v* to isolate
იისფერი [iis-pf-éri] *adj* violet
იმ [ím], იმან [íman] *pron adj* that
იმავე [imáve] the same
იმათ [íma-th] *pron* them
იმათი [imá-th-i] *pron* theirs, *adj* their
იმას [ímas] *pron* him, her, it
იმდენად [imdénad] *adv* so, as much as
იმ დღეს [ím d-hh-és] that day

იმედი [imédi] *n* hope
იმედიანი [imediáni] *adj* safe, trusty, hopeful
იმერელი [imeréli] *n* Imerethian
იმით [ími-th] with it
იმისი [imísi] *pron* his, hers, its
იმნაირი [imnaíri], იმისთანა [imis-th-ána],
ამისთანა [amis-th-ána] *adj* such
იმპორტი [impór-t-i] *n* import, importation
ინგლისელი [ingliséli] *n* Englishman
ინგლისი [inglísi] *adj* England
ინგლისური [inglisúri] *adj* English
ინდაური [indaúri] *n* turkey
ინდო-ევროპული [indo-evropúli] *adj* Indo-European
ინდოეთი [indoé-th-i] *n* India
ინდური [indúri] *n* Indian
ინდუსტრია [industría] *n* industry
ინვენტარი [inventári] *n* inventory
ინსცენირება [ins-t-s-eniréba] *v* to dramatize, to stage
ინტელექტუალურად [intele-kh-tualúrad] *adv* intellectually
ინტელიგენტური [inteligentúri] *adj* educated, cultured
ინტერნაციონალი [interna-t-s-ionáli] *n* international
ინტიმური [intimúri] *adj* intimate

ინტრიგა [intríga] *n* intrigue, plot
იოდი [iódi] *n* iodine
იოლი [ióli] *adj* easy
იპოდრომი [ipodrómi] *n* hippodrome, race course
ირანი [iráni] *n* Iran
ირანელი [iranéli] *adj* Iranian
ირგვლივ [írgvliv] *adv* around, about
ირემი [irémi] *n* deer
ირლანდია [irlandía] *n* Ireland
ირლანდიელი [irlandiéli] *n* Irishman
ორონია [ironía] *n* irony
ისარი [isári] *n* arrow
ისე [íse], ისეთნაირად [ise-th-naírad] *adv* so
ისევ [ísev] *adv* again
ისინი [isíni] *pron* they
ისლანდია [islandía] *n* Iceland
ისტერია [istería] *n* hysteria
ისტორია [istoría] *n* history
იტალია [italía] *n* Italy
იტალიელი [italiéli] *n* Italian
იუბილე [iubíle] *n* jubilee
იურიდიული [iuridiúli] *adj* judicial
იურისტი [iurísti] *n* jurist, lawyer, attorney, solicitor
იუსტიცია [iusti-t-s-ía] *n* justice
იქ [í-kh] *adv* there
იქამდე [i-kh-ámde] until there

იქაური [i-kh-aúri] from that place
იქაც [í-kh-a-t-s] there too
იქიდან [i-kh-ídan] from there
იქნებ [í-kh-neb], **იქნება** [i-kh-néba] *adv* perhaps, maybe, possibly
იღბალი [i-hh-báli] *n* happiness; fate
იღლია [i-hh-ĺia] *n* armpit
იშვიათად [i-sh-viátha-d] *adv* rarely
იძულება [i-dz-uléba] *v* to force, to compel, to obligate
იჭვი [í-tch-vi] *n* doubt
იხვი [í-hv-i] *n* duck
იჯარა [ijára] *n* lease

კ

კაბა [kába] *n* dress
კაბინეტი [kabinéti] *n* study, office
კადნიერება [kadnieréba] *n* audacity, daring
კადრება [kadréba] *v* to dare, to presume
კავკასია [kavkasía] *n* Caucasus
კავკასიული [kavkasiúli] *n* Caucasian
კაკალი [kakáli] *n* nut, walnut
კაკაო [kakáo] *n* cocoa
კაკუნი [kakúni] *v n* knock
კალათა [kalá-th-a] *n* basket
კალათბურთი [kala-th-búr-th-i] *n* basketball

კალამი [kalámi] *n* pen

კალენდარი [kalendári] *n* calendar

კალთა [kál-th-a] *n* lap

კალმახი [kalmá-hi] *n* trout

კამათელი [kama-th-éli] *n* dice

კამათი [kamá-th-i] *v* to discuss; *n* discussion

კამეჩი [kamé-ch-i] *n* buffalo

კანი [káni] *n* skin

კანონიერად [kanoniérad], კანონით [kanónith] *adv* lawfully

კანონიერი [kanoniéri], ლეგალური [legalúri] *adv adj* lawful, legal

კანონმდებელი [kanonmdebéli] *n* legislator, lawmaker

კანონმდებლობა [kanonmdeblóba] *n* legislation

კანონპროექტი [kanonproé-kh-ti] *n* bill

კანტორა [kantóra] *n* office

კაპიკი [kapíki] *n* copeck

კაპიტალი [kapitáli] *n* capital, fund

კაპიტალიზმი [kapitalízmi] *n* capitalism

კაპიტალისტი [kapitalísti] *n* capitalist

კაპიტალური [kapitalúri] *adj* thorough, substantial, fundamental

კარაქი [kará-kh-i] *n* butter

კარგად [kárgad] *adv* well

კარგი [kárgi] *adj* good

კარი [kári] *n* door

კარნა́ხი [karná-hi] *n* dictation
კარტოფი́ლი [karto-pf-íli] *n* potato
კასპი́ის ზღვა́ [kaspíis z-h-vá] *n* Caspian Sea
კა́ტა [káta] *n* cat
კატა́რღა [katár-hh-a] *n* slavery
კატლე́ტი [katléti] *n* cutlet
კაშკა́ში [ka-sh-ká-sh-i] *adj* shining
კაცთმოყვარეო́ბა [ka-t-s-th-mo-qh-vareóba] *n* philanthropy
კაცო́ბა [ka-t-s-óba] *n* manhood
კახე́თი [ka-hé-th-i] *n* Kakhethi
კახე́ლი [ka-hé-li] *n* Kakhethian
კბე́ნა [kbéna] *n* bite
კბი́ლი [kbíli] *n* tooth
კბი́ლის ექი́მი [kbílis e-kh-ími] *n* dentist
კეთე́ბა [ke-th-éba] *v* to do, to make
კეთი́ლი [ke-th-íli] *adj* kind
კეთილმსურველო́ბა [ke-th-ilmsurvelóba] *n* goodwill, kindness
კე́ნტი [kénti] *n* odd
კენწე́რო [ken-ts-éro] *n* top
კე́რვა [kérva] *v* to sew; *n* sewing
კე́რძი [kér-dz-i] *n* portion
კე́რძო [kér-dz-o] *adj* private
კე́ცვა [ké-t-s-va] *v* to fold
კვადრა́ტი [kvadráti] *n* square
კვა́მლი [kvámli] *n* smoke

კვარტალი [kvartáli] *n* block

კვახე [kvá-he] *adj* immature

კვერცხი [kvér-t-s-hi] *n* egg

კვირა [kvíra] *n* Sunday

კვლავ [kvláv], კიდევ [kídev] *adv* again

კვნესა [kvnésa] *v n* moan, groan

კი [kí] *adv* yes

კიბე [kíbe] *n* staircase, ladder

კიბო [kíbo] *n* cancer

კივილი [kivíli] *v n* cry

კითხვა [kí-th-hv-a] *v* to read, to ask

კილო [kílo], კილოგრამი [kilográmi] *n* kilogram

კილომეტრი [kilométri] *n* kilometer

კინაღამ [kiná-hh-am] *adv* nearly, almost

კინემატოგრაფია [kinematogra-pf-ía] *n* cinematography

კინკლაობა [kinklaóba] *v* to dispute

კინომსახიობი [kinomsa-hi-óbi] *n* actor, actress

კინოსურათი [kinosurá-th-i] *n* film, movie

კისერი [kiséri] *n* neck

კლასი [klási] *n* class

კლასიკური [klasikúri] *n* classic, *adj* classical

კლდე [kldé] *n* cliff, rock

კლიმატი [klimáti] *n* climate

კლიტე [klíte] *n* key

კლუბი [klúbi] *n* club

კმა́რა [kmára] *adv* enough
კოლექტი́ვი [kole-kh-tívi] *n* collective
კოლო́ფი [koló-pf-i] *n* box
კომბო́სტო [kombósto] *n* cabbage
კომედი́ა [komedía] *n* comedy
კომიკუ́რი [komikúri] *adj* comic
კო́მლი [kómli] *n* courtyard
კომპა́სი [kompási] *n* compass
კომპენსირე́ბა [kompensiréba] *v* to compensate
კომპეტენცი́ა [kompeten-t-s-ía] *n* competence
კომპლე́ქსი [komplé-kh-si] *n* complex
კომპლე́ქტი [komplé-kh-ti] *n* set
კომპოზიტო́რი [kompozitóri] *n* composer
კონგრე́სი [kongrési] *n* congress
კონდა́ხი [kondá-hi] *n* rifle butt
კონვე́რტი [konvérti] *n* envelope, cover
კონკურე́ნტი [konkurénti] *n* rival, competitor
კონკურენცი́ა [konkuren-t-s-ía] *n* competition
კონსერვატი́ზმი [konservatízmi] *n* conservatism
კონსტრუქცი́ა [konstru-kh-t-s-ía] *n* design, construction
კონსულტა́ნტი [konsultánti] *n* consultant
კონტრაჰე́ნტი [kontrahénti] *n* contractor
კონუ́სი [konúsi] *n* cone
კონცე́რტი [kon-t-s-érti] *n* concert
კოოპერაცი́ა [koopera-t-s-ía] *n* cooperation
კო́რდი [kórdi] *n* lawn

კორესპონდენტი [korespondéti] *n* correspondent
კორექტორი [kore-kh-tóri] *n* proof reader, corrector
კოშკი [kó-sh-ki] *n* tower
კოცნა [kó-t-s-na] *n v* kiss
კოჭლი [kó-tch-li] *adj* lame, limping
კოხი [kó-hi] *n* hail
კრამიტი [kramíti] *n* tile
კრეისერი [kreiséri] *n* cruiser
კრიალი [kriáli] *v* glitter
კრიტიკული [kritikúli] *adj* critical
კუ [kú] *n* tortoise
კუბი [kúbi] *n* cube, still
კუბო [kúbo] *n* coffin
კუდი [kúdi] *n* tail
კუზი [kúzi] *n* hump
კუთნილება [ku-th-niléba] *n* possession
კუთხე [kú-th-he] *n* corner
კუთხური [ku-th-hú-ri] *adj* angular, corner kick (in soccer)
კულტურა [kultúra] *n* culture
კუნტი [kún-th-i] *n* muscle
კუნძული [kun-dz-úli] *n* island
კუპატი [kupáti] *n* sausage
კურორტი [kurórti] *n* health resort
კურსები [kursébi] *n* courses, classes

ლ

ლაბირინთი [labirín-th-i] *n* labyrinth
ლავაში [lavá-sh-i] *n* Georgian bread
ლაზარეთი [lazaré-th-i] *n* hospital
ლათინურად [la-th-inúrad] *adv* Latin
ლალი [láli] *n* ruby
ლამაზად [lamázad] *adv* beautifully
ლამაზი [lamázi] *adj* pretty, beautiful
ლანძღვა [lán-dz-hh-va] *v* to scold; to abuse
ლაპარაკი [laparáki] *v* to speak, to talk; *n* conversation
ლატარია [lataría] *n* lottery, raffle
ლატვიური [latviúri] *adj* Latvian
ლაქლაქი [la-kh-lá-kh-i] *v* to chat, to chatter
ლაჩარი [la-ch-ári], მშიშარა [m-sh-i-sh-ára] *n* coward, craven
ლეგა [léga] *adj* gray
ლეგენდა [legénda] *n* legend
ლეიბი [leíbi] *n* mattress
ლეკვი [lékvi] *n* puppy, cub
ლეკური [lekúri] *n* Lesgian dance (Georgian folk)
ლექსი [lé-kh-si] *n* poetry
ლექსიკა [le-kh-síka] *n* vocabulary
ლექსიკონი [le-kh-sikóni] *n* dictionary
ლექცია [le-kh-t-s-ía] *n* lecture, seminar
ლეღვი [lé-hh-vi] *n* fig

ლიბერა́ლი [liberáli] *n* liberal
ლიმონა́თი [limoná-th-i] *n* lemonade, soda pop
ლიტერატუ́რა [literatúra] *n* literature
ლი́ტვა [lítva] *n* Lithuania
ლიტვე́ლი [litvéli], **ლიტვუ́რი** [litvúri] *adj* Lithuanian
ლი́ტრი [lítri] *n* liter
ლოგი́კა [logíka] *n* logic
ლოგი́ნი [logíni] *n* bed
ლოდი́ნი [lodíni], **მო́ცდა** [mó-t-s-da] *v* to wait, to expect; *n* waiting
ლო́თი [ló-th-i] *n* drunkard
ლოთო́ბა [lo-th-óba] *v* to drink heavily
ლო́კვა [lókva] *v* to lick; *n* licking
ლოკოკი́ნა [lokokína] *n* snail
ლომთე́ვზი [lom-th-évzi] *n* walrus
ლო́მი [lómi] *n* lion, lioness
ლო́ყა [ló-qh-a] *n* cheek
ლო́ცვა [ló-t-s-va] *v* to bless, to pray; *n* blessing, prayer
ლურსმა́ნი [lursmáni] *n* nail
ლუ́რჯი [lúrji], **ლი́ლა** [líla] *n* blue
ლხი́ნი [l-hí-ni] *n* feast

მ

მაგალი́თი [magalí-th-i] *n* example
მა́გან [mágan] *pron* he, she, it

მაგა́რი [magári] *adj* strong, hard, firm, solid
მა́გას [mágas] *pron* to him, to her, to it
მა́გი [mági] *pron* he, she, it
მაგი́და [magída] *n* table
მაგი́ერ [magíer], **მაგიე́რად** [magiérad] *adv* instead
მაგი́სი [magísi] *adj* his, hers, its
მაგისტრა́ლი [magistráli] *n* highway, main road
მაგნი́ტი [magníti] *n* magnet
მა́გრამ [mágram] *conj* but
მა́და [máda] *n* appetite
მადია́ნად [madiánad] *adj* having an appetite
მა́დლი [mádli] *n* benefaction
მადლო́ბა [madlóba] *n* thanks
მადლობე́ლი [madlobéli] *adj* thankful
მავნებე́ლი [mavnebéli] *n* wrecker, spoiler
მა́ზლი [mázli] *n* brother-in-law
მა́ზრა [mázra] *n* district
მა́თ [má-th] *pron* them
მათემატი́კა [ma-th-ematíka] *n* mathematics
მა́თი [má-th-i] *adj* their; *pron* theirs
მათრა́ხი [ma-th-rá-hi] *n* whip
მათხოვა́რი [ma-th-ho-vári] *n* beggar, bum
მოთხოვრო́ბა [ma-th-ho-vróba] *v* to beg
მაიმუ́ნი [maimúni] *n* monkey
მაიო́რი [maióri] *n* major
მაი́სი [maísi] *n* May

მაკავშირებე́ლი [makav-sh-irebéli] *adj* conjunctive
მაკედონი́ა [makedonía] *n* Macedonia
მაკრატე́ლი [makratéli] *n* scissors
მა́ლე [mále] *adv* soon, quickly
მა́ლვა [málva], **მიმა́ლვა** [mimálva] *v* to hide; *n* hiding
მა́მა [máma] *n* father
მამაკა́ცი [mamaká-t-s-i] *n* man
მამა́ლი [mamáli] *n* cock, rooster
მამამთავა́რი [mamam-th-avári] *n* ancestor, progenitor
მამამთი́ლი [mamam-th-íli] *n* father-in-law (female)
მამი́და [mamída] *n* aunt
მამიდაშვი́ლი [mamida-sh-víli] *n* cousin
მამინაცვა́ლი [mamina-t-s-váli] *n* step-father
მამისეუ́ლი [mamiseúli] *adj* paternal
მამობრი́ვად [mamobrívad] *adv* fatherly
მამრა́ვლი [mamrávli] *n* multiplier, factor
მა́ნამ [mánam] *adv* until
მა́ნდ [mánd] *adv* there
მანდა́რინი [mandaríni] *n* tangerine
მანე́თი [mané-th-i] *n* ruble
მანიფესტაცი́ა [mani-pf-esta-t-s-ía] *n* demonstration, manifestation
მანქა́ნა [man-kh-ána] *n* machine, engine

მანჯური́ა [manjuría] *n* Manchuria
მარა́გი [marági] *n* stock, supply, storage
მარა́ნი [maráni] *n* wine-cellar
მარგებე́ლი [margebéli] *adj* useful
მართა́ლი [mar-th-áli] *adj* true, just, righteous
მა́რთვა [már-th-va] *v* to govern, to rule
მა́რთლა? [már-th-la] *adv* is that so?
მა́რთლაც [már-th-la-t-s] *adv* really, in fact
მარი́ლი [maríli] *n* salt
მარილია́ნი [mariliáni] *adj* salty
მა́რკა [márka] *n* stamp
მარმარი́ლო [marmarílo] *n* marble
მა́რტი [márti] *n* March
მა́რტო [márto], **მარტო́კა** [martóka], **მარ-ტოხე́ლა** [marto-hé-la] *adj* single, unmarried
მარტოო́დენ [martoóden] *adv* only
მა́რში [már-sh-i] *n* march
მარშრუ́ტი [mar-sh-rúti] *n* route, itinerary
მარჩიე́ლი [mar-ch-iéli] *n* fortune teller
მარცხე́ნა [mar-t-s-hé-na] *adj* left
მა́რწყვი [már-ts-qv-i] *n* strawberry
მარჯა́ნი [marjáni] *n* coral
მარჯვე́ნა [marjvéna] *adj* right
მასა́ლა [masála] *n* material
მასიუ́რი [masiúri] *adj* massive, enormous
მასპინძე́ლი [maspin-dz-éli] *n* host
მასშტა́ბი [mas-sh-tábi] *n* scale

მასწავლებე́ლი [mas-ts-avlebéli] *n* teacher
მასხა́რა [mas-há-ra] *n* clown, jester
მასხრო́ბა [mas-hr-óba] *v n* joke, jest
მატარებე́ლი [matarebéli] *n* train
მატე́ბა [matéba], მიმატე́ბა [mimatéba] *v* to add, to increase
მატერი́ა [materia] *n* cloth; matter, substance
მა́ტლი [mátli] *n* worm
მა́ტყლი [mát-qh-li] *n* wool
მატყუა́რა [mat-qh-uára] *n* liar, deceiver
მა́ქო [má-kh-o] *n* shuttle
მაღაზი́ა [ma-hh-azia] *n* shop, store
მაღა́ლი [ma-hh-áli] *adj* tall
მა́ღლა [má-hh-la] *adv* high
მაყურებე́ლი [ma-qh-urebéli] *n* spectator
მაშვე́ლი [ma-sh-véli] *n* helper
მა́შინ [má-sh-in] *adv* then
მაში́ნვე [ma-sh-inve] *adv* now, this minute, immediately
მაცთუნებე́ლი [ma-t-s-th-unebéli] *adj* seductive, alluring
მაცთურო́ბა [ma-t-s-th-uróba] *n* temptation, allurement
მაცივა́რი [ma-t-s-ivári] *n* refrigerator
მაცხოვა́რი [ma-t-s-ho-vári] *n* Christ
მაწარმოებე́ლი [ma-ts-armoebéli] *n* producer
მაწო́ნი [ma-ts-óni] *n* yoghurt

მაჭანკალი [ma-tch-ankáli] *n* match maker, pimp
მახვილი [ma-hv-íli] *adj* sharp
მახლობელი [ma-hl-obéli] *adj* close
მაჯა [mája] *n* wrist
მაჯლაჯუნა [majlajúna] *n* nightmare
მბეჭდავი [mbe-tch-dávi] *n* printer
მბობა [mbóba] *n* tell
მბრძანებელი [mbr-dz-anebéli] *n* commander, ruler, leader
მგელი [mgéli] *n* wolf
მგზავრი [mgzávri] *n* passenger, traveler
მგზავრობა [mgzavróba], მოგზაურობა [mogzauróba] *v* to travel
მდიდარი [mdidári] *adj* rich, wealthy
მდივანი [mdiváni] *n* secretary
მდინარე [mdináre] *n* river
მდინარი [mdinári] *adj* current
მდოგვი [mdógvi] *n* mustard
მდოვრე [mdóvre] *adj* even
მდოვრედ [mdóvred] *adv* evenly
მდუნარება [mdunaréba] *n* silence
მე [mé] *pron* I, me
მეათე [meá-th-e] *num* tenth
მეასე [meáse] *num* hundredth
მებარგული [mebargúli] *n* porter
მებაღე [méba-hh-e], მებოსტნე [mebóstne] *n*

gardener
მებრძოლი [mebr-dz-óli] *n* fighter, survivor
მებუკე [mebúke] *n* bagpiper
მებუფეტე [mebu-pf-éte] *n* barman, bartender
მეგზური [megzúri] *n* guide
მეგობარი [megobári] *n* friend
მეგობრობა [megobróba] *n* friendship
მეგობრული [megobrúli] *adj* friendly, amicable
მეექვსე [meé-kh-vse] *num* sixth
მევახშე [mevá-h-sh-e] *n* usurer, money lender
მევახშეობა [meva-hsh-eóba] *n* usury
მევენახე [mevená-he] *n* wine grower
მეზობელი [mezobéli] *n* neighbor
მეზობლობა [mezoblóba] *n* neighborhood
მეზღვაური [mez-hh-vaúri] *n* sailor, mariner, seaman
მეთევზე [me-th-évze] *n* fisherman
მეთერთმეტე [me-th-ertméte] *num* eleventh
მეთექვსმეტე [me-th-e-kh-vsméte] *num* sixteenth
მეთოთხმეტე [me-th-o-th-hm-éte] *num* fourteenth
მეთორმეტე [me-th-orméte] *num* twelfth
მელა [méla], მელია [meĺia] *n* fox
მელანი [meláni] *n* ink
მამამულე [memamúle] *n* landlord, landowner
მემარცხენეობა [memar-t-s-he-neóba] *n*

leftism

მემკვიდრეობა [memkvidreóba] *v* to inherit

მენავე [menáve] *n* boatman

მენავთე [menáv-th-e] *n* oil man

მეოთხე [meó-th-he] *num* fourth

მეორე [meóre] *num* second

მეორმოცე [meormó-t-s-e] *num* fortieth

მეოცე [meó-t-s-e] *num* twentieth

მეოჯახე [meojá-he] *n* family man

მეპურე [mepúre], მეფურნე [me-pf-úrne] *n* baker

მერე [mére] *adv* after, then

მერვე [mérve] *num* eighth

მერძევე [mer-dz-éve] *n* milkman

მესამე [mesáme] *num* third

მესაქონლე [mesa-kh-ónle] *n* cattle-breeder

მესაქონლეობა [mesa-kh-onleóba] *n* cattle-breeding

მეტი [méti] *adv* more

მეტისმეტად [metismétad] *adv* too, very, extremely

მეტისმეტი [metisméti] *adj* excessive

მეტოქე [metó-kh-e] *n* rival, competitor

მეტრი [métri] *n* meter

მეტრიკული [metrikúli] *adj* metric, metrical

მეურნე [meúrne] *n* farmer

მეურნეობა [meurneóba] *n* farming, farm

მეუღლე [meú-hh-le] *n* husband, wife

მეფე [mé-pf-e] *n* king

მეფობა [me-pf-óba] *v* to reign, to rule, to govern

მექოთნე [me-kh-ó-th-ne] *n* potter

მექრთამეობა [me-kh-r-th-ameóba] *n* bribery; *v* to bribe

მეღვინე [me-hh-víne] *n* wine-grower, vinculturist

მეშვიდე [me-sh-víde] *num* seventh

მეჩვიდმეტე [me-ch-vidméte] *num* seventeenth

მეცადინეობა [me-t-s-adineóba] *v* to study

მეცამეტე [me-t-s-améte] *num* thirteenth

მეცნიერება [me-t-s-nieréba] *n* science

მეცნიერი [me-t-s-niéri] *n* scientist

მეცხრამეტე [me-t-s-hr-améte] *num* nineteenth

მეცხრე [mé-t-s-hr-e] *num* ninth

მეხანძრე [me-há-n-dz-re] *n* fireman

მეხი [mé-hi] *n* thunder

მეხსიერება [me-hs-ieréba] *n* memory

მეხუთე [me-hú-th-e] *num* fifth

მზა [mzá] *adj* ready

მზადება [mzadéba] *v* to prepare; *n* preparation

მზეთუნახავი [mze-th-una-há-vi] *adj* beautiful, pretty

მზიდავი [mzidávi] *n* porter

მზითევი [mzi-th-évi] *n* dowry

მზიური [mziúri] *adj* sunny

მთა́ [m-th-á] *n* mountain
მთავრო́ბა [m-th-avróba] *n* government
მთარგმე́ლი [m-th-argméli] *n* translator, interpreter
მთე́ლი [m-th-éli] *adj* whole, entire
მთვა́რე [m-th-váre] *n* moon
მთქნარე́ბა [m-th-kh-naréba] *v n* yawn
მიალერსე́ბა [mialerséba] *v* to caress
მიახლოე́ბა [mia-hl-oéba] *v* to approach
მიბრუნე́ბა [mibrunéba], **მობრუნე́ბა** [mobrunéba] *v* to turn
მიგე́ბა [migéba] *v* to answer, to reply
მიგნე́ბა [mignéba] *v* to find
მიდევნე́ბა [midevnéba] *v* to follow
მივიწყე́ბა [mivi-ts-qh-éba] *v* to forget
მიზა́ნი [mizáni] *n* task, purpose; target, shooting mark
მიზე́ზი [mizézi] *n* cause, reason
მითითე́ბა [mi-th-i-th-éba] *v* to indicate, to point out; *n* indication
მიკუთვნე́ბა [miku-th-vnéba] *v* to appropriate; *n* appropriation
მილიო́ნი [milióni] *num* million
მილო́ცვა [miló-t-s-va] *v* to congratulate; *n* congratulation
მი́მართ [míma-th] *v* to, towards
მიმართულე́ბა [mimar-th-uléba] *n* direction

მიმატე́ბა [mimatéba], მომატე́ბა [momatéba] *v* to add; *n* addition
მიმნდო́ბი [mimndóbi] *adj* trustful, trusting
მიმტა́ნი [mimtáni] *n* bearer
მიმცე́მი [mim-t-s-émi] *n* donor
მიმწოდებე́ლი [mim-ts-odebéli] *n* contractor, supplier
მინანქა́რი [minan-kh-ári] *n* enamel
მინდო́ბა [mindóba] *v* to entrust
მინდო́რი [mindóri] *n* field
მინუ́სი [minúsi] *n* minus
მიპატიჟე́ბა [mipati-jh-éba], მიწვე́ვა [mi-ts-véva] *v* to invite; *n* invitation
მიპატიჟებუ́ლი [mipati-jh-ebúli] *adj* invited
მირბე́ნა [mirbéna] *v* to run
მირთმე́ვა [mir-th-méva] *v* to present, to serve
მი́ს [mís] *pron* him, her, it
მისაკუთრე́ბა [misaku-th-réba] *v* to misappropriate; *n* misappropriation
მისალმე́ბა [misalméba] *v* to greet; *n* greetings
მისამა́რთი [misamár-th-i] *n* address
მისაღე́ბი [misa-hh-ébi] *n* reception room, waiting room
მი́სი [mísi] *adj* his, her, its
მისწრე́ბა [mis-ts-réba] *v* to be on time
მი́სჯა [mísja] *v* to sentence, to condemn
მიტა́ნა [mitána] *v* to deliver

მიტოვება [mitovéba] *v* to leave, to abandon
მიუკარებელი [miukarebéli] *adj* inapproachable
მიუნდობელი [miundobéli] *adj* mistrustful
მიუჩვეველი [miu-ch-vevéli] *adj* unaccustomed
მიუწვდომელი [miu-ts-vdoméli] *adj* impenetrable
მიღწევა [mi-hh-ts-éva] *v* to achieve, to accomplish; *n* achievement
მიყვანა [mi-qh-vána] *v* to accompany, to bring
მიყოლა [mi-qh-óla] *v* to follow
მიშველება [mi-sh-veléba] *v n* help, aid
მიჩვეული [mi-ch-veúli] *adj* accustomed
მიცემა [mi-t-s-éma], **მიწოდება** [mi-ts-odéba] *v* to give
მიწა [mí-ts-a] *n* earth, ground
მიწა-წყარო [mi-ts-a-ts-qh-áro] *n* territory
მიწვდომა [mi-ts-vdóma] *v* to reach, to attain
მიწისქვეშა [mi-ts-is-kh-vé-sh-a] *adj* underground
მიწისძვრა [mi-ts-ís-dz-vra] *n* earthquake
მიჭედვა [mi-tch-édva] *v* to nail
მიჭყლეტა [mi-tch-qh-léta] *v* to squash, to crumple
მიხაკისფერი [mi-ha-kis-pf-éri] *adj* brown
მიხედვა [mi-hé-dva] *v* to look after
მიხედვით [mi-hé-dvi-th] *adv* according
მიხვდომა [mi-hv-dóma] *v* to realise, to

comprehend, to understand

მიხვედრა [mi-hv-édra] *v n* to guess, to realise

მიხვეტა [mi-hv-éta] *v* to sweep

მკერავი [mkerávi] *n* tailor

მკერდი [mkérdi] *n* breast, chest

მკვეთრად [mkvé-th-rad] *adv* sharply

მკვეთრი [mkvé-th-ri] *adj* sharp

მკვიდრი [mkvídri] *n* native

მკვირცხლი [mkvír-t-s-hl-i] *adj* quick, prompt

მკითხველი [mki-th-hv-éli] *n* reader

მკლავი [mklávi] *n* arm

მკურნალობა [mkurnalóba] *v* to treat; *n* treatment

მნათვლელი [mna-th-vléli] *n* baptist

მნიშვნელი [mni-sh-vnéli] *n* denominator

მნიშვნელობა [mni-sh-vnelóba] *n* meaning

მოანგარიშე [moangarí-sh-e] *n* bookkeeper, accountant

მოანგარიშეობა [moangari-sh-eóba] *n* book keeping, accounting

მოარშიყე [moar-sh-í-qh-e] *n* lover

მოახლოება [moa-hl-oéba] *v* to approach; *n* approaching

მობეზრება [mobezréba] *v* to bore, to annoy

მობრძანება [mobr-dz-anéba] *v* to come

მოგება [mogéba] *v* to win, to gain, to be victorious

მოგვიანებით [mogvianébi-th] *adv* later

მოგზაური [mogzaúri] *n* traveller

მოგონება [mogonéba] *v* to remember; to fabricate

მოგროვება [mogrovéba] *v* to gamther, to collect

მოდა [móda] *n* fashion

მოედანი [moedáni] *n* stadium

მოვალე [movále] *n* debtor

მოვალეობა [movaleóba] *n* duty, obligation

მოვლენა [movléna] *n* appearance

მოზარდი [mozárdi] *n* juvenile, youth

მოზომვა [mozómva] *v* to measure

მოზრდილი [mozrdíli] *adj* grown-up, adult

მოთავება [mo-th-avéba] *v* to finish

მოთამაშე [mo-th-amá-sh-e] *n* player

მოთმენა [mo-th-ména] *v* to endure, to suffer, to tolerate

მოთხოვნა [mo-th-hó-vna] *v* to demand, to require, to ask, to claim

მოკავშირე [mokav-sh-íre] *n* ally, associate

მოკვლა [mókvla] *v* to kill

მოკიდება [mokidéba] *v* to touch; to put on fire

მოკითხვა [mokí-th-hv-a] *n* greeting, salute

მოკლე [mókle] *adj* short

მოკლედ [mókled] *adj* shortly

მოკრძალებით [mokr-dz-alébi-th] *adv* respectfuly

მოლანდება [molandéba] *n* imagination; ghost, phantom

მოლურჯო [molúrjo] *adj* bluish

მოლხენა [mol-hé-na] *v* to brighten, to cheer up

მომავალი [momaváli] *adj* future

მომართვა [momár-th-va] *v* to wind up

მომარჯვება [momarjvéba] *v* to adapt, to adjust, to accommodate

მომგები [momgébi] *n* winner

მომდურება [momduréba] *v* to quarrel

მომვლელი [momvléli] *n* guardian, trustee

მომზადება [momzadéba] *v* to prepare; *n* preparation

მომთმენი [mom-th-méni] *adj* patient

მომრავლება [momravléba] *v* to multiply; *n* multiplication

მომრგვალება [momrgvaléba] *v* to make round

მომრიგებელი [momrigebéli] *n* mediator

მომსახურება [momsa-hu-réba] *v* to serve, to accommodate

მომსვლელი [momsvlélu] *n* visitor

მომტანი [momtáni] *n* bearer

მომუშავე [momu-sh-áve] *n* workman, worker

მომღერალი [mom-hh-eráli] *n* singer

მომჩივანი [mom-ch-iváni] *adj* complainant, plaintiff

მომცენი [mom-t-s-éni] *n* donor

მომწყობი [mom-ts-qh-óbi] *n* organizer
მომხიბლავი [mom-hi-blávi] *adj* charming
მონა [móna] *n* slave
მონადირე [monadíre] *n* hunter
მონაზონი [monazóni] *n* nun
მონანიება [monaniéba] *v* to repent; *n* repentence
მონაცემება [mona-t-s-eméba] *n* data
მონაწილეობა [mona-ts-ileóba] *n* share, part
მონდომება [mondoméba] *v* to want, to wish
მონელება [moneléba] *v* to digest; *n* digestion
მონღოლი [mon-hh-óli] *n* Mongolian
მოპარვა [mopárva] *v* to steal
მოპარსვა [mopársva] *v n* shave
მოპარული [moparúli] *adj* stolen
მოპატიჟება [mopati-jh-éba] *v* to invite; *n* inivitation
მოპოვება [mopovéba] *v* to find, to acquire, to gain
მორბილება [morbiléba] *v* to soften
მორევა [moréva] *v* to conquer, vanquish
მორთვა [mór-th-va] *v* to decorate; *n* decoration
მორიგება [morigéba] *v* to mediate, to agree; *n* mediation, agreement
მორიდებულად [moridebúlad] *adv* modestly
მორჩენა [mor-ch-éna] *v* to cure, to recover
მორცხვად [mór-t-s-hv-ad] *adv* modestly
მორცხვი [mór-t-s-hv-i] *adj* shy, timid, modest

მორწმუნე [mor-t-s-múne] *n* believer

მორწყვა [mór-ts-qh-va] *v* to water, to irrigate

მოსაგონარი [mosagonári] *adj* memorable

მოსავალი [mosaváli] *n* harvest, crop

მოსალოდნელი [mosalodnéli] *adj* expected

მოსამართლე [mosamár-th-le], მსაჯი [msáji] *n* judge

მოსამსახურე [mosamsa-hú-re] *n* servant

მოსაწვევი [mosa-ts-vévi] *adj* invitation

მოსახვევი [mosa-hv-évi] *n* turn

მოსახლე [mosá-hl-e], მცხოვრები [m-ts-ho-vrébi] *n* inhabitant

მოსახლეობა [mosa-hl-eóba] *n* population

მოსახმარი [mosa-hm-ári] *adj* useful

მოსვლა [mósvla] *v* to come, to arrive

მოსმენა [mosména] *v* to listen

მოტანა [motána] *v* to bring

მოტეხა [moté-ha] *v* to break

მოტყუება [mot-qh-uéba] *v* to deceive; *n* fraud, deceit

მოუთმენელი [mou-th-menéli] *adj* impatient

მოულოდნელი [moulodnéli] *adj* unexpected

მოუსვენარი [mousvenári] *adj* restless

მოუცლელი [mou-t-s-léli] *adj* busy

მოუწესრიგებელი [mou-ts-esrigebéli] *adj* disorganized

მოფერება [mo-pf-eréba] *v* to caress

მოფიქრება [mo-pf-i-kh-réba] *v* to think, to consider

მოფრენა [mo-pf-réna] *v* to fly in, to arrive

მოქალაქე [mo-kh-alá-kh-e] *n* citizen

მოქალაქეობა [mo-kh-ala-kh-eóba] *n* citizenship

მოქანდაკე [mo-kh-andáke] *n* sculptor

მოქანცვა [mo-kh-án-t-s-va] *v* to tire, to be fatigued

მოქმედება [mo-kh-medéba] *v* to act; *n* action

მოქსოვა [mo-kh-sóva] *v* to knit; *n* knitting

მოღალატე [mo-hh-aláte] *n* traitor

მოღრუბლული [mo-hh-rublúli] *adj* overcast, cloudy

მოყვანა [mo-qh-vána] *v* to bring

მოშივება [mo-sh-ivéba] *v* to be hungry

მოშიში [mo-sh-í-sh-i] *adj* timid, fearful

მოშორება [mo-sh-oréba] *v* to remove; *n* removal

მოცეკვავე [mo-t-s-ekváve] *n* dancer

მოცლილი [mo-t-s-líli] *adj* free

მოწაფე [mo-ts-á-pf-e] *n* pupil

მოწვევა [mo-ts-véva] *v* to invite; *n* invitation

მოწინააღმდეგე [mo-ts-inaa-hh-mdége] *n* adversary, opponent

მოწიფული [mo-ts-i-pf-úli] *adj* mature

მოწმობა [mo-ts-móba] *n* certificate

მოწონება [mo-ts-onéba] *v* to like
მოწყალება [mo-ts-qh-aléba] *n* favor, grace, kindness
მოწყენილი [mo-ts-qh-eníli] *adj* bored, tedious
მოწყვეტა [mo-ts-qh-véta] *v* to interrupt
მოწყობა [mo-ts-qh-óba] *v* to arrange; *n* arrangement
მოწყურებული [mo-ts-qh-urebúli] *adj* thirsty
მოჭადრაკე [mo-tch-adráke] *n* chess player
მოჭიდავე [mo-tch-idáve] *n* wrestler
მოხალისე [mo-ha-líse] *v* volunteer
მოხარშვა [mo-há-r-sh-va] *v* to boil
მოხდომა [mo-hd-óma] *v* to occur
მოხერხება [mo-he-r-hé-ba] *v* to contrive, to manage
მოხვედრება [mo-hv-edréba] *v n* hit
მოხმარება [mo-hm-aréba] *v* to help
მოხრაკვა [mo-hr-ákva] *v* to roast; to fry
მოხრაკული [mo-hr-akúli] *adj* fried; roasted
მოხსენება [mo-hs-enéba] *v n* remind, report
მოხსენებითი ბარათი [mo-hs-enébi-th-i bara-th-i] *n* memorandum, note
მოხუცი [mo-hú-t-s-i] *adj* old; *n* senior citizen
მოჯადოება [mojadoéba] *v* bewitched
მოჯდომა [mojdóma] *v* to sit at
მჟავე [m-jh-áve] *adj* sour
მჟღავნება [m-jh-hh-avnéba] *v* to publish

მრავალგზისი [mravalgzísi] *adj* frequent
მრავალი [mraváli] *adj* many, much
მრავალფერი [mraval-pf-éri] *adj* multi colored
მრეწველი [mre-ts-véli] *n* manufacturer
მრეწველობა [mre-ts-velóba] *n* industry
მრიცხველი [mri-t-s-hv-éli] *n* register, recorder
მრჩეველი [mr-ch-evéli] *n* adviser, counselor
მსახიობი [msa-hi-óbi] *n* actor, actress
მსგავსად [msgávsad] *adv* similarly
მსგავსი [msgávsi] *adj* similar
მსოფლიო [mso-pf-ĺio] *n* world
მსუბუქად [msubú-kh-ad] *adj* slightly, lightly
მსუბუქი [msubú-kh-i], მჩატე [m-ch-áte] *adj* light
მსურველი [msurvéli] *adj* wishful
მსუქანი [msu-kh-áni] *adj* fat
მსხალი [ms-há-li] *n* pear
მსჯელობა [msjelóba] *v* to discuss; *n* discussion
მტვერი [mtvéri] *n* dust
მტვირთავი [mtvir-th-ávi] *n* loader
მტირალა [mtirála] *n* cry-baby
მტკივნეული [mtkivneúli] *adj* painful
მტკიცე [mtkí-t-s-e] *adj* firm, steadfast
მტკიცება [mtki-t-s-éba] *v* to prove
მტრედი [mtrédi] *n* pigeon
მტრობა [mtróba] *n* hostility

მტყუანი [mt-qh-uáni] *adj* wrong, unjust
მუდამ [múdam] *adv* always
მუდმივი [mudmívi] *adj* constant, continual, perpetual
მული [múli] *n* sister-in-law
მუნჯი [múnji] *adj* mute, dumb
მურა [múra] *adj* brown
მურაბა [murába] *n* jam
მუქი [mú-kh-i] *adj* murky
მუშა [mú-sh-a] *n* worker
მუშაობა [mu-sh-aóba] *v n* work
მუშტარი [mu-sh-tári], მყიდველი [m-qh-idvéli] *n* customer, buyer
მუშტი [mú-sh-ti] *n* fist
მუცელი [mu-t-s-éli] *n* stomach, abdomen, belly
მუწუკი [mu-ts-úki] *n* pimple, acne, pustule
მუხა [mú-ha] *n* oak tree
მუხლი [mú-hl-i] *n* knee
მფარველობა [m-pf-arvelóba] *v* to protect
მღერა [m-hh-éra] *n* sing
მღვდელი [m-hh-vdéli] *n* priest
მღვინე [m-hh-víne] *n* cave
მღვიძარე [m-hh-vi-dz-áre] *adj* awake
მყუდრო [m-qh-údro] *adj* calm, quiet, tranquil
მშენებელი [m-sh-enebéli] *n* builder
მშველელი [m-sh-veléli] *n* helper
მშვენიერი [m-sh-veniéri] *adj* beautiful

მშვიდობა [m-sh-vidóba] *n* peace
მშვიდობით! [m-sh-vidóbi-th] good bye!
მშიერი [m-shiéri] *adj* hungry
მშობელი [m-sh-obéli] *n* parent
მშობიარობა [m-sh-obiaróba] *n* child birth
მშრალი [m-sh-ráli] *adj* dry
მცველი [m-t-s-véli] *n* guard, defender
მცივანა [m-t-s-ivána] *adj* chilly, sensitive to cold
მცირეწლოვანი [m-t-s-ire-ts-lováni] *adj* young, under age
მცოდნე [m-t-s-ódne] *adj* learned, erudite
მცურავი [m-t-s-urávi] *n* swimmer
მცხოვრები [m-t-s-ho-vrebi] *n* inhabitant
მძებნელი [m-dz-ebnéli] *n* searcher, seeker
მძევალი [m-dz-eváli] *n* hostage
მძიმე [m-dz-íme] *adj* heavy
მძინარა [m-dz-inára] *adj* sleepy, drowsy
მძღოლი [m-dz-hh-ó-li] *n* driver, leader
მწარე [m-ts-áre] *adj* bitter; painful
მწარმოებელი [m-ts-armoebéli] *n* producer
მწერალი [m-ts-eráli] *n* writer
მწვანე [m-ts-váne] *adj* green
მწიფე [m-ts-í-pf-e] *adj* ripe
მწკრივი [m-ts-krívi] *n* row
მწუხრი [m-ts-ú-hr-i] *n* nightfall, twilight
მწყემსი [m-ts-qh-émsi] *n* shepherd, herdsman

მწყურვალე [m-ts-qh-urvále] *adj* thirsty
მჭამელი [m-tch-améli] *n* eater
მჭრელი [m-tch-réli] *adj* sharp
მხაზველი [m-ha-zvéli] *n* draftsman
მხარე [m-há-re] *n* side
მხარი [m-há-ri] *n* shoulder
მხატვარი [m-ha-tvári] *n* painter, artist
მხატვრული [m-ha-tvrúli] *adj* artistic
მხედველობა [m-he-dvelóba] *n* sight, eyesight
მხეცი [m-hé-t-s-i] *n* beast
მხიარულება [m-hi-aruléba] *v* to cheer
მხიარული [m-hi-arúli] *adj* happy, merry, gay, joyful
მხოლოდ [m-hó-lod] *adj* only, but
მჯობინება [mjobinéba] *v* to prefer

ნ

ნაადრევი [naadrévi] *adv* early
ნაამბობი [naambóbi] *v* tale
ნაბეჭდი [nabé-tch-di] *v* printed
ნაბიჯი [nabíji] *n* step
ნაგავი [nagávi] *n* garbage, rubbish, trash
ნაგვიანევი [nagvianévi] *adj* late, tardy
ნადირობა [nadiróba] *v* to hunt; *n* hunting
ნავთი [náv-th-i] *n* petroleum, kerosine
ნავი [návi] *n* boat

ნავსადგუ́რი [navsadgúri] *n* port, harbor
ნა́ზად [názad] *adv* tenderly
ნათა́რგმნი [na-th-árgmni] *adj* translated
ნათე́ლი [na-th-éli] *adj* clear
ნათესა́ვი [na-th-esávi] *n* relation, kin, family
ნა́თლად [ná-th-lad] *adv* evidently
ნათლიდე́და [na-th-lidéda] *n* godmother
ნათლიმა́მა [na-th-limáma] *n* godfather
ნათქვა́მი [na-th-kh-vámi] *adj* told, said
ნათხოვა́რი [na-th-ho-vári] *adj* borrowed
ნაკე́ცი [naké-t-s-i] *n* crease, fold
ნაკლუ́ლი [naklúli] *adj* defective, incomplete
ნაკრე́ბი [nakrébi] *adj* miscellaneous
ნა́ლი [náli] *n* horse-shoe
ნამალა́ვად [namalávad] *adv* secretly
ნამარხულე́ვი [namar-hu-lévi] *adj* fasted
ნამდვი́ლად [namdvílad] *adv* really, in fact
ნამდვი́ლი [namdvíli] *adj* true, real
ნამეტა́ნი [nametáni], ნამეტნა́ვად [nametnávad] *adv* extremely, very, too (much)
ნამთა́ვნი [nam-th-ávni] *n* percentage
ნა́მი [námi] *n* dew
ნამრა́ვლი [namrávli] *n* product (mathematical)
ნამუ́სი [namúsi] *n* honor, conscience
ნამუსია́ნი [namusiáni] *adj* honest, honorable
ნამცე́ცი [nam-t-s-é-t-s-i] *n* crumb
ნამცხვა́რი [nam-t-s-hv-ári] *n* biscuit, cookie

ნამძინარევი [nam-dz-inarévi] *adj* sleepy
ნანა [nána] *n* lullaby
ნაპოვნი [napóvni] *adj* finding
ნარდი [nárdi] *n* backgammon
ნარევი [narévi] *n* mixture
ნასესხები [nases-hé-bi] *v* borrowed
ნასწავლი [nas-ts-ávli] *adj* learned, erudite
ნატეხი [naté-hi] *n* piece, bit
ნაქირავები [na-kh-iravébi] *adj* hired
ნაქურდალი [na-kh-urdáli] *adj* stolen
ნაღდი [ná-hh-di] *n* cash
ნაღები [na-hh-ébi] *n* cream
ნაყარი [na-qh-ári] *n* bank
ნაყიდი [na-qh-ídi] *adj* bought
ნაყინი [na-qh-íni] *n* ice cream, ice
ნაყოფიერება [na-qh-o-pf-ieréba] *n* productivity
ნაშრომი [na-sh-rómi] *n* labored, earned
ნაშუადღევს [na-sh-uád-hh-evs] *adv* afternoon
ნაჩქარევი [na-ch-kh-arévi] *adj* prompt
ნაცვამი [na-t-s-vámi] *adj* worn
ნაცნობი [na-t-s-nóbi] *n* acquaintance
ნაცრისფერი [na-t-s-ris-pf-éri] *adj* gray
ნაძვი [ná-dz-vi] *n* fir
ნაწარმი [na-ts-ármi] *n* product
ნაწერი [na-ts-éri] *adj* written
ნაწილი [na-ts-íli] *n* part

ნაწლა́ვი [na-ts-lávi] *n* intestine, gut

ნაწყალობე́ვი [na-ts-qh-alobévi] *v* granted

ნაწყე́ნი [na-ts-qh-éni] *v* offended

ნაჭე́რი [na-tch-éri] *n* piece

ნახა́რჯი [na-há-rji] *n* expenditure, expense

ნახა́ტი [na-há-ti] *n* picture

ნახევა́რი [na-he-vári] *n* half

ნა́ხვა [ná-hv-a] *n* to visit, to see

ნახვა́მდის [na-hv-ámdis] good-bye

ნახმა́რი [na-hm-ári] *v* used

ნახუ́ლი [na-hú-li] *v* seen, found

ნდო́ბა [ndóba] *n* to trust, to entrust

ნდო́მა [ndóma] *v n* wish, desire

ნე́ბა [néba] *n* will

ნება́რთვა [nebár-th-va] *n* permission

ნე́ლა [néla] *adv* slowly

ნე́ლი [néli] *adj* slow

ნე́მსი [némsi] *n* needle

ნე́სვი [nésvi] *n* melon

ნე́სტი [nésti] *n* humidity, dampness

ნე́ტა [néta], ნეტა́ვი [netávi] if, what

ნია́დაგ [niádag] *adv* always

ნია́ნგი [niángi] *n* crocodile

ნიახუ́რი [nia-hú-ri] *n* celery

ნიგო́ზი [nigózi] *n* nut

ნიკა́პი [nikápi] *n* chin

ნიო́რი [nióri] *n* garlic

ნისია [nisía] *n* credit
ნისლი [nísli] *n* fog, mist
ნიფხავი [ni-pf-há-vi] *n* undergarment, pantaloons
ნიშანი [ni-shá-ni] *n* sign, mark
ნიჭი [ní-tch-i] *n* aptitude, talent
ნიჭიერი [ni-tch-iéri] *adj* capable, clever
ნოემბერი [noembéri] *n* November
ნომერი [noméri] *n* number
ნოხი [nó-hi] *n* carpet, rug
ნუთუ [nú-th-u] is it possible? really?
ნული [núli] *n* zero, naught
ნურავინ [nurávin] *pron* nobody
ნურაფერი [nura-pf-éri] *pron* nothing
ნურც [núr-t-s] *adj* neither; *adv* nor

ო

ობი [óbi] *n* mold
ობიექტი [obié-kh-ti] *n* object
ობიექტური [obie-kh-túri] *adj* objective
ოდენობა [odenóba] *n* quantity
ოდეს [ódes] *adv* when
ოდესმე [odésme] *adj* some time
ოდესღაც [odés-hh-a-t-s] *adv* once, long ago
ოდნავ [ódnav] *adv* slightly
ოთახი [o-th-á-hi] *n* room

ოთხასი [o-th-há-si] *num* four hundred
ოთხი [ó-th-hi] *num* four
ოთხმოცდაათი [o-th-hm-o-t-s-daá-th-i] *num* ninety
ოთხმოცი [o-th-hm-ó-t-s-i] *num* eighty
ოთხშაბათი [o-th-hsh-abá-th-i] *n* Wednesday
ოთხჯერ [ó-th-hjer] *num* four times
ოკეანე [okeáne] *n* ocean
ოლქი [ól-kh-i] *n* province, district, region
ომი [ómi] *n* war, warfare
ორანჟერეა [oran-jh-ereía] *n* green house
ორასი [orási] *num* two hundred
ორგანიზატორი [organizatóri] *n* organizer
ორგანიზაცია [organiza-t-s-ía] *n* organization
ორგვარი [orgvári], ორეული [oreúli] *adj* double
ორენოვანი [orenováni] *adj* bilingual
ორთქლი [ór-th-kh-li] *n* steam, vapor
ორიანი [oriáni] *n* deuce
ორივე [oríve] *pron* both
ორმოცდაათი [ormo-t-s-daá-th-i] *num* fifty
ორმოცი [ormó-t-s-i] *num* forty
ორმხრივი [orm-hr-ívi] *adj* mutual, reciprocal
ორპირობა [orpiróba] *n* hypocrisy
ორსული [orsúli] *n* pregnant
ორშაბათი [or-sh-abá-th-i] *n* Monday
ორწერტილი [or-ts-ertíli] *n* colon

ორჭოფობა [or-tch-o-pf-óba] *v* to hesitate; *n* hesitation
ორჯერ [órjer] *adv* twice
ოსტატობა [ostatóba] *n* skill, mastery. craftsmanship
ოფლი [ó-pf-li] *n* sweat, perspiration
ოქრო [ó-kh-ro] *n* gold
ოქრომჭედელი [o-kh-rom-tch-edéli] *n* goldsmith
ოქტომბერი [o-kh-tombéri] *n* October
ოღონდაც [o-hh-ónda-t-s] *adv* only
ოცდაათი [o-t-s-daá-th-i] *num* thirty
ოცი [ó-t-s-i] *num* twenty
ოცნება [o-t-s-néba] *n* dream
ოჯახი [ojá-hi] *n* family, hearth
ოჯახობა [oja-hó-ba] *n* household; wife
ოჯახური [oja-hú-ru] *adj* domestic, household

პ

პაემანი [paemáni] *n* appointment
პაკეტი [pakéti] *n* parcel, package
პალატა [paláta] *n* chamber, ward
პალტო [pálto] *n* overcoat
პამიდორი [pamidóri] *n* tomato
პაპა [pápa] *n* grandfather
პაპიროსი [papirósi] *n* cigarette
პარასკევი [paraskévi] *n* Friday

პარსვა [pársva] *v* to shave; *n* shave
პასპორტი [paspórti] *n* passport
პასუხი [pasú-hi] *n* answer
პატაკი [patáki] *n* report
პატარა [patára] *adj* little, small
პატარძალი [patar-dz-áli] *n* bride
პატივმოყვარე [pativmo-qh-váre] *adj* ambitious
პატივცემული [pativ-t-s-emúlu] *adj* honorable, respectable
პატიმარი [patimári] *n* prisoner
პატიოსანი [patiosáni] *adj* honest
პატრონი [patróni] *n* master, owner
პაწაწინა [pa-ts-a-ts-ína] *adj* tiny, small
პედაგოგი [pedagógi] *n* teacher, pedagogue
პენსია [pensía] *n* pension
პეპელა [pepéla] *n* butterfly
პილპილი [pilpíli] *n* pepper
პირადი [pirádi] *adj* personal, individual
პირდაპირი [pirdapíri] *adj* straight, direct
პირველად [pirvélad] for the first time
პირველი [pirvéli] *num* first
პირველყოფილი [pirvel-qh-o-pf-íli] *adj* primitive, original
პირველხარისხოვანი [pirvel-ha-ris-ho-váni] *adj* first-rate, first-class
პირი [píri] *n* mouth
პირიანი [piriáni] *adj* faithful, loyal

პირმოთნეობა [pirmo-th-neóba] *n* hypocrisy
პირობა [piróba] *n* condition
პირობები [pirobébi] *n* terms
პიროვნული [pirovnúli] *adj* personal, individual, private
პლაჟი [plá-jh-i] *n* beach
პლომბი [plómbi] *n* filling, sealing
პლუსი [plúsi] *n* plus
პოეზია [poezía] *n* poetry
პოლიტიკური [politikúri] *adj* political
პოლიცია [poli-t-s-ía] *n* police
პოპულარობა [popularóba] *n* popularity
პორტფელი [port-pf-éli] *n* briefcase, portfolio
პრასა [prása] *n* leek
პრაქტიკა [pra-kh-tíka] *n* practice
პრაქტიკული [pra-kh-tikúli] *adj* practical
პრემიერი [premiéri] *n* prime minister
პრეპარატი [preparáti] *n* preparation
პრესპაპიე [prespapíe] *n* paper weight
პრეტენზია [pretenzía] *n* claim, complaint
პრივილეგია [privilegía] *n* privilege; license
პრინციპი [prin-t-s-ípi] *n* principle
პროდუქტი [prodú-kh-ti] *n* product
პროექტი [proé-kh-ti] *n* project, plan, design
პროვიზორი [provizóri] *n* pharmacist
პროკურორი [prokuróri] *n* public prosecutor
პროფაქტივი [pro-pf-a-kh-tívi] *n* trade union

109

პროფესია [pro-pf-esía] *n* profession, trade
პროფესიონალი [pro-pf-esionáli] *n* profession-
al
პროფმუშაკი [pro-pf-mu-sh-áki] *n* trade union
worker
პროცენტი [pro-t-s-énti] *n* percent, interest
პროცენტიანი [pro-t-s-entiáni] *adj* interest
bearing
პუნქტი [pún-kh-ti] *n* point; paragraph
პუნქტუალური [pun-kh-tualúri] *adj* punctual,
precise
პუნქტუაცია [pun-kh-tua-t-s-ía] *n* punctuation
პური [púri] *n* bread
პურ-მარილი [pur-maríli] *n* hospitality

ჟ

ჟამი [jh-ámi] *n* time
ჟანგბადი [jh-angbádi] *n* oxygen
ჟანგიანი [jh-angiáni] *adj* rusty
ჟანიანი [jh-aniáni] *adj* capricious, whimsical
ჟიური [jh-iúri] *n* jury
ჟლეტა [jh-léta] *v* to exterminate, to annihilate
ჟოლო [jh-ólo] *n* raspberry
ჟონვა [jh-ónva] *v* to soak
ჟრჟოლა [jh-r-jh-óla] *v* to tremble; *n*
trembling
ჟრუანტელი [jh-ruantéli] *n* shiver

ჟურნა́ლი [jh-urnáli] *n* journal, magazine
ჟურნალი́სტი [jh-urnalísti] *n* journalist

რ

რა́ [rá] *pron* what
რა́დგან [rádgan], **რადგა́ნაც** [radgána-t-s] as, for, because
რადიოგადაცე́მა [radiogada-t-s-éma] *n* broadcasting
რა́თა [rá-th-a] *pron* that, for
რა́ თქმა́ უ́ნდა [rá th-kh-má únda] of course, needless to say
რაი́მე [raíme] *pron* something
რაიო́ნი [raióni] *n* district, region
რა́კი [ráki] *conj* as
რამდე́ნი [ramdéni] *pron* how, how much, how many
რამდენიმე́ჯერ [ramdeniméjer], **რამდენჯე́რ-მე** [ramdenjérme] several times
რამდე́ნჯერ [ramndénjer] how many times
რა́მე [ráme] *pron* any, anything
რამენაი́რად [ramenaírad] *adv* somehow, some way
რანაი́რად [ranaírad] *adv* how
რანაი́რი [ranaíri] *pron* what
რა́ტომ [rátom] *adv* why
რაციონალიზაცი́ა [ra-t-s-ionaliza-t-s-ía] *n*

rationalization

რბენა [rbéna] *v* to run

რბილი [rbíli] *adj* soft

რგოლი [rgóli] *n* circle

რეალიზმი [realízmi] *n* realism

რეგისტრაცია [registra-t-s-ía] *n* registration

რეგლამენტი [reglaménti] *n* regulation

რედაქტორი [reda-kh-tóri] *n* editor

რევა [réva] *v* to mix

რევიზია [revizía] *n* inspection, audit

რევიზორი [revizóri] *n* inspector, auditor

რევოლუცია [revolu-t-s-ía] *n* revolution

რეზინი [rezíni] *n* rubber

რეკლამა [rekláma] *n* advertisement

რელიგია [religía] *n* religion

რეჟისორი [re-jh-isóri] *n* producer

რეცენზენტი [re-t-s-enzénti] *n* critic, reviewer

რვა [rvá] *num* eight

რვაასი [rvaási] *num* eight hundred

რვეული [rveúli] *n* note book

რთული [r-th-úli] *adj* complicated

რისთვის [rís-th-vis] *adj* for what

რიცხვი [rí-t-s-hv-i] *n* number

რკინა [rkína] *n* iron

რკინიგზა [rkinígza] *n* railway

როგორ [rógor] *adv* how

როგორმე [rogórme] *adv* somehow

როდესაც [rodésa-t-s] *conj* when
როდის [ródis] *adv* when
როდისმე [rodísme] some time, some day
როიალი [roiáli] *n* grand piano
რომანსი [románsi] *n* romance; song
რომელი [roméli] which, who
რომელიმე [romelíme], **რომელიღაც** [romeli-hh-a-t-s] *pron* some, any
რომლის [rómlis], **ვისი** [vísi] whose
რუკა [rúka] *n* map
რუსეთი [rusé-th-i] *n* Russia
რუსული [rusúli] *adj* Russian
რუხი [rú-hi] *adj* gray
რქისებრი [r-kh-isébri] *adj* horny
რჩევა [r-ch-éva] *v* to recommend, to advise; *n* advice
რძალი [r-dz-áli] *n* siste in law, daughter in law
რძე [r-dz-é] *n* milk
რწმენა [r-ts-ména] *v* to believe; *n* faith
რჯული [rjúli] *n* religion, faith, belief

ს

სააბაზანო [saabazáno] *n* bath room
სააგენტო [saagénto] *n* agency
საავადმყოფო [saavadm-qh-ó-pf-o] *n* hospital, infirmary
საამო [saámo], **საამური** [saamúri] *adj*

agreeable, sweet, happy
საამხანაგო [saam-ha-nágo] *adj* friendly
საანბანო [saanbáno] *adj* alphabetical
საანგარიშე [saangarí-sh-e] *n* calculator, abacus
სააფთიაქო [saa-pf-th-iá-kh-o] *n* pharmacy, drug store
საბაბი [sabábi] *n* occasion, reason
საბაზრო [sabázro] *n* market
საბიუჯეტო [sabiujéto] *adj* budgetary
საბოლოო [saboloo] *n* final, conclusive
საბუდარი [sabudári] *n* nest
საბუთი [sabú-th-i] *n* document, record
საბჭო [sáb-tch-o] *n* council, Supreme Soviet
საბჭოთა [sab-tch-ó-th-a] *adj* Soviet
საგაზაფხულო [sagaza-pf-hú-lo] *adj* spring
საგანგაშო [sagangá-sh-o] *adj* examinatorial
საგანი [sagáni] *n* subject, thing
საგანძური [sagan-dz-úri] *n* treasure
საგარეო ვაჭრობის სამინისტრო [sagaréo va-tch-róbis saminístro] *n* the Ministry of Foreign Trade
საგარეო საქმეთა სამინისტრო [sagaréo sa-kh-mé-th-a saminístro] *n* the Ministry of Foreign Affairs
საგარეუბნო [sagareúbno] *adj* suburban
საგეგმო [sagégmo] *n* planning

საგზაო [sagzáo] *n* traveling, itinerary
საგზური [sagzúri] *n* permit, pass
საგრძნობი [sagr-dz-nóbi] *adj* sensitive
სად [sád] *adv* where
სადარაჯო [sadarájo] *n* post
სადგური [sadgúri] *n* station
სადილი [sadíli] *n* dinner
სადმე [sádme], **სადღაც** [sád-hh-a-t-s] *adv* somewhere
საერთაშორისო [saer-th-a-sh-oríso] *adj* international
საერთოდ [saér-th-od] *adv* generally
საექიმო [sae-kh-ímo] *adj* medical
საექსპორტო [sae-kh-spórto] *adj* export
საეჭვო [saé-tch-vo] *adj* doubtful, uncertain
სავარჯიში [savarjí-sh-i] *n* exercise
სავენახე [savená-he] *n* vineyard
სავსე [sávse] *adj* full
საზამთრო [sazám-th-ro] *n* watermelon
საზარალო [sazarálo] *adj* unprofitable
საზოგადოება [sazogadoéba] *n* society
საზომი [sazómi] *n* measure
საზღაპრო [saz-hh-ápro] *adj* fabulous, incredible, marvelous, outstanding
საზღვაო [saz-hh-váo] *adj* naval
საზღვარგარეთ [saz-hh-vargáre-th] *adv* abroad

საზღვარგარეთელი [saz-hh-vargare-th-éli] *n* foreigner
საზღვარი [saz-hh-vári] *n* frontier, border
სათამაშო [sa-th-amá-sh-o] *n* toy
სათაური [sa-th-aúri] *n* title, headline
სათეატრო [sa-th-eátro] *adj* theatrical
საით [sái-th], **საითკენ** [saí-th-ken] *adv* where to
საინვენტარო [sainventáro] *adj* inventory
საინფორმაციო [sain-pf-orma-t-s-ío] *adj* informative
საისტორიო [saistorío] *adj* historical
საკადრისი [sakadrísi] *adj* worthy
საკვირველი [sakvirvéli] *adj* wonderful, astonishing, surprising
საკითხი [sakí-th-hi] *n* question
საკმარისი [sakmarísi] *adj* satisfactory, enough, plenty
საკუთრება [saku-th-reba] *n* property
საკურნებელი [sakurnebéli] *adj* medicinal
სალათა [salá-th-a] *n* salad
სალამი [salámi] *n* greeting, salute
სალამური [salamúri] *n* flute, pipe
სალაპარაკო [salaparóko] *adj* conversational, colloquial
სამადლობელი [samadlobéli] *adj* thankful, grateful
სამართლიანი [samar-th-liáni] *adj* just, fair

სამაჯური [samajúri] *n* bracelet
სამედიცინო [samedi-t-s-íno] *adj* medical
სამეზობლო [samezóblo] *adj* neighborly
სამი [sámi] *num* three
სამინისტრო [saminístro] *n* ministry
სამოთხე [samó-th-hh-e] *n* paradise, utopia
სამოქალაქო [samo-kh-alá-kh-o] *adj* civil
სამოცი [samó-t-s-i] *num* sixty
სამრევლი [samrévli] *adj* parochial
სამრეწველი [samre-ts-véli] *adj* industrial
სამსახური [samsa-hú-ri] *n* service, office
სამუდამო [samudámo], **საუკუნო** [saukúno] *adj* eternal
სამუშაო [samu-sh-áo] *n* work, job
სამყარო [sam-qh-áro] *n* universe, world
სამშაბათი [sam-sh-abá-th-i] *n* Tuesday
სამხარეო [sam-ha-réo] *adj* regional
სამხიარული [sam-hi-arúli] *adj* joyful
სამხრეთი [sam-hr-é-th-i] *n* south; South America
სამჯერ [sámjer] three times
სანადირო [sanadíro] *adj* hunting
სანახაობა [sana-ha-óba], **საყურებელი** [sa-qh-urebéli] *n* spectacle, sight, show
სანდო [sándo] *adj* trustworthy
სანთელი [san-th-éli] *n* candle
სანიტარული [sanitarúli] *adj* sanitary

სანოვა́გე [sanováge] *n* provisions
სანტიმე́ტრი [santimétri] *n* centimeter
საოცნე́ბო [sao-t-s-nébo] *adj* dreamy
საო́ცრად [saó-t-s-rad] *adv* wonderfully
საოჯა́ხო [saojá-ho] *adj* domestic; *n* houshold
საპარიკმახე́რო [saparikma-hé-ro] *n* barber shop
საპასუ́ხო [sapasú-ho] *adj* responsive
საპატი́მრო [saparímro], **საპყრობი́ლე** [sap-qh-robíle] *n* prison, jail
საპო́ნი [sapóni] *n* soap
საპროე́ქტო [saproé-kh-to] *v* designed
სარგებლო́ბა [sargeblóba] *n* profit, benefit; *v* to use
სარდა́ფი [sardá-pf-i] *n* cellar, wine-cellar
სარე́ცხი [saré-t-s-hi] *n* laundry, washing
სა́რკე [sárke] *n* mirror
სარფია́ნი [sar-pf-iáni] *adj* profitable, beneficial
სარჩე́ლი [sar-ch-éli]*n* claim, suit
სარჩე́ნი [sar-ch-éni] *n* dependent
სარჩუ́ლი [sar-ch-úli] *n* lining
სა́რძლო [sár-dz-lo] *n* bride, fiancee
სასადი́ლო [sasadílo] *n* dining room
სასაკლა́ო [sasakláo] *n* butchery
სასამა́რთლო [sasamár-th-lo] *n* court, tribunal
სა́სპნე [sáspne] *n* soap box
სასარგე́ბლო [sasargéblo] *adj* useful

სასაფლაო [sasa-pf-láo] *n* cemetery, graveyard
სასაცილო [sasa-ts-ílo] *adj* funny, comical
სასახელო [sasa-hé-lo] *adj* famous, glorious
სასახლე [sasá-hl-e] *n* palace
სასეირო [saseíro] *adj* amusing, entertaining
სასიამუვნო [sasiamúvno] *adj* pleasant, agreeable
სასირცხო [sasír-t-s-ho] *adj* shameful
სასიხარულო [sasi-ha-rúlo] *adj* joyful, happy
სასმელი [sasméli] *n* beverage, drink
სასოფლო [sasó-pf-lo] *adj* rural
სასტვენი [sastvéni] *n* whistle
სასტიკი [sastíki] *adj* cruel, heartless
სასტუმრო [sastúmro] *n* hotel, inn, motel
სასულე [sasúle] *n* throat
სასურველა [sasurvéla] *adj* desirable, wanted
სასწაული [sas-ts-aúli] *n* miracle, wonder
სასწორი [sas-ts-óri] *n* scale, balance
სასწრაფო [sas-ts-rá-pf-o] *adj* quick, speedy; *n* ambulance
სასჯელი [sasjéli] *n* punishment, penalty
სატანჯველი [satanjvéli] *adj* painful, excruciating
სატახტო [satá-ht-o] *n* metropolitan
სატრფო [sátr-pf-o] *n* lover
საუბარი [saubári] *n* talk, conversation; *v* to talk, to converse
საუზმე [saúzme] *n* breakfast

119

საუკეთესო [sauke-th-éso] *adj* best
საუკუნე [saukúne] *n* century, age
საუცხოო [sau-t-s-hó-o] *adj* splendid, wonderful, marvelous
საფასური [sa-pf-asúri] *n* price
საფერფლე [sa-pf-ér-pf-le] *n* ash tray
საფინანსო [sa-pf-inánso] *adj* financial
საფლავი [sa-pf-lávi] *n* grave
საფულე [sa-pf-úle] *n* purse
საფუტკრე [sa-pf-útkre] *n* bee hive
საფუძველი [sa-pf-u-dz-véli] *n* foundation, base
საფუძვლიანად [sa-pf-u-dz-vliánad] *adv* fully, thoroughly
საქალაქო [sa-kh-alá-kh-o] *adj* municipal
საქალო [sa-kh-álo] *adj* feminine, womanly
საქართველო [sa-kh-ar-th-vélo] *n* Georgia
საქვეყნო [sa-kh-vé-qh-no] *adj* public
საქმე [sá-kh-me] *n* business, work, job
საქმიანი [sa-kh-miáni] *adj* busy, active
საქონელი [sa-kh-onéli] *n* merchandise, goods, commodities
საქრისტიანო [sa-kh-ristiáno] *n* Christianity
საღამო [sa-hh-ámo] *n* evening
საღამური [sa-hh-amúri] *n* nightgown
საღვთო [sá-hh-v-th-o] *adj* holy, sacred
საღი [sá-hh-i] *adj* healthy
საღორე [sa-hh-óre] *n* pigsty

საყდარი [sa-qh-dári], **ტაძარი** [ta-dz-ári] *n* church

საყელო [sa-qh-élo] *n* collar

საყვავილე [sa-qh-vavíle] *n* flower bed

საყვარელი [sa-qh-varéli] *adj* dear, darling; *n* lover

საყვედური [sa-qh-vedúri] *n* reprimand, complaint

საყინულე [sa-qh-inúle] *n* refrigerator, ice box

საყოველდღეო [sa-qh-oveld-hh-éo] *adj* daily, for daily use

საყურე [sa-qh-úre] *n* earring

საშაქრე [sa-sh-á-kh-re] *n* sugar bowl

საშემოდგომო [sa-sh-emodgómo] *adj* autumnal

საშვილოსნო [sa-sh-vilósno], **საშო** [sá-sh-o] *n* uterus

საშინელი [sa-sh-inéli] *adj* terrible, horrible, awful

საშიში [sa-sh-î-sh-i] *adj* dangerous

საშობაო [sa-sh-obáo] *adj* Christmas

საშურველი [sa-sh-urvéli], **სახარბიელი** [sa-ha-rbiéli] *adj* enviable

საჩაიე [sa-ch-aíe] *n* tea house

საჩივარი [sa-ch-ivári] *n* complaint, grievance

საჩუქარი [sa-ch-u-kh-ári] *n* gift, present

საჩქარო [sa-ch-kh-áro] *adj* urgent

საჩხუბარი [sa-ch-hu-bári] *adj* disputable, debatable

საცდელი [sa-t-s-déli] *adj* experimental

საცეკვაო [sa-t-s-ekvávo] *adj* dancing

საცივი [sa-t-s-ívi] *n* Georgian stew

საცილობელი [sa-t-s-ilobéli] *adj* debatable, disputable

საცოდავი [sa-t-s-odávi] *adj* poor, misfortunate

საცოლე [sa-t-s-óle] *n* bride

საცურავი [sa-t-s-urávi] *adj* swimming pool

საძმო [sá-dz-mo], ძმური [dz-múri] *adj* brotherly, fraternal

საწამლავი [sa-ts-amlávi] *n* poison

საწარმო [sa-ts-ármo] *n* undertaking, enterprise

საწებელი [sa-ts-ebéli] *n* sauce, gravy

საწერი [sa-ts-éri] *n* writing

საწვავი [sa-ts-vávi] *n* fuel

საწინააღმდეგო [sa-ts-inaa-hh-mdégo] *adj* opposed, contrary

საწინდარი [sa-ts-indári] *n* deposit

საწოლი [sa-ts-óli] *n* bed

საწონი [sa-ts-óni] *n* weight

საწური [sa-ts-úri] *n* filter, strainer

საწყალი [sa-ts-qh-áli] *adj* poor, miserable

საწყობი [sa-ts-qh-óbi] *n* warehouse, storehouse, storage

საჭირო [sa-tch-íro] *adj* necessary

საჭმელი [sa-tch-méli] *n* food, meal

სახალხო [sa-há-l-ho] *adj* national, popular
სახე [sá-he] *n* face
სახელგანთქმული [sa-he-lgan-th-kh-múli] *adj* famous, great, celebrated
სახელი [sa-hé-li] *n* name
სახელმწიფო [sa-he-lm-ts-í-pf-o] *n* country, state
სახელო [sa-hé-lo] *n* sleeve
სახელოსნო [sa-he-lósno] *n* workshop
სახელწოდება [sa-he-l-ts-odéba] *n* name, denomination
სახეობა [sa-he-óba] *n* kind, species
სახესხვაობა [sa-he-s-hv-aóba] *n* variety
სახეხი [sa-hé-hi] *n* grater
სახვრეტელი [sa-hv-retéli] *n* drill
სახიფათო [sa-hi-pf-á-th-o] *adj* dangerous
სახლი [sá-hl-i], სახლ-კარი [sa-hl-kári] *n* home
სახრე [sá-hr-e] *n* switch
სახსოვარი [sa-hs-ovári] *adj* memorable
სახურავი [sa-hu-rávi] *n* roof
სახუროთმოძღვრო [sa-hu-ro-th-mó-dz-hh-vro] *adj* architectural
საჯარიმო [sajarímo] *adj* penalty, penal
საჯდომი [sajdómi] *n* seat
საჰაერო [sahaéro] *adj* aerial
სდექ! [sdé-kh] stop!

სეირნობა [seirnóba], სვლა [svla], სიარული [siarúli] *v* to walk; *n* walking
სეკუნდი [sekúndi], წამი [ts-ámi] *n* second
სემესტრი [seméstri] *n* term, semester
სერიოზულად [seriozúlad] *adv* seriously
სესხება [ses-hé-ba] *v* to borrow; *n* borrowing
სესხი [sés-hi] *n* loan
სექტემბერი [se-kh-tembéri] *n* September
სიავე [siáve] *n* evil, harm
სიამაყე [siamá-qh-e] *n* pride
სიამოვნება [siamovnéba] *n* joy, pleasure
სიახლოვეს [sia-hl-óves] *adv* near
სიბნელე [sibnéle] *n* darkness, obscurity
სიბრიყვე [sibrí-qh-ve] *n* ignorance
სიბრმავე [sibrmáve] *n* blindness
სიგანე [sigáne] *n* breadth, latitude
სიგრძე [sígr-dz-e] *n* length, longitude
სიგრძივ [sígr-dz-iv] *adv* along
სიდედრი [sidédri] *n* mother-in-law
სიდიადე [sidiáde] *n* stateliness
სივრცე [sívr-t-s-e] *n* space, expanse
სიზარმაცე [sizarmá-t-s-e] *n* laziness
სიზმარი [sizmári] *n* dream
სითამამე [si-th-amáme] *n* bravery, boldness
სითბო [sí-th-bo] *n* warmth, heat
სითეთრე [sis-th-é-th-re] *n* whiteness
სიიაფე [siiá-pf-e] *n* cheapness

სიკეთე [siké-th-e] *n* goodness, kindness
სიკვდილი [sikvdíli] *n* death
სიკოხტავე [siko-ht-áve] *n* elegance, refinement
სილა [síla] *n* sand
სიმამრი [simámri] *n* father-in-law
სიმართლე [simár-th-le] *n* truth
სიმარტოვე [simartóve] *n* solitude, loneliness
სიმაღლე [simá-hh-le] *n* height, altitude
სიმახინჯე [sima-hí-nje] *n* ugliness
სიმდიდრე [simdídre] *n* wealth, fortune
სიმრავლე [simrávle] *n* multitude, abundance
სიმრგვალე [simrgvále] *n* roundness
სიმსუქნე [simsú-kh-ne] *n* fatness
სიმულაცია [simula-t-s-ía] *n* simulation
სიმღერა [sim-hh-éra] *n* song
სიმჩატე [sim-ch-áte] *n* lightness
სიმძიმე [sim-dz-íme] *n* heaviness
სიმწიფე [sim-ts-í-pf-e] *n* maturity, ripeness
სინაგოგა [sinagóga] *n* synagogue
სინაზე [sináze] *n* tenderness
სინათლე [siná-th-le] *n* light
სინამდვილე [sinamdvíle] *n* reality, fact, truth
სინდისი [sindísi] *n* conscience
სინთეზი [sin-th-ézi] *n* synthesis
სინჯვა [sínjva] *n* examination, inspection, testing
სინჯი [sínji] *n* trial, test
სიო [sío] *n* breeze

სირაქლემა [sira-kh-léma] *n* ostrich
სირბილე [sirbíle] *n* softness
სირბილი [sirbíli] *n* running
სისინი [sisíni] *v* to hiss
სისრულე [sisrúle] *n* completeness
სისტემა [sistéma] *n* system
სისუსტე [sisúste] *n* weakness
სისუფთავე [sisu-pf-th-áve] *n* cleanliness
სისქე [sís-kh-e] *n* thickness
სისწორე [sis-ts-óre] *n* correctness, accuracy
სისხლი [sís-hl-i] *n* blood
სიტიტვლე [sitítvle], სიშიშვლე [si-sh-í-sh-vle] *n* nudity, nakedness
სიტყვა [sít-qh-va] *n* speech, word
სიტყვასიტყვითი [sit-qh-vasit-qh-ví-th-i] *adj* verbal, literal
სიუჟეტი [siu-jh-éti] *n* subject, plot
სიფართოვე [si-pf-ar-th-óve] *n* largeness; latitude
სიფხიზლე [si-pf-hí-zle] *n* soberness
სიღარიბე [si-hh-aríbe] *n* poverty
სიყვარული [si-qh-varúli] *n* love
სიშავე [si-sh-áve] *n* blackness
სიშორე [si-sh-óre]*n* distance
სიჩუმე [si-ch-úme] *n* silence
სიცარიელე [si-t-s-ariéle] *n* emptiness
სიცივე [si-t-s-íve] *n* cold, coldness

სიცი́ლი [si-t-s-íli] *v* to laugh; *n* laughter
სიცო́ცხლე [si-t-s-ó-t-s-hl-e] *n* life, existence
სი́ცხე [sí-t-s-he] *n* heat, temperature
სი́ძე [sí-dz-e] *n* son-in-law, brother-in-law
სიძვე́ლე [si-dz-véle] *n* antiquity
სიძლიე́რე [si-dz-liére] *n* power, might, strength
სიძნე́ლე [si-dz-néle] *n* difficulty
სიჭაბუ́კე [si-tch-abúke] *n* youth
სიხა́რბე [si-há-rbe] *n* greed
სიხარუ́ლი [si-ha-rúli] *n* joy
სიხში́რე [si-hsh-íre] *n* frequency
სკა́მი [skámi] *n* chair
სკო́ლა [skóla] *n* school
სლოკი́ნი [slokíni] *n v* hiccup
სმე́ნა [sména] *v* to hear; *n* hearing; shift
სვე́ლი [svéli] *adj* wet, moist
სო́კო [sóko] *n* mushroom
სომე́ხი [somé-hi] *n* Armenian
სომხე́თი [som-hé-th-i] *n* Armenia
სოფე́ლი [so-pf-éli] *n* village
სოციალი́ზმი [so-t-s-ialízmi] *n* socialism
სოციალუ́რი [so-t-s-ialúri] *adj* social
სოციოლოგი́ა [so-t-s-iología] *n* sociology
სპარსუ́ლი [sparsúli] *n adj* Persian
სპეკულა́ნტი [spekulánti] *n* profiteer
სპეციალი́სტი [spe-t-s-ialísti] *n* specialist
სპეციალო́ბა [spe-t-s-ialóba] *n* speciality

სპეციალური [spe-t-s-ialúri] *adj* special
სპილენძი [spilén-dz-i] *n* copper
სპილო [spílo] *n* elephant
სპორტი [spórti] *n* sport
სრიალა [sriála] *adj* slippery
სროლა [sróla] *v* to shoot, to throw
სრული [srúli] *adj* entire, complete
სტადიონი [stadióni] *n* stadium
სტაჟი [stá-jh-i] *n* qualification, experience
სტატია [statía] *n* article
სტაფილო [sta-pf-ílo] *n* carrot
სტვენა [stvéna] *v* to whistle
სტილი [stíli] *n* style, manner, fashion
სტრატეგია [strategía] *n* strategy
სტრუქტურა [stru-kh-túra] *n* structure
სტუდენტი [studénti] *n* student, pupil
სტუმარი [stumári] *n* guest, visitor
სტუმრობა [stumróba] *v* to visit
სუბიექტი [subié-kh-ti] *n* subject
სულგრძელობა [sulgr-dz-elóba] *n* generosity
სულელი [suléli] *n* fool
სულიერი [suliéri] *adj* spiritual
სულწასული [sul-ts-asúli] *adj* impatient
სუნთქვა [sún-th-kh-va] *v* to breathe; *n* breathing
სუნი [súni] *n* smell, odor
სურათი [surá-th-i] *n* picture, portrait

სურვილი [survíli] *v* to wish, to want, to desire; *n* wish, want, desire
სურნელოვანი [surnelováni] *adj* aromatic
სუსტი [sústi] *adj* weak, feeble
სუფთა [sú-pf-th-a] *adj* clean
სუფრა [sú-pf-ra] *n* table
სუფრული [su-pf-rúli] *n* party drinking song
სქელი [s-kh-éli] *adj* thick, fat, dense
სქესი [s-kh-ési] *n* gender, sex
სქესობრივი [s-kh-esobrívi] *adj* sexual
სცენა [s-t-s-éna] *n* stage, scene
სწავლა [s-ts-ávla] *v* to study, to learn
სწორად [s-ts-órad], სწორედ [s-ts-óred] *adv* exactly, justly, straight
სწორი [s-ts-óri] *adj* straight, direct
სწორკუთხედი [s-ts-orku-th-hé-di] *n* rectangle
სწრაფად [s-ts-rá-pf-ad] *adv* quickly, fast
სწრაფი [s-ts-rá-pf-i] *adj* speedy
სხვანაირად [s-hv-anaírad] *adv* otherwise
სხვანაირი [s-hv-anaíri] *pron* other
სხვაობა [s-hv-aóba] *n* difference, variety
სხმა [s-hm-a] *v* to pour

ტ

ტაბულა [tabúla] *n* list, roll
ტალახი [talá-hi], ტლაპო [tlápo] *adj* dirt, mud

ტალღა [tál-hh-a] *n* wave

ტანგახდილი [tanga-hd-íli] *adj* undressed

ტანვარჯიში [tanvarjí-sh-i] *n* gymnastics

ტანისამოსი [tanisamósi], ტანსაცმელი [tansat-s-méli] *n* clothes, garments

ტანჯვა [tánjva] *v n* torment, torture

ტარება [taréba] *v* to drive, to carry

ტაში [tá-sh-i] *n* applause

ტახტი [tá-ht-ti] *n* sofa, couch

ტბა [tbá] *n* lake

ტელეფონი [tele-pf-óni] *n* telephone

ტერფი [tér-pf-i] *n* foot

ტექნიკოსი [te-kh-nikósi] *n* technician

ტექნიკური [te-kh-nikúri] *adj* technical

ტექსტი [té-kh-sti] *n* text

ტვინი [tvíni] *n* brain

ტივი [tívi] *n* raft

ტილიანი [tiliáni] *adj* lousy, awful

ტიპი [típi] *n* type

ტიპიური [tipiúri] *adj* typical

ტირილი [tiríli] *v* to cry, to weep

ტიტველი [titvéli] *n* naked, nude

ტიტული [titúli] *n* title

ტკბილი [tkbíli] *adj* sweet

ტკივილი [tkivíli] *n* pain

ტოლი [tóli] *adj* alike, equal

ტომი [tómi] *n* volume

ტონა [tóna] *n* ton
ტრაბახი [trabá-hi] *v* to brag, to boast
თრაგედია [tragedía] *n* tragedy
ტრადიცია [tradi-t-s-ía] *n* tradition
ტრადიციული [tradi-t-s-iúli] *adj* traditional
ტრანსლაცია [transla-t-s-ía] *n* transmission
ტუალეტი [tualéti] *n* toilet
ტურა [túra] *n* jackal
ტუტუცი [tutú-t-s-i] *adj* silly, stupid
ტუჩი [tú-ch-i] *n* lip
ტყავი [t-qh-ávi] *n* skin; leather
ტყე [t-qh-é] *n* forest, wood
ტყვია [t-qh-vía] *n* bullet
ტყუილი [t-qh-uíli] *n* lie, falsehood, untruth
ტყუპი [t-qh-úpi] *n* twin

უ

უაზრო [uázro] *adj* senseless, absurd, nonsense
უამინდობა [uamindóba] *n* bad weather
უანგარიშო [uangarí-sh-o] *adj* not economical, wasteful
უარესი [uarési] *adj* worse
უარი [uári] *n* refusal
უარყოფითი [uar-qh-o-pf-í-th-i] *adj* negative
უაღრესად [ua-hh-résad] *adv* extremely
უახლოესი [ua-hl-oési] *adj* intimate, near

უბანი [ubáni] *n* district, region
უბარაქო [ubará-kh-o] *adj* unproductive
უბე [úbe] *n* bosom, breast
უბედური [ubedúri] *adj* unhappy, unfortunate, unlucky
უბინაო [ubináo] *adj* homeless
უბრალო [ubrálo] *adj* simple
უგამონაკლისოდ [ugamonaklisod] *n* without exception
უგემური [ugemúri] *adj* tasteless
უგრძნობელი [ugr-dz-nobéli] *adj* insensible, senseless
უგულო [ugúlo] *adj* heartless
უდაბნო [udábno] *n* desert
უდანაშაურო [udana-sh-aúro] *adj* innocent, guiltless
უდარდელი [udardéli] *adj* careless, unconcerned
უდედმამო [udedmámo] *adj* parentless, orphan
უდროო [udróo] *adj* untimely, inopportune
უენო [uéno] *adj* speechless
უეცრად [ué-ts-rad] *adv* incidentally, unexpectedly
უეჭველად [ue-tch-vélad] *adv* undoubtedly, doubtless
უვარგისი [uvargísi] *adj* unfit, unsuited
უვიცობა [uvi-t-s-óba] *n* ignorance
უვნებლად [uvnéblad] *adv* safely

უზარმაზა́რი [uzarmazári] *adj* huge, tremendous
უზენაე́სი [uzenaési], უმაღლე́სი [uma-hh-lési] *adj* supreme, high
უზნეო́ბა [uzneóba] *n* immortality
უზო́მოდ [uzómod] *adv* immensely, immesurably
უზრდე́ლი [uzrdéli] *adj* rude, impolite
უზრუნვე́ლად [uzrunvélad] *adv* carelessly
უთა́ვო [u-th-ávo] *adj* headless, stupid
უთანაბრო́ბა [u-th-anabróba] *n* inequality
უთვა́ლო [u-th-válo] *adj* eyeless
უ́თო [ú-th-o] *adj* iron
უ́თმო [ú-th-mo] *n* hairless
უიარა́ღო [uiará-hh-o] *adj* unarmed
უიმე́დო [uimédo] *adj* hopeless, desperate
უიმედო́ბა [uimedóba] *n* hopelessness, despair
უ́კან [úkan] *adv* back, behind
უკანასკნე́ლად [ukanasknélad] *adv* finally, at last
უკანასკნე́ლი [ukanasknéli] *adj* final, last
უკანო́ნო [ukanóno] *adj* unlawful, illegal
უკაცრა́ვად! [uka-t-s-rávad] pardon! excuse me!
უკბი́ლო [ukbílo] *adj* toothless
უ́კეთ [úke-th], უკეთე́სად [uke-th-ésad] *adv* better
უ́კვე [úkve] *adv* already
უკიდურესო́ბა [ukiduresóba] *n* extremity

უკმაყოფილო [ukma-qh-o-pf-ílo] *adj* discontent
უკურნებელი [ukurnebéli] *adj* incurable
უკუფენა [uku-pf-éna] *n* reflection
უკუქნედება [uku-kh-nedéba] *n* counteraction
უკუქცევა [uku-kh-t-s-éva] *v n* retreat
უკუღმართი [uku-hh-már-th-i] *adj* inside out
ულაპარაკოდ [ulaparákod] *adv* unconditionally
ულეველი [ulevéli], ულევი [ulevi] *adj* inexhaustible
ულვაში [ulvá-sh-i] *n* mustache
უმალ [úmal] *adv* sooner, rather
უმთვარო [um-th-váro] *adj* moonless
უმი [úmi] *adj* raw, crude
უმიზნო [umízno] *adj* aimless, purposeless
უმიწაწყლო [umi-ts-á-ts-qh-lo] *adj* landless
უმნიშვნელო [umni-sh-vnélo] *adj* insignificant
უმოქმედო [umo-kh-médo] *adj* inactive, passive
უმოძრაო [umo-dz-ráo] *adj* motionless, imobile
უმრავლესობა [umravlesóba] *n* majority
უმუშევარი [umu-sh-evári] *adj* unemployed
უმცირესობა [um-t-s-iresóba] *n* minority
უმცროსი [um-t-s-rósi] *adj* younger, junior
უმჯობესად [umjobésad] *adv* better
უმჯობესი [umjobési] *adj* better
უნაგირი [unagíri] *n* saddle
უნამუსო [unamúso] *adj* shameful, disgraceful
უნახავი [una-há-vi] *adj* unseen, invisible

უნგრეთი [ungré-th-i] *h* Hungary
უნგრული [ungrúli] *adj* Hungarian
უნდა [únda] *v* must
უნდობლობა [undoblóba] *n* mistrustfulness
უნებლიე [uneblíe], უნებური [unebúri] *adj* involuntary
უნიჭო [uní-tch-o] *adj* ungifted
უპასუხისმგებლობა [upasu-hi-smgeblóba] *n* irresponsibility
უპატიოსნობა [upatiosnóba] *n* dishonesty
უპატრონო [upatróno] *adj* derelict
უპირატესობა [upiratesóba] *n* preference
უპრინციპობა [uprin-t-s-ipóba] *n* unscrupulousness
ურიგო [urígo] *adj* bad, dishonorable
ურყეობა [ur-qh-eóba] *n* firmness
ურჩი [úr-ch-i] *adj* disobedient, naughty
ურცხვი [úr-t-s-hv-i], უსირცხვილო [usir-t-s-hv-ílo], უსინდისო [usindíso] *adj* shameless, immodest
ურწმუნოება [ur-ts-munoéba] *n* infidelity, unfaithfulness
უსაგნო [uságno] *adj* objectless
უსარგებლო [usargéblo] *adj* unprofitable, useless
უსასრულო [usasrúlo] *adj* infinite, endless
უსაფუძვლოდ [usa-pf-ú-dz-vlod] *adv* groundlessly

უსაქმური [usa-kh-múri] *adj* idle
უსიამოვნება [usiamovnéba] *n* unpleasantness, nuisance
უსიტყვო [usít-qh-vo] *adj* silent, speechless
უსიცოცხლო [usi-t-s-ó-t-s-hl-o] *adj* lifeless
უსიხარულო [usi-ha-rúlo] *adj* unhappy, miserable
უსქესო [us-kh-éso] *adj* sexless, asexual
უსცავლელი [us-t-s-avléli] *adj* uneducated, unlearned
უტვინო [utvíno] *adj* stupid
უტკივარი [utkivári] *adj* painless
უუფლებობა [uu-pf-lebóba] *n* lawlessness
უფალი [u-pf-áli] *n* God, lord, almighty
უფლება [u-pf-léba] *n* right, permission
უფროსები [u-pf-rosébi] *n* superiors, heads
უფროსი [u-pf-rósi] *n* chief, older
უქმე [ú-kh-me] *n* holiday
უქმობა [u-kh-móba] *n* celebration
უქმრო [ú-kh-mro] *adj* unmarried, single (female)
უღირსი [u-hh-írsi] *adj* unworthy
უღმერთო [u-hh-mér-th-o] *adj* atheist
უღონო [u-hh-óno] *adj* powerless, impotent
უღრუბლო [u-hh-rúblo] *adj* cloudless
უშემოსავლობა [u-sh-emosavlóba] *adj* profitlessness

უშენოდ [u-sh-énod] *adj* without you

უშვილო [u-sh-vílo] *adj* childless

უშინაარსო [u-sh-inaárso] *adj* empty

უშიშრობა [u-sh-i-sh-róba] *n* fearlessness, bravery

უშნოობა [u-sh-noóba] *n* ugliness

უჩემოდ [ú-ch-emod] *adj* without me

უჩვევი [u-ch-vévi], უჩვეული [u-ch-veúli] *adj* unusual

უჩვენოდ [u-ch-vénod] *adj* without us

უცბად [ú-t-s-bad], უცებ [ú-t-s-eb] *adv* suddenly, unexpectedly

უცნაურად [u-t-s-naúrad] *adv* strangely

უცნობი [u-t-s-nóbi] *n* stranger

უცოლო [u-t-s-ólo] *adj* unmarried, single (male)

უცოლშვილო [u-t-s-ol-sh-vílo] *adj* unmarried

უცხო [ú-t-s-ho], უცხოელი [u-t-s-ho-éli] *n* foreigner

უცხოეთი [u-t-s-ho-é-th-i] *foreign country*

უძილო [u-dz-ílo] *adj* sleepless

უძლეველობა [u-dz-levelóba] *n* invincibility

უძლური [u-dz-lúri] *adj* weak, sick

უძრავად [u-dz-rávad] *adv* motionlessly

უწესო [u-ts-éso], უწესრიგო [u-ts-esrígo] *adj* disorderly, irregular, incorrect

უწინ [ú-ts-in] *adv* before

უწინდელი [u-ts-indéli] *adj* previous, former

უწმინდურობა [u-ts-minduróba] *n* dirtiness, impurity

უწყვეტლივ [u-ts-qh-vétliv] *adv* uninterruptedly

უწყინარი [u-ts-qh-inári] *adj* harmless

უწყისი [u-ts-qh-ísi] *n* list, payroll

უწყლო [ú-ts-qh-lo] *adj* arid, dry

უჭმელი [u-tch-méli] *adj* hungry

უხალისო [u-ha-líso] *adj* unwilling

უხეირად [u-he-írad] *adv* badly

უხერხული [u-he-r-hú-li] *adj* awkward, strange

უხეში [u-hé-sh-i] *adj* rough, rude

უჯრა [újra] *n* drawer

ფ

ფაბრიკა [pf-abríka] *n* factory

ფაზა [pf-áza] *n* phase

ფაკულტეტი [pf-akultéti] *n* faculty

ფაიფური [pf-ai-pf-úri] *n* china, porcelain

ფანტვა [pf-ántva] *v* to disperse, to scatter

ფანქარი [pf-an-kh-ári] *n* pencil

ფანჯარა [pf-anjára] *n* window

ფარდა [pf-árda] *n* curtain, drapes

ფარდაგი [pf-ardági] *n* carpet, rug

ფართო [pf-ár-th-o] *adj* wide, broad, large

ფართობი [pf-ar-th-óbi] *n* area, region
ფართხალი [pf-ar-th-há-li] *v n* flounder
ფარიკაობა [pf-arikaóba] *v* to fence; *n* fencing
ფარისევლური [pf-arisevlúri] *adj* hypocritical
ფარული [pf-arúli] *adj* secret
ფარშავანგი [pf-ar-sh-avángi] *n* peacock
ფასდადებით [pf-asdadébi-th] cash on delivery C.O.D.
ფასდაკარგული [pf-asdakargúli] *v* depreciated
ფასდაკლება [pf-asdakléba] *n* reduction, rebate
ფასდაიდებელი [pf-asdaidebéli] *adj* inestimable
ფასეული [pf-aseúli] *adj* valuable, costly
ფასი [pf-ási] *n* price, cost
ფასიანი [pf-a-siáni] *adj* costly
ფაქტი [pf-ákti] *n* fact
ფაქტიურად [pf-aktiúrad] *adv* practically
ფაქტორი [pf-a-kh-tóri] *n* factor
ფერდი [pf-érdi] *n* side, slope
ფერი [pf-éri] *n* color
ფერმა [pf-érma] *n* farm
ფერფლი [pf-ér-pf-li] *n* ash
ფესვი [pf-ésvi] *n* root
ფეხბურთელი [pf-e-hb-ur-th-éli] *n* soccer player, football player
ფეხბურთი [pf-e-hb-úr-th-i] *n* soccer, football
ფეხი [pf-é-hi] *n* foot, leg
ფეხით [pf-é-hi-th] on foot

ფეხისგული [pf-e-hi-sgúli] *n* sole
ფეხსაცმელი [pf-e-hs-a-t-s-méli] *n* shoes, footwear
ფეხშიშველი [pf-e-hsh-i-sh-véli] *adj* barefoot
ფიგურა [pf-i-gúra] *n* figure
ფიზიოლოგი [pf-iziológi] *n* psychologist
ფიზიოლოგია [pf-iziología] *n* psychology
ფიზკულტურული [pf-izkulturúli] *n* athlete
ფილტვი [pf-íltvi] *n* lung
ფინალი [pf-ináli] *n* finale
ფინანსები [pf-inansébi] *n* finances
ფინეთი [pf-iné-th-i] *n* Finland
ფინელი [pf-inéli] *n* Finn, Finnish
ფინია [pf-inía] *n* poodle
ფირუზი [pf-irúzi] *n* turquoise
ფისუნია [pf-isunía] *n* cat
ფიფქი [pf-í-pf-kh-i] *n* snowflake
ფიცი [pf-í-t-s-i] *n* oath, vow
ფლავი [pf-lávi] *n* rice, pilaf
ფლანგი [pf-lángi] *n* flank
ფლიგელი [pf-ligéli] *n* wing
ფლობა [pf-lóba] *v* to possess; *n* possession
ფლოტი [pf-lóti] *n* fleet
ფოთლოვანი [pf-o-th-lováni] *n* foliage
ფოთოლი [pf-o-th-óli] *n* leaf
ფოლკლორი [pf-olklóri] *n* folklore
ფონდი [pf-óndi] *n* fund, stock

ფორთოხა́ლი [pf-or-th-o-há-li] *n* orange
ფო́რმა [pf-órma] *n* form, shape
ფორმა́ტი [pf-ormáti] *n* format, size
ფო́სტა [pf-ósta] *n* post office
ფოტოაპარა́ტი [pf-otoaparáti] *n* photo camera
ფრა́ზა [pf-ráza] *n* phrase
ფრა́ნგი [pf-rángi] *n* Frenchman
ფრანგუ́ლი [pf-rangúli] *adj* French
ფრე́ნა [pf-réna] *v* to fly; *n* flight
ფრენბუ́რთი [pf-renbúr-th-i] *n* volleyball
ფრთხი́ლად [pf-r-th-hí-lad] *adv* carefully
ფრთხი́ლი [pf-r-th-hí-li] *adj* careful
ფრია́დი [pf-riádi] *adj* excellent
ფრიადოსა́ნი [pf-riadosáni] *adj* perfect, excelent
ფრინვე́ლი [pf-rinvéli] *n* bird
ფსიქი́კა [pf-si-kh-íka] *n* psychics
ფსიქოლოგი́ა [pf-si-kh-ología] *n* psychology
ფუ́ლი [pf-úli] *n* money, currency
ფუნჩუ́ლა [pf-un-ch-úla] *adj* chubby, plump
ფურთხე́ბა [pf-ur-th-hé-ba] *v* to spit
ფუ́რნე [pf-úrne] *n* bakery
ფუფუნე́ბა [pf-u-pf-unéba] *n* luxury, splendor
ფქვა [pf-kh-va] *v* to grind
ფქვი́ლი [pf-kh-víli] *n* flour
ფცქვნა [pf-t-s-kh-vna] *v* to peel
ფხა́ნა [pf-há-na] *v* to scratch

ქ

ქა́და [kh-áda] *n* Georgian cake
ქათა́მი [kh-a-th-ámi] *n* hen
ქალაქგა́რეთ [kh-ala-kh-gáre-th] out of town
ქალაქე́ლი [kh-ala-kh-éli] *n* townsman
ქალა́ქი [kh-alá-kh-i] *n* town, city
ქალაქუ́რი [kh-ala-kh-úri] *adj* municipal
ქალბატო́ნი [kh-albatóni] *n* lady, madam, mistress
ქა́ლი [kh-áli] *n* woman
ქალიშვი́ლი [kh-ali-sh-víli] *n* daughter, girl
ქალუ́რი [kh-alúri] *adj* feminine, womanly
ქალწულო́ბა [kh-al-ts-ulóba] *n* virginity
ქანაო́ბა [kh-anaóba] *v* to swing, to shake
ქაო́სი [kh-aósi] *n* chaos
ქარაფჩუ́ტა [kh-ara-pf-ch-úta] *adj* thoughtless
ქარბუ́ქი [kh-arbú-kh-i] *n* snowstorm
ქართუ́ლი [kh-ar-th-úli] *n adj* Georgian
ქა́რი [kh-ári] *n* wind
ქარიშხა́ლი [kh-ari-sh-há-li] *n* storm, tempest
ქაღა́ლდი [kh-a-hh-áldi] *n* paper
ქაჩა́ლი [kh-a-ch-áli] *adj* bald
ქედა́ნი [kh-edáni] *n* pigeon
ქე́დი [kh-édi] *n* top, summit
ქე́რტლი [kh-értli] *n* dandruff
ქე́რცვლა [kh-ér-t-s-vla] *v* to peel; *n* peeling

ქე́ჩო [kh-é-ch-o] *n* neck
ქე́ცი [khé-t-s-i] *n* scab
ქვა́ [kh-vá] *n* stone
ქვა́ბი [kh-vábi] *n* boiler, kettle
ქვამარი́ლი [kh-vamaríli] *n* rock salt
ქვანახში́რი [kh-vana-hsh-íri] *n* coal
ქვე́და [kh-véda] *adj* lower
ქვევი́თკენ [kh-ve-ví-th-ken], ქვე́მოთ [kh-vémo-th] *adv* downwards
ქვეკომისი́ა [kh-vekomisía] *n* subcommittee
ქველმოქმედე́ბა [kh-velmo-kh-medéba] *n* philanthropy, charity
ქველმოქმე́დი [kh-velmo-kh-médi] *n* philanthropist
ქვე́მო [kh-vémo] *adj* lower
ქვესათაუ́რი [kh-vesa-th-aúri] *n* subtitle
ქვე́შ [kh-vé-sh] *adv* under
ქვეშევრდომო́ბა [kh-ve-sh-evrdomóba] *n* citizenship
ქვეწარმავა́ლი [kh-ve-ts-armaváli] *n* reptile
ქვია́ნი [kh-viáni] *adj* stony, rocky
ქვითა́რი [kh-vi-th-ári] *n* receipt
ქვი́სლი [kh-vísli] *n* brother-in-law
ქვი́შა [kh-ví-sh-a] *n* gravel, sand
ქვრი́ვი [kh-vrívi] *n* widow
ქიმი́ა [kh-imía] *n* chemistry
ქიმიკო́სი [kh-imikósi] *n* chemist

ქიმიური [kh-imiúri] *adj* chemical
ქირა [kh-íra] *n* rent, hire
ქირურგი [kh-irúrgi] *n* surgeon
ქირურგია [kh-irurgía] *n* surgery
ქიში [kh-í-sh-i] *n* check
ქიშმიში [kh-i-sh-mí-sh-i] *n* raisins
ქლიავი [kh-liávi] *n* plum
ქლიბი [kh-líbi] *n* file
ქმარი [kh-mári] *n* husband
ქმრიანი [kh-mriáni] *adj* married woman
ქნევა [kh-néva] *v* to wave
ქოთანი [kh-o-th-áni] *n* pot
ქონება [kh-onéba] *n* property, estate
ქონი [kh-óni] *n* fat, grease
ქოშები [kh-o-sh-ébi] *n* slippers
ქოხი [kh-óhi], ქოხმახი [kh-o-hm-á-hi] *n* hut, cabin
ქრთამი [kh-r-th-ámi] *n* bribe
ქრისტე [kh-ríste] *n* Christ
ქრისტიანობა [kh-ristianóba] *n* Christianity
ქრობა [kh-róba] *n* extinguish; switch off
ქსელი [kh-séli] *n* network
ქუდი [kh-údi] *n* hat, cap
ქულა [kh-úla] *n* point
ქურდი [kh-úrdi] *n* thief
ქურდობა [kh-urdóba] *v* to steal; *n* theft
ქუსლი [kh-úsli] *n* heel

ქუ́ჩა [kh-ú-ch-a] *n* street, road
ქუხი́ლი [kh-u-hí-li] *n* thunder
ქცე́ვა [kh-t-s-éva] *v* to behave; *n* conduct, behavior

ღ

ღა́ლა [hh-ála] *n* tax
ღალა́ტი [hh-aláti] *n* treason, betrayal, treachery
ღა́მე [hh-áme] *n* night
ღამუ́რა [hh-amúra] *n* bat
ღარი́ბი [hh-aríbi] *adj* poor
ღებინე́ბა [hh-ebinéba] *v* to vomit
ღე́ლვა [hhélva] *v* to get excited, to be agitated
ღე́ჭვა [hh-é-tch-va] *v* to chew
ღვთაე́ბა [hh-v-th-aéba] *n* divinity, deity
ღვი́ა [hh-vía] *n* jupiter
ღვი́ნო [hh-víno] *n* wine
ღვი́ძლი [hh-ví-dz-li] *n* liver
ღი́ა [hh-ía] *adj* open
ღი́ლი [hh-íli] *n* button
ღიმი́ლი [hh-imíli] *v n* smile
ღი́პი [hh-ípi] *n* belly
ღიპია́ნი [hh-ipiáni] *adj* beer-belly
ღირებულე́ბა [hh-irebuléba] *n* value, worth
ღირსე́ბა [hh-irséba] *v* to honor, to merit; *n* honor, merit

ღი́რსი [hh-írsi] *adj* worthy, deserving
ღიტი́ნი [hh-itíni] *v* to tickle
ღმე́რთი [hh-mér-th-i] *n* God
ღო́ნე [hh-óne] *n* strength, force
ღონიე́რი [hh-oniéri] *adj* strong
ღო́რი [hh-óri] *n* pig, hog
ღორო́ბა [hh-oróba] *n* pigish
ღო́ნჯი [hh-ónji] *n* tusk
ღრე́ჭა [hh-ré-tch-a] *v* to grin, to sneer
ღრია́ლი [hh-riáli] *v n* roar, bellow
ღრმა́ [hh-rmá] *adj* deep
ღრუბე́ლი [hh-rubéli] *n* cloud
ღრუბლია́ნი [hh-rubliáni] *adj* cloudy
ღრძი́ლი [hh-r-dz-íli] *n* gum
ღრძო́ბა [hh-r-dz-óba] *v* to dislocate; *n* dislocation
ღუ́ზა [hh-úza] *n* anchor
ღუმე́ლი [hh-uméli] *n* stove, furnace
ღუ́ნვა [hh-únva] *v* to bend; *n* bending

ყ

ყაბალა́ხი [qh-abalá-hi] *n* Georgian hat
ყა́ვა [qh-áva] *n* coffee
ყავახა́ნა [qh-ava-há-na] *n* coffee shop
ყავისფე́რი [qh-avis-pf-éri] *adj* brown
ყაი́მი [qh-aími] *n* draw, tie

ყალა́მი [qh-alámi] *n* paint brush
ყა́ლბი [qh-álbi] *adj* false, counterfeit
ყა́ნა [qh-ána] *n* corn field
ყასა́ბი [qh-asábi] *n* butcher
ყაყა́ჩო [qh-a-qh-á-ch-o] *n* poppy
ყაჩა́ღი [qh-a-ch-á-hh-i] *n* bandit, pirate
ყბა́ [qh-bá] *n* jaw
ყეენო́ბა [qh-eenóba] *n* carnival
ყე́ლი [qh-éli] *n* throat
ყელსახვე́ვი [qh-elsa-hv-évi] *n* necktie
ყე́ფა [qh-é-pf-a] *v* to bark; *n* barking
ყვავი́ლი [qh-vavíli] *n* flower
ყვე́ლა [qh-véla] *adj* all
ყველაფე́რი [qh-vela-pf-éri] *n* every color, everything
ყვე́ლგან [qh-vélgan] *adv* everywhere
ყვე́ლი [qh-véli] *n* cheese
ყვითე́ლი [qh-vi-th-éli] *adj* yellow
ყვირი́ლი [qh-viríli]*v n* shout, cry
ყი́დვა [qh-ídva] *v* to buy, to purchase
ყინუ́ლი [qh-inúli] *n* ice
ყოვე́ლდღე [qh-ovéld-hh-e] *adj* daily
ყოველდღიუ́რი [qh-oveld-hh-iúri] *adj* for daily use
ყოვე́ლთვის [qh-ovél-th-vis] *adv* always
ყოველთვიუ́რად [qh-ovel-th-viúrad] *adv* monthly

ყოვე́ლი [qh-ovéli] *adj* every, each
ყოველკვირეუ́ლი [qh-ovelkvireúli] *adj* weekly
ყოველმხრი́ვი [qh-ovelm-hr-ívi] *adj* well rounded, all around
ყოველწლიუ́რი [qh-ovel-ts-liúri] *adj* annually, yearly
ყო́ლა [qh-óla] *v* to have
ყორა́ნი [qh-oráni] *n* raven
ყო́ფა [qh-ó-pf-a] *n* being, existence
ყოფი́ლი [qh-o-pf-íli] *adj* former; late
ყო́ფნა [qh-ó-pf-na] *v* to be
ყოყო́ჩი [qh-o-qh-ó-ch-i] *adj* arrogant
ყო́ჩაღ! [qh-ó-ch-a-hh] *int* bravo! well done!
ყოჩა́ღად [qh-o-ch-á-hh-ad] *adv* bravely
ყო́ჩი [qh-ó-ch-i] *n* ram
ყრილო́ბა [qh-rilóba] *n* meeting, congress
ყრუ́ [qh-rú] *adj* deaf
ყუ́თი [qh-ú-th-i] *n* box, container
ყურადღე́ბა [qh-urad-hh-éba] *n* attention
ყურე́ბა [qh-uréba] *v* to look
ყუ́რი [qh-úri] *n* ear
ყურისდაგდე́ბა [qh-urisdagdéba] *v* to listen
ყურძე́ნი [qh-ur-dz-éni] *n* grapes

შ

შაბა́თი [sh-abá-th-i] *n* Saturday

შაბა́ში [sh-abá-sh-i] *n* rest
შავარდე́ნი [sh-avardéni] *n* falcon
შავთვა́ლა [sh-av-th-vála] *adj* black eyes
შავთმია́ნი [sh-av-th-miáni] *adj* black hair
შა́ვი [sh-ávi] *adj* black
შავი́ ზღვა́ [sh-avi z-hh-vá] *n* Black Sea
შავკანია́ნი [sh-avkaniáni] *n* black skin, Negro
შაირო́ბა [sh-airóba] *n* poetry
შა́ლი [sh-áli] *n* shawl
შამპანუ́რი [sh-ampanúri] *n* champagne
შანდა́ლი [sh-andáli] *n* candlestick
შარვა́ლი [sh-arváli] *n* trousers, pants
შა́რჟი [sh-ár-jh-i] *n* cartoon, sketch
შა́რშან [sh-ár-sh-an] *n* last year
შარშანდე́ლი [sh-ar-sh-andéli] *n* last year's
შაქა́რი [sh-a-kh-ári] *n* sugar
შა́ხტი [sh-á-ht-i] *n* mine, pit
შა́ჰი [sh-áhi] *n* shah, king
შებე́რვა [sh-ebérva] *v* to blow
შებმუ́ლი [sh-ebmúli] *adj* harnessed, tied
შებრა́წვა [sh-ebrá-ts-va] *v* to roast, to fry
შებრაწუ́ლი [sh-ebra-ts-úli] *adj* roasted
შებრუნე́ბა [sh-ebrunéba] *v* to turn; *n* turning
შეგდე́ბა [sh-egdéba] *v* to throw in
შეგვიანებუ́ლი [sh-egvianebúli] *adj* late
შეგზა́ვნა [sh-egzávna] *v* to send in
შეგინე́ბა [sh-eginéba] *v* to curse, to use

profanity, to swear

შეგნება [sh-egnéba] v to understand, to comprehend

შეგნებული [sh-egnebúli] adj conscientious

შეგორება [sh-egoréba] v to roll in

შეგროვება [sh-egrovéba] v to collect, to gather

შეგრძნება [sh-egr-dz-néba] v to feel

შეგუება [sh-eguéba] v to adapt, to adjust

შედავება [sh-edavéba] v to dispute, to debate

შედარება [sh-edaréba] v to compare

შედგება [sh-edgéba] v to consist

შედგენა [sh-edgéna] v to compose

შედგომა [sh-edgóma] v to stop

შედება [sh-edéba] v to poke, to put in

შედეგი [sh-edégi] n result

შეერთება [sh-eer-th-éba] v n join, unite

შეერთებული [sh-eer-th-ebúli] adj united

შეეჭვება [sh-ee-tch-véba] v to doubt

შევლა [sh-évla] v to drop in, to go in

შევსება [sh-evséba] v to fill up, to complete

შეზიზღება [sh-eziz-hh-éba] v to hate, to dislike

შეთავაზება [sh-e-th-avazéba] v to propose, to offer

შეთანხმება [sh-e-th-anhméba] v to agree; n agreement

შეთანხმებული [sh-e-th-anhmebúli] adj

harmonious
შეთბობა [sh-e-th-bóba] *v* to warm up
შეთვისება [sh-e-th-viséba] *v* to assimilate, to adopt; *n* assimilation, adoption
შეთხელება [sh-e-th-heléba] *v* to lose weight
შეიარაღება [sh-eiara-hh-éba] *v* to arm, to equip
შეკადრება [sh-ekadréba] v to dare
შეკავება [sh-ekavéba] *v* to restrain, to check; *n* restraint
შეკავშირება [sh-ekav-sh-iréba] *v* to join, to connect; *n* junction
შეკამათება [sh-ekama-th-éba] *v* to debate
შეკეთება [sh-eke-th-éba] *v* to repair, to mend; *n* repairing
შეკერვა [sh-ekérva] *v* to sew
შეკვეთა [sh-ekvé-th-a] *v n* order
შეკვეცა [sh-ekvé-t-s-a] *v* to shorten, to abbreviate, to cut
შეკვრა [sh-ékvra] *v* to tie, to bind
შეკითხვა [sh-ekí-th-hv-a] *v* to ask; *n* question
შეკრება [sh-ekréba] *v* to gather; *n* gathering
შექრეჭა [sh-ekré-tch-a] *v* to shear, to cut
შეკრულობა [sh-ekrulóba] *n* constipation
შელაპარაკება [sh-elaparakéba] *v* to dispute, to quarrel
შელესვა [sh-elésva] *v n* plaster
შელოცვა [sh-eló-t-s-va] *v* to bewitch, to bless

შემატე́ბა [sh-ematéba] *v* to add; *n* addition
შემაწუხებე́ლი [sh-ema-ts-u-he-béli] *adj* restless, fidgety
შემგულიანებე́ლი [sh-emgulianebéli] *n* instigator, agitator
შემდგენე́ლი [sh-emdgenéli] *n* author, writer; composer
შე́მდგომ [shémdgom] *adv* after, then
შემდე́გი [sh-emdégi] *adj* following, next
შემზადე́ბა [sh-emzadéba] *v* to prepare; *n* preparation
შემთბა́რი [sh-em-th-bári] *adj* warmed up
შემთვისებე́ლი [sh-em-th-visebéli] *adj* assimilative
შემთხვე́ვა [sh-em-th-hv-éva] *n* occurrence, case, accident
შემთხვე́ვით [sh-em-th-hv-évi-th] *adv* accidentally, by chance
შემკო́ბა [sh-emkóba] *v* to decorate; *n* decoration
შემკრე́ბი [sh-emkrébi] *n* gatherer, collector
შემკრთა́ლი [sh-emkr-th-áli] *adj* confused; frightened
შემმოწმებე́ლი [sh-emmo-ts-mebéli] *adj* checking, verifying
შემნახვე́ლი [sh-emna-hv-éli] *n* keeper, custodian
შემოდგო́მა [sh-emodgóma] *n* autumn, fall
შემოერთე́ბა [sh-emoer-th-éba] *v* to join, to

incorporate; *n* incorporation
შემოვლე́ბა [sh-emovléba] *v* to embrace, to hug
შემოზი́დვა [sh-emozídva], შემოტა́ნა [sh-emotána] *v* to import
შემოკლე́ბა [sh-emokléba] *v* to abbreviate, to shorten; *n* abbreviation
შემოკლე́ბით [sh-emoklébi-th] *adv* briefly, in short
შემოსავა́ლი [sh-emosaváli] *n* income
შემოსავლია́ნი [sh-emosavliáni] *adj* profitable
შემოსასვლე́ლი [sh-emosasvléli], შესასვლე́ლი [sh-esasvléli] *adj* entrance; *n* entry
შემოსე́ვა [sh-emoséva] *v* to invade, to intrude; *n* invasion, intrusion
შემო́სვლა [sh-emósvla] *v* to come in
შემოტყუე́ბა [sh-emot-qh-uéba], შეტყუე́ბა [sh-et-qh-uéba], ჩატყუე́ბა [ch-at-qh-uéba] *v* to lure
შემოფა́რგვლა [sh-emo-pf-árgvla] *v* to limit
შემოფრე́ნა [sh-emo-pf-réna], შეფრე́ნა [sh-pf-réna] *v* to fly in
შემოღამება [sh-emo-hh-améba] *n* nightfall
შემოღება [sh-emo-hh-éba] *v* to open slightly
შემოშვე́ბა [sh-emo-sh-véba] *v* to allow in, to admit in
შემოჩვე́ვა [sh-emo-ch-véva] *v* accustom, habituate
შემოწმე́ბა [sh-emo-ts-méba] *v* to examine, to

verify
შემოხედვა [sh-emo-hé-dva] *v* to look at
შემოჯდომა [sh-emojdóma] *v* to mount
შემრიგებელი [sh-emrigebéli] *n* reconciliator
შემსრულებელი [sh-emsrulebéli] *n* executor
შემუშავება [sh-emu-sh-avéba] *v* to work out
შემფასებელი [sh-em-pf-asebéli] *n* estimator, valuer
შემჩნევა [sh-em-ch-néva], **შენიშვნა** [sh-eni-sh-vna] *v* to notice, to remark; *n* observation
შემცდარი [sh-em-t-s-dári] *adj* erroneous, wrong
შემწვარი [sh-em-ts-vári] *adj* fried, roasted
შენ [sh-én] *pron* you
შენაკადი [sh-enakádi] *n* affluent
შენაკრები [sh-enakrébi] *n* assemblage
შენარჩუნება [sh-enar-ch-unéba] *v* to defend; *n* defense
შენახვა [sh-ená-hv-a] *v* to hide; to save
შენახული [sh-ena-hú-li] *adj* hidden, saved
შენდობა [sh-endóba] *v* to forgive, to pardon; *n* forgiveness, excuse
შენება [sh-enéba] *v* to build, to construct; *n* building, construction
შენებურად [sh-enebúrad] *adj* your way, as you wish
შენი [sh-éni] *adj* your; *pron* yours
შენობა [sh-enóba] *n* building, construction

შენძრევა [sh-en-dz-réva] *v* to shake
შეპარვა [sh-epárva] *v* to sneak in
შეპირება [sh-epiréba] *v* to promise
შერბენა [sh-erbéna] *v* to run in
შერბილება [sh-erbiléba] *v* to soften; *n* softening
შერევა [sh-eréva] *v* to mix, to blend
შერჩევა [sh-er-ch-éva] *v* to select; *n* selection
შერჩენა [sh-er-ch-éna] *v* to appropriate
შერცხვენა [sh-er-t-s-hv-éna] *v* to humiliate, to shame, to disgrace
შესაბამისად [sh-esabamísad] *adv* accordingly, correspondingly
შესავალი [sh-esaváli] *n* introduction, beginning
შესამჩნევი [sh-esam-ch-névi] *adj* remarkable, fantastic
შესატანი [sh-esatáni] *n* payment, fee
შესასვლელი [sh-esasvléli], **შესაფერისი** [sh-esa-pf-erísi] *adj* suitable, fitting
შესაძლებელი [sh-esa-dz-lebéli] *adj* possible
შესაძლოა [sh-esa-dz-lóa] *adv* perhaps, maybe
შესახებ [sh-esá-he-b] *prep* about, on
შესახედავი [sh-esa-he-dávi] *adj* good looking, attractive
შესახედაობა [sh-esa-he-daóba] *n* appearance
შესახვევი [sh-esa-hv-évi] *n* street corner
შესახლება [sh-esa-hl-éba] *v* to settle

შესვენება [sh-esvenéba] v to rest, to take a rest; n rest

შესვლა [sh-ésvla] v to enter

შესივება [sh-esivéba] v to swell

შესრულება [sh-esruléba] v to execute; to fulfil; n accomplishment

შესუსტება [sh-esustéba] v to weaken

შესქელება [sh-es-kh-eléba] v to thicken

შესყიდვა [sh-es-qh-ídva] v to buy up

შესწავლა [sh-es-ts-ávla] v to study, to learn

შესწორება [sh-es-ts-oréba] v to correct; n correction

შესხმა [sh-és-hm-a] v to pour

შეტაკება [sh-etakéba] n collision, clash, skirmish

შეტყობა [sh-et-qh-óba] v to recognize

შეტყობინება [sh-et-qh-obinéba] v to inform

შეუგნებელი [sh-eugnebéli] adj incomprehensible

შეუდარებელი [sh-eudarebéli] adj incomparable

შეუკავებელი [sh-eukavebéli] adj uncontrollable

შეუმჩნეველი [sh-eum-ch-nevéli] adj unnoticable

შეუმცდარი [sh-eum-t-s-dári] adj faultless, infallible

შეუნაცვლებელი [sh-euna-t-s-vlebéli] adj permanent, irreplaceable

შეურაცყოფელი [sh-eura-t-s-qh-o-pf-éli] *adj* offensive, insulting
შეურიგებელი [sh-eurigebéli] *adj* irreconcilable
შეუსაბამო [sh-eusabámo] *adj* absurd, ridiculous
შეუსწავლელი [sh-eus-ts-avléli] *adj* unlearned, uneducated
შეუფასებლობა [sh-e-pf-aseblóba] *n* underestimation
შეუფერებელი [sh-eu-pf-erbéli] *adj* unsuitable, unfit
შეუშინებელი [sh-eu-sh-inebéli] *adj* fearless, daring, brave
შეუჩერებელი [sh-eu-ch-erebéli] *adj* unceasing, ceaselss
შეუჩვეველი [sh-eu-ch-vevéli] *adj* unaccustomed
შეუცვლელი [sh-eu-t-s-vléli] *adj* irreplaceable
შეუძლებელი [sh-eu-dz-lebéli] *adj* impossible
შეფასება [sh-e-pf-aséba] *v* to value, to estimate
შეფერადება [sh-e-pf-eradéba], **შეღებვა** [sh-hh-ébva] *v* to paint
შეფიცვა [sh-e-pf-ít-s-va] *v* to swear, to take an oath
შექება [sh-e-kh-éba] *v* to praise
შექმნა [sh-e-kh-mna] *v* to create, to form; *n* creation, formation

შეღავათი [sh-e-hh-avádi] *n* privilege, exemption
შეღმართი [sh-e-hh-már-th-i] *n* ascent
შეყვარება [sh-e-qh-varéba] *v* to love
შეყვარებული [sh-e-qh-varebúli] *adj* amorous
შეშა [sh-e-sh-a] *n* firewood, wood
შეშვება [sh-esh-véba] *v* to admit, to let in
შეშინება [sh-e-sh-inéba] *v* to frighten, to scare; *n* fright, fear
შეშლილი [sh-e-sh-líli] *adj* mad
შეშურება [sh-e-sh-uréba] *v* to envy
შეჩერება [sh-e-ch-eréba] *v* to stop, to suspend
შეჩვევა [sh-e-ch-véva] *v* to get used to
შეცდენა [sh-e-t-s-déna] *v* to temp; *n* temptation
შეცდომა [sh-e-t-s-dóma] *n* mistake, error
შეცვლა [sh-e-t-s-vla] *v* to change, to replace
შეცოდება [sh-e-t-s-odéba] *v* to pity
შეცოცება [sh-e-t-s-o-t-s-éba] *v* to crawl in
შეცურება [sh-e-t-s-uréba] *v* to swim in
შეძაგება [sh-e-dz-agéba], **შეძულება** [sh-e-dz-uléba] *v* to hate, to dislike
შეძენა [sh-e-dz-éna] *v* to acquire, to gain
შეძლება [sh-e-dz-léba] *v* to be able to; *n* fortune
შეძლებული [sh-e-dz-lebúli] *adj* wealthy, rich
შეწერა [sh-e-ts-éra] *v n* tax

შე́წვა [sh-é-ts-va], ხრა́კვა [hr-ákva] *v* to roast, to fry
შეწი́რვა [sh-e-ts-írva] *v* to donate, to offer; *n* donation, offering
შეწუხე́ბა [sh-e-ts-u-hé-ba] *v n* to inconvenience, bother, trouble
შე́ჭმა [sh-é-tch-ma] *v* to eat up, to devour
შეხამე́ბა [sh-e-ha-méba] *v* to combine, to unite; *n* combination, union
შეხე́დვა [sh-e-hé-dva] *v* to glance, to look at
შეხედულე́ბა [sh-e-he-duléba] *n* opinion, outlook
შეხვდო́მა [sh-e-hv-dóma], შეხვე́დრა [sh-e-hv-édra] *v* to meet
შეხვე́წნა [sh-e-hv-é-ts-na] *v* to beg, to plead
შეხსენე́ბა [sh-e-hs-enéba] *v* to remind
შეხტო́მა [sh-e-ht-óma] *v* to jump
შეჯიბრე́ბა [sh-ejibréba] *v* to compete; *n* competition
შვეულე́ბა [sh-veuléba] *n* vocation, leave, holiday
შვე́ლა [sh-véla] *v n* help
შვეუ́ლი [sh-veúli] *adj* vertical
შვიდა́სი [sh-vidási] *num* seven hundred
შვი́დი [sh-vídi] *num* seven
შვილე́ბა [sh-viléba] *v* to adopt; *n* adoption
შვილე́ბი [sh-vilébi] *n* children
შვი́ლი [sh-víli] *n* child, son, daughter

შთაბეჭდილე́ბა [sh-th-abe-tch-diléba] *n* impression
შთაგონე́ბა [sh-th-agonéba] *v* to inspire, to suggest; *n* inspiration, suggestion
შთამომავა́ლი [sh-th-amomaváli] *n* descendant, offspring
შთამომავლო́ბა [sh-th-amomavlóba] *n* posterity, generation
ში́გ [sh-íg], **ში́გნით** [sh-ígni-th] in, into, inside, within
ში́და [sh-ída] *adj* internal, inner, interior
შიმში́ვლი [sh-im-sh-ívli] *n* hunger, famine
შინაა́რსი [sh-inaársi] *n* contents
შინაუ́რი [sh-inaúri] *adj* domestic
შინაურუ́ლი [sh-inaurúli] *adj* domesticated
შინდისფე́რი [sh-indis-pf-éri] *adj* light red
ში́ნჯვა [sh-ínjva] *v* to inspect, to examine; *n* inspection
ში́ფრი [sh-í-pf-ri] *n* cipher
შიშვე́ლი [sh-i-sh-véli] *adj* nude, naked, bare
ში́ში [sh-í-sh-i] *n* fear, fright
შიში́ნი [sh-i-sh-íni], **შიშხი́ნი** [sh-i-sh-híni] *v n* sizzle
შნოია́ნი [sh-noiáni] *adj* neat, pretty
შო́ბა [sh-óba] *v* to bear
შობი́ლი [sh-obíli] *adj* born
შო́ვნა [sh-ovna] *v* to earn, to get, to gain
შოკოლა́დი [sh-okoládi] *n* chocolate

შორეული [sh-oreúli] *adj* far, remote

შორიდან [sh-orídan] from afar, from a distance

შორს [sh-órs] far off, in a distance

შოტლანდია [sh-otlandía] *n* Scotland

შპალერი [sh-paléri] *n* wallpaper

შრომა [sh-róma] *n* work, labor

შრომისმოყვარე [sh-romismo-qh-váre] *adj* hard working

შრომისუნარიანი [sh-romisunariáni] *adj* efficient

შრომისუუნარი [sh-romisuunári] *adj* disabled, invalid

შტატი [sh-táti] *n* staff, personnel

შუა [sh-úa] *prep* between; *n* center, middle

შუაგული [sh-uagúli] *n* center

შუადღე [sh-uád-hh-e] *n* noon

შუაკაცობა [sh-uaka-t-s-óba] *n* mediation

შუამავალი [sh-uamaváli] *n* mediator, negotiator

შუაღამე [sh-ua-hh-áme] *n* midnight

შუბლი [sh-úbli] *n* forehead

შური [sh-úri], შურიანობა [sh-urianóba] *n* envy, jealousy

შურიანი [sh-uriáni] *adj* envious, jealous

შუქი [sh-ú-kh-i] *n* light, ray, beam

შუშა [sh-ú-sh-a] *n* glass

შხამი [sh-há-mi] *n* poison, venom

შხე́ფი [sh-hé-pf-i] *n* splash

ჩ

ჩაბარე́ბა [ch-abaréba] *v* to deliver
ჩაბე́ჭდვა [ch-abé-tch-dva] *v* to imprint
ჩათრე́ვა [ch-a-th-réva] *v* to involve, to draw in
ჩაბნელე́ბა [ch-abneléba] *v* to darken; *n* darkening
ჩაბრძანე́ბა [ch-abr-dz-anéba] *n* to descend, to go down
ჩაგდე́ბა [ch-agdéba] *v* to throw in
ჩა́გვრა [ch-ágvra] *v* to oppress; *n* oppression
ჩაგონე́ბა [ch-agonéba] *v* to suggest, to inspire
ჩაგორე́ბა [ch-agoréba] *v* to roll
ჩადგო́მა [ch-adgóma] *v* to stand in, to line up
ჩადე́ბა [ch-adéba] *v* to put in
ჩადე́ნა [ch-adéna] *v* to accomplish
ჩავა́რდნა [ch-avárdna] *v* to fall in
ჩა́ვლა [ch-ávla] *v* to pass by
ჩა́თვლა [ch-á-th-vla] *v* to take into account
ჩა́ი [ch-ái] *n* tea
ჩაიდა́ნი [ch-aidáni] *n* tea pot
ჩაკე́ტვა [ch-akétva] *v* to lock, to bolt
ჩა́კვრა [ch-ákvra] *v* to wink
ჩაკმე́ნდა [ch-akménda] *v* to become silent
ჩა́ლა [ch-ála] *n* straw

ჩალაგება [ch-alagéba] *v* to pack; *n* packing
ჩალაპარაკება [ch-alaparakéba] *v* to utter
ჩალპობა [ch-alpóba] *v* to rot, to decay, to spoil
ჩამალვა [ch-amálva] *v* to conceal, to hide
ჩამატება [ch-amatéba] *v* to add; *n* addition
ჩამთქნარება [ch-am-th-kh-naréba] *v* to yawn
ჩამობნელება [ch-amobneléba] *v* to darken; *n* eclipse
ჩამობრძანება [ch-amobr-dz-anéba] *v* to arrive, to descend; *n* arrival
ჩამოვარდნა [ch-amovárdna] *v* to fall down
ჩამოვლა [ch-amóvla] *v* to visit; *n* visit
ჩამოთვლა [ch-amó-th-vla] *v* to account, to count; *n* account
ჩამოკიდება [ch-amokidéba] *v* to hang; *n* hanging
ჩამომხმარი [ch-amom-hm-ári] *adj* thin
ჩამორეცხვა [ch-amoré-t-s-hv-a] *v* to wash off, to clean
ჩამორთმეული [ch-amor-th-meúli] *adj* confiscated
ჩამორიგება [ch-amorigéba] *v* to distribute; *n* distribution
ჩამორჩენა [ch-amor-ch-éna] *v* to fall behind
ჩამორჩენილი [ch-amor-ch-eníli] *n* backward
ჩამოსვლა [ch-amósvla] *v* to arrive
ჩამოსრიალება [ch-amosrialéba] *v* to slide down; *n* slide
ჩამოსხმა [ch-amós-hm-a], **ჩასხმა** [ch-ás-hm-

a] *v* to pour; *n* bottling
ჩამოტა́ნა [ch-amotána], **ჩატა́ნა** [ch-atána] *v* to bring down
ჩამოფარე́ბა [ch-amo-pf-aréba] *v* to cover
ჩამოფრე́ნა [ch-amo-pf-réna] *v* to arrive
ჩამოყალიბე́ბა [ch-amo-qh-alibéba] *v* to mature
ჩამოწე́რა [ch-amo-ts-éra] *v* to copy, to write off
ჩამოჭკნო́ბა [ch-amo-tch-knóba] *v* to fade
ჩამოხე́რხვა [ch-amo-hé-r-hv-a] *v* to saw off
ჩამოხმო́ბა [ch-amo-hm-óba] *v* to become thin
ჩამოხტო́მა [ch-amo-ht-óma] *v* to jump (down off)
ჩამოჯდო́მა [ch-amojdóma], **ჩაჯდო́მა** [ch-ajdóma] *v* to sit down
ჩამტვრე́ვა [ch-amtvréva], **ჩანგრე́ვა** [ch-angréva] *v* to break, to smash
ჩამწარე́ბა [ch-am-ts-aréba] *v* to embitter, to spoil
ჩამწე́რი [ch-am-ts-éri] *n* recorder, register
ჩანაწე́რი [ch-ana-ts-éri] *n* recording
ჩანგა́ლი [ch-angáli] *n* fork
ჩა́ნთა [ch-án-th-a] *n* bag
ჩანჩქე́რი [ch-an-ch-kh-éri] *n* waterfall
ჩა́რგვა [ch-árgva] *v* to plant
ჩარე́ვა [ch-aréva] *v* to intervene, to interfere; *n* interference

ჩარექი [ch-aré-kh-i] *n* quart
ჩართვა [ch-ár-th-va], **ჩარიცხვა** [ch-ari-t-s-hv-a] *v* to include
ჩასაცმელი [ch-asa-t-s-méli] *n* clothes
ჩასახლება [ch-asa-hl-éba] *v* to settle
ჩასვლა [ch-ásvla] *v* to descend, to go down
ჩასმა [ch-ásma] *v* to insert, to put in
ჩასუნთქვა [ch-asún-th-kh-va] *v* to inhale, to breathe in; *n* inhalation
ჩატენა [ch-aténa] *v* to stuff, to fill
ჩატეხილი [ch-ate-hí-li] *adj* broken
ჩაფიქრება [ch-a-pf-i-kh-réba] *v* to think; *n* thoughtfulness
ჩაქრობა [ch-a-kh-róba] *v* to extinguish, to switch off, to put out
ჩაქუჩი [ch-a-kh-ú-ch-i] *n* hammer
ჩაყვინთვა [ch-a-qh-vín-th-va] *v* to dive; *n* diving
ჩაყლაპვა [ch-a-qh-lápva] *v* to swallow
ჩაშლა [ch-á-sh-la] *v* to disrupt, to destroy; *n* disruption
ჩაჩუმება [ch-a-ch-uméba] *v* to silence
ჩაჩურჩულება [ch-a-ch-ur-ch-uléba] *v* to whisper
ჩაცინება [ch-a-t-s-inéba] *v* to smile
ჩაცმა [ch-á-t-s-ma] *v* to dress
ჩაცმული [ch-a-t-s-múli] *adj* dressed
ჩაძირვა [ch-a-dz-írva] *v* to sink, to drown; *n*

drowning, sinking

ჩაწებება [ch-a-ts-ebéba] v to glue

ჩაწერა [ch-a-t-s-éra] v to inscribe

ჩახუტება [ch-a-hu-téba] n embrace

ჩეკი [ch-éki] n check, draft

ჩემი [ch-émi] adj my; pron mine

ჩემოდანი [ch-emodáni] n suitcase

ჩერჩეტი [ch-er-ch-éti] adj stupid, foolish, silly

ჩექმა [ch-é-kh-ma] n boot

ჩეხა [ch-é-ha] v to chop; n chopping

ჩეხური [ch-e-hú-ri] adj Czechoslovakian

ჩვენ [ch-vén] pron we, us

ჩვენება [ch-venéba] v to indicate; n indication

ჩვენი [ch-véni] adj our; pron ours

ჩვეულება [ch-veuléba] n habit

ჩვეულებრივი [ch-veulebrívi] adj usual, customary

ჩვიდმეტი [ch-vidménti] num seventeen

ჩიბუხი [ch-ibú-hi] n tobacco pipe

ჩივილი [ch-ivíli] v to complain; n complaint

ჩითი [ch-í-th-i] n cotton

ჩინებული [ch-inebúli] adj excellent, outstanding

ჩინეთი [ch-iné-th-i] n China

ჩირქი [ch-ír-kh-i] n pus

ჩიტბატონა [ch-itbatóna] n goldfish

ჩიტი [ch-íti] n bird

ჩიჩახვი [ch-i-ch-á-hv-i] n craw

ჩიჩქნა [ch-í-ch-kh-na] *v* to pick
ჩლიქი [ch-ĺi-kh-i] *n* hoof
ჩოგბურთი [ch-ogbúr-th-i] *n* tennis
ჩონგური [ch-ongúri] *n* Georgian musical instrument
ჩონჩხი [ch-ón-ch-hi] *n* skeleton
ჩოჩვა [ch-ó-ch-va] *v* to crawl
ჩოხა [ch-ó-ha] *n* Georgian national coat
ჩრდილი [ch-rd́ili] *n* shadow
ჩრდილოეთი [ch-rdiloé-th-i] *n* north
ჩუმად [ch-úmad] *adv* silently
ჩუმი [ch-úmi] *adj* silent, calm
ჩუქება [ch-u-kh-éba] *v n* present, grant
ჩუქურთმა [ch-u-kh-úr-th-ma] *n* carving
ჩქარა [ch-kh-ára] *adv* fast, quickly
ჩქარი [ch-kh-ári] *adj* rapid, swift
ჩქმეტა [ch-kh-méta] *v* to pinch
ჩხვლეტა [ch-hv-léta] *v* to pierce, to prick
ჩხრეკა [ch-hr-éka] *v* to search
ჩხუბი [ch-hú-bi] *v n* scuffle, fight

ც

ცა [t-s-á] *n* sky
ცალთვალი [t-s-al-th-váli] *adj* one eye
ცალი [t-s-áli] *n* piece
ცალკე [t-s-álke] *adv* separately

ცალმხრი́ვი [t-s-alm-hr-ívi] *adj* one sided
ცალო́ბით [t-s-alóbi-th] *adv* retail
ცალფე́ხა [t-s-al-pf-é-ha], ცალფე́ხი [t-s-al-pf-e-hi] *adj* one legged
ცამე́ტი [t-s-améti] *num* thirteen
ცარიე́ლი [t-s-ariéli] *adj* empty
ცა́რცი [t-s-ár-t-s-i] *n* chalk
ცარცა́ხი [t-s-ar-t-s-á-hi] *v* to tremble; *n* trembling
ცბიე́რი [t-s-biéri] *adj* artful, crafty
ცდა́ [t-s-dá] *v* to wait, to expect; *n* expectation
ცე́კვა [t-s-ékva] *n* dance
ცელქო́ბა [t-s-el-kh-óba] *v* to play pranks; *n* pranks
ცე́მა [t-s-éma] *v* to beat; *n* beating
ცე́ნტრი [t-s-éntri] *n* center
ცერე́ბზე [t-s-erébze] tip-toe
ცე́რი [t-s-éri] *n* thumb
ცე́რცვი [t-s-ér-t-s-vi] *n* bean
ცეცხლგა́მძლე [t-s-e-t-s-hl-gám-dz-le] *adj* fireproof
ცე́ცხლი [t-s-é-t-s-hl-i] *n* fire
ცეცხლმქრო́ბი [t-s-e-t-s-hl-m-kh-róbi] *n* fire extinguisher
ცვალე́ბა [t-s-valéba], ცვლა́ [t-s-vlá] *v* to change
ცვალება́დი [t-s-valebádi] *adj* variable, inconstant

ცვარი [t-s-vári] *n* dew

ცვეთა [t-s-vé-th-a] *v* to wear out

ცვილი [t-s-víli] *n* wax

ცდუნება [t-s-dunéba] *v* to tempt, to seduce; *n* temptation, seduction

ციგა [t-s-íga] *n* sledge

ციებიანი [t-s-iebiáni] *adj* feverish

ცივა [t-s-íva] it is cold

ცივი [t-s-ívi] *adj* cold

ციკლი [t-s-íkli] *n* cycle, round

ციმბირი [t-s-imbíri] *n* Siberia

ციმციმი [t-s-im-t-s-ími] *v n* shimmer, glimmer

ცირკი [t-s-írki] *n* circus

ცისარტყელი [t-s-isart-qh-éli] *n* rainbow

ცისფერი [t-s-is-pf-éri] *adj* blue

ციტატა [t-s-itáta] *n* citation, quotation

ციტრუსები [t-s-itrusébi] *n* citrus

ციური [t-s-iúri] *adj* celestial, heavenly

ციყვი [t-s-í-qh-vi] *n* squirrel

ციცინათელა [t-s-i-t-s-ina-th-éla] *n* glow worm

ციხე დარბაზი [t-s-íhe darbázi] *n* castle

ციხესიმაგრე [t-s-i-he-simágre] *n* fortress, citadel

ცნობა [t-s-nóba] *v* to know, to recognize; *n* news, information, message

ცნობები [t-s-nobébi] *n* communications
ცნობიერება [t-s-nobieréba] *n* sense, conscience
ცნობილი [t-s-nobíli] *adj* known, recognized
ცნობისმოყვარე [t-s-nobismo-qh-váre] *adj* curious, inquisitive
ცოდვა [t-s-ódva] *n* sin
ცოდნა [t-s-ódna] *v* to know; *n* knowledge
ცოლი [t-s-óli] *n* wife
ცოლიანი [t-s-oliáni] *adj* married man
ცოლისძმა [t-s-lís-dz-ma] *n* brother-in-law
ცოლქმრობა [t-s-ol-kh-mróba] *n* wedlock
ცოლ შვილი [t-s-ól sh-víli] *n* family
ცომი [t-s-ómi] *n* paste, dough
ცოტა [t-s-óta] *adv* little; *adj* few
ცოფი [t-s-ó-pf-i], ცოფიანი [t-s-o-pf-iáni] *n* rage, madness, fury
ცოცხალი [t-s-o-t-s-háli] *adj* alive
ცოცხი [t-s-ó-t-s-hi] *n* broom
ცრემლი [t-s-rémli] *n* tear
ცრუ [t-s-rú] *adj* lying, false
ცრუკლასიკური [t-s-ru-klasikúri] *adj* pseudoclassical
ცრუმორცმუნე [t-s-rumor-t-s-múne] *adj* superstitious
ცრუმორცმუნეობა [t-s-rumor-t-s-muneóba] *n* superstition
ცრუმოსახელე [t-s-rumosa-hé-le] *n* impostor,

pretender
ცუდად [t-s-údad] *adv* badly
ცუდი [t-s-údi] *adj* bad
ცურვა [t-s-úrva] *v* to swim; *n* swimming
ცქერა [t-s-kh-éra] *v* to look
ცხადდება [t-s-ha-ddéba] *v* to announce
ცხადი [t-s-há-di] *adj* clear, evident, obvious
ცხადლივ [t-s-há-dliv] *adv* in reality
ცხელი [t-s-hé-li] *adj* hot
ცხენი [t-s-hé-ni] *n* horse
ცხენოსანი [t-s-he-nosáni] *n* rider, horseman
ცხვარი [t-s-hv-ári] *n* sheep
ცხვირი [t-s-hv-íri] *n* nose
ცხვირსახოცი [t-s-hv-irsa-hó-t-s-i] *n* handkerchief, tissue
ცხიმი [t-s-hí-mi] *n* fat, grease
ცხობა [t-s-hó-ba] *v* to bake; *n* baking
ცხოველი [t-s-ho-véli] *n* animal
ცხოვრება [t-s-ho-vréba] *v* to live; *n* life
ცხონება [t-s-ho-néba] *n* salvation
ცხრა [t-s-hr-á] *num* nine
ცხრაასი [t-s-hr-aási] *num* nine hundred
ცხრამეტი [t-s-hr-améti] *num* nineteen

ძ

ძაბვა [dz-ábva] *n* tension

ძაგე́ბა [dz-agéba] *v n* blame
ძაგძა́გი [dz-ag-dz-ági] *v* to tremble, to shiver; *n* tremor
ძა́ლა [dz-ála] *n* force, power
ძალადო́ბით [dz-aladóbi-th] *adv* by force
ძალაუფლე́ბა [da-alau-pf-léba] *n* power
ძალდატანე́ბა [dz-aldatanéba] *v* to violate; *n* violence
ძალი́ან [dz-alian], ძა́ლზე [dz-álze] *adv* very, too
ძამი́ა [dz-amia], ძამი́კო [dz-amiko] *n* brother
ძა́რღვი [dz-ár-hh-vi] *n* vein, nerve
ძარღვმაგა́რი [dz-ar-hh-vmagári] *adj* strong
ძა́რცვა [dz-ár-t-s-va] *v* to rob; *n* robbery
ძა́ფი [dz-á-pf-i] *n* thread
ძა́ღლი [dz-á-hh-li] *n* dog
ძახი́ლი [dz-a-hi-li] *v n* call
ძე [dz-e] *n* son
ძე́ბნა [dz-ébna], ძიე́ბა [dz-iéba] *v* to search; *n* search
ძე́გლი [dz-égli] *n* monument, memorial
ძე́ლი [dz-éli] *n* board
ძე́რწვა [dz-ér-ts-va] *v* model; *n* modeling
ძე́წკვი [dz-é-ts-kvi] *n* chain
ძე́ხვი [dz-é-hv-i] *n* sausage
ძვა́ლი [dz-váli] *n* bone
ძველებუ́რი [dz-velebúri] *adj* ancient, old

fashioned

ძველი [dz-véli] *adj* old

ძვირი [dz-víri] *adj* expensive

ძვირფასეულობა [dz-vir-pf-aseulóba] *n* jewelry

ძვირფასო [dz-vir-pf-áso] *adj* dear, my darling!

ძია [dz-ía] *n* uncle

ძილი [dz-íli] *n* sleep

ძირი [dz-íri] *n* bottom, root

ძირითადი [dz-iri-th-ádi] *adj* principal, fundamental, basic

ძირს [dz-írs] *adv* downstairs

ძიძა [dz-í-dz-a] *n* nurse

ძლიერ [dz-líer] *adv* very, too

ძლიერება [dz-lieréba] *n* might, power, strength

ძლივს [dz-lívs] *adv* hardly, with difficulty

ძმა [dz-má] *n* brother

ძმადი [dz-mádi] *n* best man

ძმარი [dz-mári] *n* vinegar

ძმისწული [dz-mis-ts-úli] *n* nephew

ძმობა [dz-móba] *n* brotherhood, fraternity

ძმურად [dz-múrad] *adv* fraternally

ძმური [dz-múri] *adj* brotherly, fraternally

ძნელი [dz-néli] *adj* difficult

ძრავი [dz-rávi] *n* motor, engine

ძრახვა [dz-rá-hv-a] *v n* blame, censure

ძროხა [dz-ró-ha] *n* cow

ძუ [dz-ú] *n* female

ძუნწი [dz-ún-ts-i] *adj* stingy

ძუძუ [dz-údz-u] *n* bosom, breast

ძღოლა [dz-hh-óla] *v* to lead; to drive

წ

წაბაძვა [ts-abá-dz-va] *v* to imitate; *n* imitation

წაბერვა [ts-abérva] *v* to blow

წაბლი [ts-ábli] *n* chestnut

წაბლისფერი [ts-ablis-pf-éri] *adj* nut brown, maroon

წაბრძანება [ts-abr-dz-anéba] *v* to march off

წაგება [ts-agéba] *v* to lose; *n* loss

წადილი [ts-adíli] *v n* wish, desire

წავი [ts-ávi] *n* mink

წათლა [ts-á-th-la] *v* to cut off

წათრევა [ts-a-th-réva] *v* to drag

წაკერება [ts-akeréba] *v* to saw

წაკიდება [ts-akidéba] *v* to set on fire

წაკითხვა [ts-akí-th-hv-a] *v* to read

წაკუზვა [ts-akúzva] *v* to slouch

წამალი [ts-amáli] *n* medicine, drugs

წამატება [ts-amatéba] *n* to increase, to add; *n* increase

წამგლეჯი [ts-amgléji] *n* grabber

წამდაუწუმ [ts-amdaú-ts-um] *adv* every minute

წამება [ts-améba] v to torment, to torture

წამი [ts-ámi] n minute

წამკითხველი [ts-amki-th-hv-éli] n reader

წამლვა [ts-ámlva], მოწამლვა [mo-ts-ámlva] v to poison

წამლობა [ts-amlóba] v medical treatment

წამოდგომა [ts-amodgóma] v to stand up

წამოზრდა [ts-amózrda] v to grow up

წამოსვლა [ts-amósvla] v to go with, to come along

წამოსხმა [ts-amós-hm-a] v to throw over one's shoulders

წამოღება [ts-amo-hh-éba] v to carry

წამოყენება [ts-amo-qh-enéba] v to promote

წამოყვანა [ts-amo-qh-vána] v to bring along

წამოყოლა [ts-amo-qh-óla] v to go along

წამოცმა [ts-amó-t-s-ma] v to put on

წამოწოლა [ts-amo-ts-óla] v to lie down for a moment

წამოხტომა [ts-amo-ht-óma] v to jump up; n jumping up

წამყვანი [ts-am-qh-váni] n driver, guide, leader

წამწამი [ts-am-ts-ámi] n eyelash

წარბი [ts-árbi] n eyebrow

წართმევა [ts-ar-th-méva] v to deprive, to take away; n deprivation

წარმართი [ts-armár-th-i] n heathen, pagan

წარმატება [ts-armatéba] *v* to make progress, to succeed; *n* success
წარმატებით [ts-armatébi-th] *adv* successfully
წარმოდგენა [ts-rmodgéna] *v* to play, to perform; *n* performance
წარმოება [ts-armoéba] *v* to produce; *n* production
წარმოებული [ts-armoebúli] *adj* produced
წარმოთქმა [ts-armó-th-kh-ma] *v* to make a speech
წარმომადგენელი [ts-armomadgenéli] *n* representative
წარმომადგენლობა [ts-armomadgenelóba] *n* representation
წარმოსადეგი [ts-armosadégi] *adj* imposing
წარმოშობა [ts-armo-sh-óba] *v* to generate, to produce; *n* generation, production
წარსული [ts-arsúli] *adj* past, last
წარწერა [ts-ar-ts-éra] *v* to inscribe; *n* inscription
წარწერილი [ts-ar-ts-eríli] *adj* inscribed
წასასმელი [ts-asasméli] *n* ointment
წასვლა [ts-ásvla] *v* to go, to depart; *n* departure
წასმა [ts-ásma] *v* to lubricate; *n* lubrication
წაქცევა [ts-a-kh-t-s-éva] *v* to fall down
წაღება [ts-a-hh-éba] *v* to take away, to carry off
წაღმა [ts-á-hh-ma] right side

წაყვა́ნა [ts-a-qh-vána] *v* to take with
წაყო́ლა [ts-a-qh-óla] *v* to go with
წა́შლა [ts-á-sh-la] *v* to erase, to wipe
წაჩხუბე́ბა [ts-a-ch-hu-béba] *v* to quarrel, to disagree
წაწე́ვა [ts-a-ts-éva] *v* to remove
წახალისე́ბა [ts-a-ha-liséba] *v* to encourage, to stimulate; *n* encouragement, stimulation
წე́ბვა [ts-ébva] *v* to glue, to paste
წე́ბო [ts-ébo] *n* glue, paste
წებოვა́ნი [ts-ebováni] *adj* sticky
წე́ვა [ts-éva] *v* to pull, to drag
წე́ვრი [ts-évri] *n* member
წე́ლი [ts-éli], წელიწა́დი [ts-eli-ts-ádi] *n* year
წელს [ts-els] this year
წე́რა [ts-éra] *v* to write
წერი́ლი [ts-eríli] *n* letter
წერტი́ლი [ts-ertíli] *n* period, point
წე́რტილ მძი́მე [ts-értil m-dz-íme] *n* semicolon
წესდე́ბა [ts-esdéba] *n* regulation, rules, statutes
წე́სი [ts-ési] *n* rule, order
წესიე́რი [ts-esiéri] *adj* correct
წესრი́გი [ts-esrígi] *n* order, form
წესწყობილე́ბა [ts-es-ts-qh-obiléba] *n* regime, order

წვა [ts-vá] *v* to burn, to roast

წვალება [ts-valéba] *v n* torment, torture

წვევა [ts-véva] *v* to invite, to call

წვეთა [ts-vé-th-a] *v* to drip

წვეთი [ts-vé-th-i] *n* drop

წვერი [ts-véri] *n* beard; summit

წვერიანი [ts-veriáni] *adj* bearded

წვერო [ts-véro] *n* summit

წვეტი [ts-véti] *n* point

წვეტიანი [ts-vetiáni] *adj* pointed, peaked

წვეულება [ts-veuléba] *n* dinner party, banquet, gala

წვიმა [ts-víma] *n* rain, rainfall

წვიმიანი [ts-vimiáni] *adj* rainy, showery

წვრილად [ts-vrílad] *adv* fine

წიგნაკი [ts-ignáki] *n* booklet

წიგნი [ts-ígni] *n* book

წიგნიერება [ts-ignieréba] *n* literacy

წიგნიერი [ts-igniéri] *adj* literate

წიგნსაცავი [ts-ignsa-t-s-ávi] *n* library

წივილი [ts-ivíli] *v n* scream, shriek

წითელა [ts-i-th-éla] *n* measles

წითელი [ts-i-th-éli] *adj* red

წილადი [ts-iládi] *n* fraction

წილი [ts-íli] *n* share, portion, part

წინ [ts-ín] *prep* before, in front of; *adv* onward, forward

წინა [ts-ína] *adj* preceding

წინააღმდეგ [ts-inaá-hh-mdeg] *adv* in spite of, regardless; *prep* against

წინააღმდეგი [ts-inaa-hh-mdégi] *adj* opposite

წინადადება [ts-inadadéba] *n* proposition, sentence, clause

წინადღეს [ts-inád-hh-es] *adv* on the eve

წინათ [ts-ína-th] *adv* before, formerly

წინაისტორიული [ts-inaistoriúli] *adj* prehistoric

წინამავალი [ts-namaváli] *adj* preceding

წინამძღვარი [ts-inam-dz-hh-vári] *n* prior, superior

წინამძღოლი [ts-inam-dz-hh-óli] *n* leader, commander, chief

წინანდელი [ts-nandéli] *adj* previous, former

წინაპარი [ts-inapári] *n* ancestor, forefather

წინასაარჩევნო [ts-inasaar-ch-évno] *adj* pre-election

წინასიტყვაობა [ts-inasit-qh-vaóba] *n* foreword

წინასწარ [ts-inás-ts-ar] *n* first of all

წინასწარი [ts-inas-ts-ári] *adj* preliminary

წინასწარმეტყველი [ts-inas-ts-armet-qh-véli] *n* prophet

წინაღობა [ts-ina-hh-óba] *n* resistance, opposition

წინაშე [ts-iná-sh-e] before

წინდაუხედავად [ts-indau-he-dávad] *adv* recklessly

წინდაწინ [ts-indá-ts-in] in advance, beforehand

წინდახედულად [ts-inda-he-dúlad] *adv* prudently

წინდახედული [ts-inda-he-dúli] *adj* prudent

წინდებული [ts-indebúli] *n* preposition

წინიდან [ts-inídan] *adv* from the front; before

წირი [ts-íri], ხაზი [há-zi] *n* line

წისქვილი [ts-is-kh-víli] *n* mill

წიფელი [ts-i-pf-éli] *n* beach

წიწაკა [ts-i-ts-áka] *n* pepper

წიწილა [ts-i-ts-íla] *n* chicken

წიწკნა [ts-í-ts-kna] *v* to pinch; *n* pinching

წლისთავი [ts-lis-th-ávi] *n* anniversary

წლიური [ts-liúri] *adj* annual, yearly

წლოვანება [ts-lovanéba] *n* age

წმენდა [ts-ménda] *v* to clean; *n* cleaning

წმინდი [ts-míndi] *adj* clear

წნეხა [ts-né-ha] *v* to press; *n* pressing

წოდება [ts-odéba] *n* dignity, rank

წოვა [ts-óva] *v* to suck; *n* suction, sucking

წოლა [ts-óla] *v* to lie; *n* lying

წონა [ts-óna] *v* to weigh, *n* weighing, weight

წრე [ts-re] *n* circle

წრიპინი [ts-ripíni], წრუწუნი [ts-ru-ts-úni]

n squeak
წრუწუ́ნა [ts-ru-ts-úna] *n* mouse
წუ́თი [ts-úth-i] *n* minute, moment
წუთისოფე́ლი [ts-u-th-iso-pf-éli] *n* life
წუხანდე́ლი [ts-u-ha-ndéli] last night's
წუ́ხელ [ts-ú-he-l] last night
წუხი́ლი [ts-u-hí-li] *v* to grieve; *n* grief, sorrow
წყალბა́დი [ts-qh-albádi] *n* hydrogen
წყა́ლი [ts-qh-áli] *n* water
წყალო́ბა [ts-qh-alóba] *n* charity, mercy
წყალსაზო́მი [ts-qh-alsazómi] *n* water gauge
წყალსაცა́ვი [ts-qh-alsa-t-s-ávi] *n* reservoir
წყალქვე́შა ნა́ვი [ts-qh-ál-kh-ve-sh-a návi] *n* submarine
წყა́ლქვეშ [ts-qh-ál-kh-ve-sh] under water
წყა́რო [ts-qh-áro] *n* spring
წყე́ვლა [ts-qh-évla] *v* to curse
წყენა [ts-qh-éna] *v* to take offence, to feel insulted
წყენინე́ბა [ts-qh-eninéba] *v* to offend, to insult; *n* offence, insult
წყეუ́ლი [ts-qh-eúli] *adj* cursed
წყვი́ლი [ts-qh-víli] *n* pair, couple
წყლია́ნი [ts-qh-liáni] *adj* watery
წყლუ́ლი [ts-qh-lúli] *n* ulcer
წყნა́რად [ts-qh-nárad] *adv* quietly, slowly
წყნა́რი [ts-qh-nári] *adj* calm, peaceful

წყო́ბა [ts-qh-óba] *v* to put, to lay; *n* order
წყობილე́ბა [ts-qh-obiléba] *n* order, form; regime
წყურვი́ლი [ts-qh-urvíli] *n* thirst

ჭ

ჭა́ [tch-á] *n* well
ჭაბუ́კი [tch-abúki] *n* youth
ჭაბურღი́ლი [tch-abur-hh-íli] *n* bore,
ჭადრა́კი [tch-adráki] *n* chess
ჭა́მა [tch-áma] *v* to eat; *n* eating
ჭა́მა სმა́ [tsh-áma smá] *v* to eat and drink
ჭაო́ბი [tch-aóbi] *n* swamp, marsh
ჭა́რბად [tch-árbad] *adv* abundantly
ჭა́რბი [tch-árbi] *adj* surplus, superfluous
ჭაღა́რა [tch-a-hh-ára] *adj* gray haired
ჭა́ღი [tch-á-hh-i] *n* chandelier
ჭერა́მი [tch-erámi] *n* apricot
ჭე́რი [tch-éri] *n* ceiling
ჭე́ქა [tch-é-kh-a]*n* thunder
ჭეშმარი́ტად [tch-e-sh-marítad] *adv* truly
ჭეშმარი́ტი [tch-e-sh-maríti] *adj* true
ჭი́ა [tch-ía] *n* worm
ჭიამაი́ა [tch-iamaía] *n* ladybird
ჭიანჭვე́ლა [tch-ian-tch-véla] *n* ant
ჭიდაო́ბა [tch-idaóba] *v n* wrestle

ჭიკჭი́კი [tch-ik-tch-íki] *v* to chirp, to twitter
ჭი́პი [tch-ípi] *n* belly button
ჭი́რი [tch-íri] *n* plague, misfortune
ჭი́ქა [tch-í-kh-a] *n* glass, cup
ჭიშკა́რი [tch-i-sh-kári] *n* gate
ჭკვია́ნი [tch-kviáni] *adj* clever, wise, intelligent
ჭკუ́ა [tch-kúa] *n* mind, intellect
ჭმე́ვა [tch-méva] *v* to feed; *n* feeding
ჭმუ́ჭნა [tch-mú-tch-na] *v* to wrinkle
ჭო́რი [tch-óri] *n* gossip, tattle, lie
ჭორიკა́ნა [tch-orikána] *n* gossip
ჭორიკანო́ბა [tch-orikanóba] *v* to gossip
ჭო́რფლი [tch-ór-pf-li] *n* freckle
ჭო́ტი [tch-óti] *n* eagle
ჭრილო́ბა [tch-rilóba] *n* wound
ჭრიჭი́ნა [tch-ri-tch-ína] *n* cricket
ჭურჭე́ლი [tch-ur-tch-éli] *n* vessel
ჭუ́ჭყი [tch-ú-tch-qh-i] *n* dirt, mud
ჭუჭყია́ნი [tch-u-tch-qh-iáni] *adj* dirty, muddy
ჭყი́ნტი ყვე́ლი [tch-qh-ínti qh-véli] *n* green cheese
ჭყუმპალაო́ბა [tch-qh-umpalaóba] *v* to splash

ხ

ხაბა́ზი [ha-bázi] *n* baker
ხავე́რდი [ha-vérdi] *n* velvet

ხა́ზვა [há-zva] *v* to draw, to sketch
ხა́ზი [há-zi] *n* line
ხაზი́ნა [ha-zína] *n* treasury
ხა́თრი [há-th-ri] *n* respect, esteem
ხათრია́ნი [ha-th-riáni] *adj* respectful
ხალა́თი [ha-lá-th-i] *n* blouse
ხალისია́ნად [ha-lisiánad], **ხალი́სით** [ha-lísi-th] *adv* willingly, readily
ხალისია́ნი [ha-lisiáni] *adj* cheerful, joyous
ხალი́ჩა [ha-lí-ch-a] *n* carpet, rug
ხა́ლხი [há-l-hi] *n* people
ხალხოსა́ნი [ha-l-ho-sáni] *n* populist
ხალხუ́რი [ha-l-hú-ri] *adj* national, popular, folk
ხა́მი [há-mi] *adj* rude, rough
ხა́ნა [há-na], **ხნოვანე́ბა** [hn-ovanéba] *n* age, period
ხანგრძლი́ვი [ha-ngr-dz-lívi] *adj* long, prolonged
ხანდა́ხან [ha-ndá-ha-n] *adv* sometimes
ხა́ნი [há-ni] *n* time
ხა́ნში შესუ́ლი [há-n-sh-i sh-esúli] *adj* elderly
ხანჯა́ლი [ha-njáli] *n* dagger
ხარაბუ́ზა [ha-rabúza] *n* beetle
ხარა́ზი [ha-rázi] *n* shoemaker
ხარახუ́რა [ha-ra-hú-ra] *n* rubbish, nonsense
ხა́რბი [há-rbi] *adj* greed, jealousy

ხა́რი [há-ri] *n* bull, ox
ხარი́სხი [ha-rís-hi] *n* quality, grade
ხა́რკი [há-rki] *n* tribute
ხა́რშვა [há-r-sh-va] *v* to boil; *n* boiling
ხა́რჯვა [há-rjva] *v* to waste, to spend
ხა́რჯი [há-rji] *n* expense, expenditure
ხასია́თი [ha-siá-th-i] *n* mood, character
ხა́ტვა [há-tva] *v* to draw, to paint; *n* drawing
ხა́ტი [há-ti] *n* icon
ხაჭაპუ́რი [ha-tch-apúri] *n* Georgian cheese pie
ხა́ჭო [há-tch-o] *n* curd
ხა́ხვი [há-hv-i] *n* onion
ხბო́ [hb-ó] *n* calf
ხე́ [hé] *n* tree
ხე́დვა [hé-dva] *v* to see
ხე́დი [hé-di] *n* view
ხე́ვა [hé-va] *v* to tear
ხეივა́ნი [he-iváni] *n* avenue, alley
ხეკაკუ́ნა [he-kakúna], კოდა́ლა [kodála] *n* woodpecker
ხელა́ხლა [he-lá-hl-a] *adv* anew, again
ხელგარჯილო́ბა [he-lgarjilóba] *n* manual
ხელგაშლი́ლად [he-lga-sh-ĺilad] *adv* generously
ხელგაშლი́ლი [he-lga-sh-ĺili] *adj* generous
ხელთათმა́ნი [he-l-th-a-th-máni] *n* glove
ხე́ლი [hé-li] *n* hand

ხელისგული [he-lisgúli] *n* palm
ხელისუფალი [he-lisu-pf-áli] *n* ruler, administrator
ხელმარჯვე [he-lmárjve] *adj* prompt
ხელმისაწვდომი [he-lmisa-ts-vdómi] *adj* accessible, approachable
ხელმოწერა [he-lmo-ts-éra] *adj* signature
ხელმოწერილი [he-lmo-ts-eríli] *adv* signed
ხელმწიფე [he-lm-ts-í-pf-e] *n* prince, king, sovereign
ხელნაწერი [he-lna-ts-éri] *n* manuscript
ხელობა [he-lóba], **ხელოვნება** [he-lovnéba], **ხელოსნობა** [he-losnóba] *n* trade, art, craft
ხელოვანი [he-lováni] *n* artist, painter
ხელოვნური [he-lovnúri] *adj* artificial, false
ხელოსანი [he-losáni] *n* artisan, workman
ხელსაწყო [he-lsá-ts-qh-o] *n* tool, instrument
ხელსახოცი [he-lsa-hó-t-s-i] *n* napkin
ხელფასი [he-l-pf-ási] *n* wages, salary
ხელქვეითი [he-l-kh-veí-th-i] *adj* subordinate, inferior
ხელშეკრულება [he-l-sh-ekruléba] *n* agreement, contract, treaty
ხელშემშლელი [he-l-sh-em-sh-léli] *adj* unfavorable
ხელშემწყობი [he-l-sh-em-ts-qh-óbi] *adj* helper, aid
ხელცარიელი [he-l-t-s-ariéli] *adj* empty

handed, without anything
ხერხემლიანი [he-r-he-mliáni] *adj* vertebrate
ხერხვა [hé-r-hv-a] *v* to saw
ხერხი [hé-r-hi] *n* saw
ხეტიალი [he-tiáli] *v* to wander; *n* wandering
ხე-ტყე [he-t-he] *n* timber, lumber
ხეხვა [hé-hv-a] *v* to rub, to polish
ხეხილი [he-hí-li] *n* fruit tree
ხვალ [hv-ál] *adv* tomorrow
ხვევნა [hv-évna] *v* to embrace
ხველება [hv-eléba] *v* to cough
ხვეტა [hv-éta] *v* to sweep
ხვეწნა [hv-é-ts-na] *v* to beg
ხვლიკი [hv-líki] *n* lizard
ხვრინვა [hv-rínva] *v* to snore; *n* snoring
ხიბლვა [hí-blva] *n* charm
ხიდი [hí-di] *n* bridge
ხილი [hí-li], ხილეულობა [hi-leulóba] *n* fruit
ხილვა [hí-lva] *v* to see
ხილნარი [hi-lnári] *n* orchard
ხის [hí-s] *adj* wooden
ხიფათი [hi-pf-á-th-i] *n* danger, peril
ხმა [hm-á] *n* voice, tone
ხმალი [hm-áli] *n* sword, sabre, dagger
ხმამაღალი [hm-ama-hh-áli] *adj* loud
ხმამაღლა [hm-amá-hh-la] *adv* loudly, aloud
ხმარება [hm-aréba] *v* to use; *n* use

ხმაური [hm-aúri] *n* noise
ხმელეთი [hm-elé-th-i] *n* land
ხმელი [hm-éli] *adj* dry
ხნიერი [hn-iéri] *adj* elderly
ხოლმე [hó-lme] *conj* but
ხომ ასეა? [hó-m aséa] is it not so
ხორცი [hó-r-t-s-i] *n* meat, flesh
ხორციანი [ho-r-t-s-iáni] *adj* meaty
ხორციჭამია [ho-r-t-s-i-tch-amía] *adj* carnivorous
ხოცვა [hó-t-s-va] *v* to kill
ხოჭო [hó-tch-o] *n* beetle
ხოშკაკალი [ho-sh-kakáli] *n* hail
ხოხობი [ho-hó-bi] *n* pheasant
ხროვა [hr-óva] *n* herd
ხსენება [hs-enéba] *v n* mention
ხსოვნა [hs-óvna] *n* memory
ხტომა [ht-óma], **ხტუნვა** [ht-únva] *v* to jump, to spring
ხუთასი [hu-tási] *num* five hundred
ხუთი [hú-th-i] *num* five
ხუთმანეთიანი [hu-th-mane-th-iáni] *n* five ruble note
ხუთსართულიანი [hu-th-sar-th-uliáni] *adj* five stories high
ხუთშაბათი [hu-th-sh-a-bá-th-i] *n* Thursday
ხუთწლედი [hu-th-ts-lédi] *n* Five Year Plan

ხუთჯერ [hú-th-jer] five times
ხურდა [hú-rda] *n* change
ხურვა [hú-rva] *v* to cover
ხუჭვა [hú-tch-va] *v* to close one's eyes
ხშირად [hsh-írad] *adv* often
ხშირი [hsh-íri] *adj* frequent

ჯ

ჯაგარი [jagári] *n* bristle
ჯადო [jádo] *n* magic, sorcery
ჯადოსანი [jadosáni] *n* sorcerer
ჯადოსნობა [jadosnóba] *n* witchery
ჯავრი [jávri] *n* worry, grief
ჯალაბი [jalábi] *n* family
ჯამაგირი [jamagíri] *n* wage
ჯამბაზი [jambázi] *n* acrobat
ჯანი [jáni] *n* sum, amount; force
ჯანიანი [janiáni] *adj* healthy, strong
ჯანმრთელი [janmr-th-éli] *adj* healthy
ჯანმრთელობა [janmr-th-elóba] *n* health
ჯანსაღი [jansá-hh-i] *adj* sane
ჯანყი [ján-qh-i] *n* rebellion, revolt
ჯარი [jári] *n* army
ჯარიმა [jaríma] *n* fine, penalty
ჯარისკაცი [jariská-t-s-i] *n* soldier
ჯაჭვი [já-tch-vi] *n* chain

ჯგუფი [jgú-pf-i] *n* group

ჯდომა [jdóma] *v* to sit

ჯეირანი [jeiráni] *n* springbuck

ჯერ [jer] *adv* yet

ჯერი [jéri] *n* queue, turn, line

ჯერჯერობით [jerjeróbi-th] for the time being

ჯვარი [jvári] *n* cross

ჯვაროსანი [jvarosáni] *n* crusader

ჯვარცმა [jvár-t-s-ma] *v* to crucify

ჯიბე [jíbe] *n* pocket

ჯილდო [jíldo] *n* reward, prize

ჯირითი [jirí-th-i] trick riding

ჯირკვალი [jirkváli] *n* gland

ჯიუტი [jiúti] *n* stubborn

ჯიუტობა [jiutóba] *v* to persist

ჯიში [jí-sh-i] *n* kind

ჯიშიანი [ji-sh-iáni] *adj* thoroughbred

ჯიშნარევი [ji-sh-narévi] *n* cross-bread

ჯობნა [jóbna] *v* to excel, to outdo, to surpass

ჯოგი [jógi] *n* herd

ჯორი [jóri] *n* mule

ჯოხი [jó-hi] *n* stick, cane

ჯოჯო [jójo] *n* monster

ჯოჯოხეთი [jojo-hé-th-i] *n* purgatory, hell

ჯღაბნა [j-hh-ábna] *v* to scribble

ჰ

ჰა! [ha] *int* ha!

ჰაერი [haéri] *n* air

ჰაეროვანი [haerováni] *adj* aerial

ჰავა [háva] *n* climate

ჰანგი [hángi] *n* tune, melody

ჰარმონია [harmonía] *n* harmony

ჰე [he] *int* well! so!

ჰერი [héri] *int* quick

ჰექტარი [he-kh-tári] *n* hectare

ჰიგიენა [higiéna] *n* hygiene

ჰიდროაეროდრომი [hidroaerodrómi] *n* sea base

ჰიდროელექტროსადგური
[hidroelectrosadgúri] *n* hydrolic power station

ჰიდროპლანი [hidropláni] *n* hydroplane

ჰიმნი [hímni] *n* hymn, anthem

ჰიპერბოლა [hiperbóla] *n* hyperbola

ჰიპოთეზი [hipo-th-ézi] *n* hypothesis

ჰო [ho] *adv* yes

ჰორიზონტი [horizónti] *n* horizon

ჰუმანური [humanúri] *adj* humane

ENGLISH-GEORGIAN
DICTIONARY

A

abacus [აბა́ქუს] *n* საანგარიშო
abandon [აბანდონ] *v* დატოვე́ბა, მიტოვე́ბა
abbreviate [აბბრევიეიტ] *v* შეკვე́ცა, შემოკლე́ბა
abdomen [აბდომენ] *n* მუცე́ლი
Abkhazia [აბხაზია] *n* აფხაზე́თი
Abkhazian [აბხაზიან] *n* აფხა́ზი
able [ეიბლ] *adj* შეძლე́ბა
about [აბაუთ] *adv* ი́რგვლივ; *prép* ზე, შესა́ხებ
above [აბოვ] *adv* ზე́ვით, ზე́მოთ
abroad [აბროდ] *adv* საზღვარგა́რეთ
absolute [აბსოლუთ] *adj* აბსოლუტუ́რი
abstract [აბსტრაქტ] *adj* აბსტრაქტუ́ლი
absurd [აბსურდ] *adj* უა́ზრო, შეუსაბა́მო
abundance [აბანდანს] *n* სიმრა́ვლე
abundant [აბანდანტ] *adj* ბარაქია́ნი; *adv* ბლო́მად
abuse [აბიუზ] *v* ლა́ნძღვა
academia [აქადემია] *n* აკადემი́ა
accelerate [აქქსელერეით] *v* დაჩქარე́ბა
accessible [აქქსესიბლ] *adj* ხელმისაწვდო́მი
accident [აქქსიდენტ] *n* შემთხვე́ვა
accidentally [აქქსიდენტალლი] *adv* შემთხვე́ვით
accommodate [აქქომოდეიტ] *v* მომსახურე́ბა
accompany [აქქომპანი] *v* მიყვა́ნა
accomplish [აქქომპლიშ] *v* ჩადე́ნა

accomplishment [აქქომპლიშმენტ] *n* შესრულე́ბა

according [აქქორდინგ] *adv* მიხე́დვით, შესაბამი́სად

account [აქქაუნტ] *n* ანგარი́ში; *v* ჩა́თვლა

accountant [აქქაუნტანტ] *n* მოანგარი́შე, ბუღალტე́რი

accounting [აქქაუნტინგ] *n* მოანგარიშო́ბა

accumulate [აქქუმულეით] *v n* დაგროვე́ბა

accuracy [აქქურასი] *n* სისწო́რე

accused [აქქიუზდ] *adj* ბრალდებუ́ლი

accustom [აქქასტომ] *n* დაჩვე́ვა; *v* შემოჩვე́ვა

accustomed [აქქასტომდ] *adj* მიჩვეუ́ლი

Achara [აჩარა] *n* აჭა́რა

achieve [აჩივ] *v n* მიღწე́ვა

acne [აქნე] *n* მუწუ́კი

acquaint [აქუეინტ] *v* გაცნო́ბა

acquaintance [აქუეინტანს] *n* ნაცნო́ბი

acrobat [აქრობატ] *n* ჯამბა́ზი

act [აქტ] *n* ა́ქტი

action [აქშიონ] *n* მოქმედე́ბა

active [აქტივ] *adj* საქმია́ნი, აქტიუ́რი

actor [აქტორ] *n* მსახიო́ბი, კინომსახიო́ბი, არტი́სტი

actress [აქთრესს] *n* მსახიო́ბი, კინომსახიო́ბი

actual [აქტუალ] *adj* აქტუალუ́რი, ახლანდე́ლი

adapt [ადაპტ] *v* შეგუე́ბა, მომარჯვე́ბა

add [ედდ] *n v* წამატება, მატება, მიმატება, დამატება, ჩამატება, მომატება, შემატება
address [ადდრესს] *n* მისამართი
adjective [ადჯექტივ] *n* ზედსართავი სახელი
adjust [ადჯასტ] *v* შეგუება, მომარჯვება
administrator [ადმინისტრეიტორ] *n* ხე-
ლისუფალი
admire [ადმაიარ] *v n* აღტაცება
admit [ადმიტ] *v* დაშვება, ემოშვება, შეშვება
adopt [ადოპტ] *n v* შეთვისება, შვილება,აყვანა
ადუღება, დუღება, ხარშვა
adult [ადალტ] *adj* მოზრდილი
advance [ადვანს] *n* ავანსი; *v* წამოყენება
adventure [ადვენჩურ] *n* თავგადასავალი
advertisement [ადვერტაისმენტ] *n* განცხადება,
რეკლამა
advice [ადვაის] *n* რჩევა; *v* გარიგება
advise [ადვაიზ] *v* რჩევა
adviser [ადვაიზერ] *n* მრჩეველი, დამრიგებელი
aerial [აერიალ] *adj* ჰაეროვანი, საჰაერო
affluent [აფლუენტ] *n* შენაკადი
after [აფტერ] *adv* შემდგომ, მერე
afternoon [აფტერნოონ] *adv* ნაშუადღევს
again [აგაინ] *adv* ხელახლა, ისევ, კვლავ, კიდევ
against [ეგეინსტ] *adv* წინააღმდეგ
age [ეიჯ] *n* ხანა, ხნოვანება, წლოვანება, ასაკი
agency [ეიჯენსი] *n* სააგენტო

agent [ეიჯენტ] *n* აგე́ნტი
aggressive [აგგრესსივ] *adj* აგრესი́ული
agitate [აჯიტეიტ] *v* აღელვე́ბა
agitator [აჯიტეიტორ] *n* შემგულიანებე́ლი
agree [აგრიი] *v* დათანხმე́ბა, შეთანხმე́ბა, მორიგე́ბა
agreeable [აგრიიაბლ] *adj* საა́მო, საამუ́რი, სასიამო́ვნო
agreement [აგრიმენტ] *n* თანხმო́ბა, მორიგე́ბა, ხელშეკრუ́ლება
aid [ეიდ] *v n* მიშველე́ბა
aim [ეიმ] *v n* დამიზნე́ბა
aimless [ეიმლესს] *adj* უმი́ზნო
air [ეირ] *n* ჰაე́რი
airplane [აირპლეინ] *n* თვითმფრინა́ვი
airport [აირპორტ] *n* აეროდრო́მი
alcohol [ალქოჰოლ] *n* ალკოჰო́ლი
alike [ალაიკ] *n* იგივეო́ბა
alive [ალაივ] *adj* ცოცხა́ლი
all [ოლლ] *adj* ყვე́ლა
alley [ალლეი] *n* ხეივა́ნი
allurement [ალლურმენტ] *n* მაცთურო́ბა
alluring [ალლურინგ] *adj* მაცთუნებე́ლი
ally [ალლაი] *n* მოკავში́რე
almighty [ოლმაიტი] *n* უფალი
almost [ოლმოსტ] *adv* კინა́ღამ, თი́თქმის
along [ალონგ] *adv* სი́გრძივ

aloud [ალაუდ] *adv* ხმამა́ღლა
alphabet [ალფაბეტ] *n* ანბა́ნი
alphabetical [ალფაბეტიქალ] *adj* საანბა́ნო
already [ოლრედი] *adv* უ́კვე
also [ოლსო] *adv* აგრე́თვე
although [ალთოუ] *conj* თუ́მცა
altitude [ალტიტუდ] *n* სიმა́ღლე
always [ოლვეიზ] *adv* მუ́დამ, ყოვე́ლთვის, ნია́დაგ
amazing [ამეიზინგ] *adj* განსაცვიფრებე́ლი, გასაოცა́რი
ambassador [ამბასსადორ] *n* დესპა́ნი, ე́ლჩი
amber [ამბერ] *n* გაშე́რი
ambition [ამბიშინ] *n* თავმოყვარეო́ბა
ambitious [ამბიშიოს] *adj* პატივმოყვა́რე
ambulance [ამბულანს] *adj* სასწრა́ფო
amorous [ამოროუს] *adj* შეყვარებუ́ლი
amount [ამაუნტ] *n* ჯა́ნი
amusement [ამიუზმენტ] *n* თამა́ში
amusing [ამიუზინგ] *adj* სასეი́რო
analogy [ანალოჯი] *n* თანაგვარო́ბა
analyse [ანალაის] *v* გარჩე́ვა
ancestor [ანსესტორ] *n* მამამთავა́რი, წინაპა́რი
anchor [ანქორ] *n* ღუ́ზა
ancient [ენშიენტ] *adj* ძველებუ́რი
anger [ანგერ] *v* გაბრაზე́ბა, გაჯავრე́ბა
angular [ანგულარ] *adj* კუთხუ́რი

animal [ანიმალ] *n* ცხოვე́ლი
anniversary [ანნივერსარი] *n* წლისთა́ვი
announce [ანნაუნს] *v* გამოცხადე́ბა, ცხადდე́ბა
annual [ანნუალ] *adj* წლიუ́რი, ყოველწლიუ́რი
answer [ანსვერ] *v* მიგე́ბა; *n* პასუ́ხი
ant [ენტ] *n* ჭიანჭვე́ლა
anthem [ანთემ] *n* ჰი́მნი
antiquity [ანტიქუიტი] *n* ხიძვე́ლე
any [ენი] *pron* რა́მე, რომელი́მე, რომელი́ღაც
anybody [ენიბოდი] *pron* ვი́ნმე, ვიღა́ც
anything [ენითინგ] *pron* რა́მე
apartment [აპარტმენტ] *n* ბი́ნა
apology [აპოლოჯი] *n* ბოდი́ში
appear [აპპიარ] *v* გამოჩე́ნა
appearance [აპპიარანს] *n* მოვლე́ნა, შესახედ-ა́ობა
appease [აპპეას] *v* დამშვიდე́ბა
appendage [აპპენდაჯ] *n* დანამა́ტი
appendix [აპპენდიქს] *n* დანა́რთი
appetite [აპპეტაით] *n* მა́და, მა́და
applause [აპპლოუზ] *n* ტა́ში
apple [ეპპლ] *n* ვა́შლი
application [აპპლიქეიშინ] *n* ანკე́ტა
apply [აპპლაი] *v* გამოყენე́ბა
appoint [აპპოინტ] *v* დანი́შვნა
appointment [აპპოინტმენტ] *n* ხადარა́ჯო, პაემა́ნი

approach [აპპროაჩ] *v n* მიახლოე́ბა, მოახლოე́ბა
appropriate [აპპროპრიეით] *v* შერჩე́ნა, მიკუთვნე́ბა
approximately [აპპროქსიმათლი] *adv* დაახლოე́ბით
apricot [აპრიქოტ] *n* ჭერა́მი
April [ეიპრილ] *n* აპრი́ლი
aptitude [აპტიტუდ] *n* ნი́ჭი
Arab [არაბ] *n* არა́ბი
archaeology [არქეოლოგი] *n* არქეოლოგი́ა
architectural [არქითექჩურალ] *adj* სახუროთმო́ძღვრო
architecture [არქითექჩურ] *n* არქიტექტუ́რა
archives [არქაივს] *n* არქი́ვი
area [არეა] *n* ფართო́ბი, ადგი́ლი
arena [არენა] *n* ასპარე́ზი
argue [არგიუ] *v* დანდურება
argument [არგიუმენტ] *n* დამტკიცე́ბა
arid [არიდ] *adj* უ́წყლო
arithmetic [არითმეტიქ] *n* არითმეტი́კა
arm [არმ] *n* მკლა́ვი
Armenia [არმენია] *n* სომხე́თი
Armenian [არმენიან] *n* სომე́ხი
armpit [არმპიტ] *n* იღლი́ა
army [არმი] *n* ჯა́რი
aromatic [არომატიქ] *adj* სურნელოვა́ნი

around [არაუნდ] *adv* გარშე́მო, ი́რგვლივ
arrange [არრეინჯ] *n* მოწყო́ბა
arrangement [არრეინჯმენტ] *v* მოწყო́ბა
arrest [არრესტ] *v* დაპატიმრე́ბა
arrival [არრაივალ] *v* ჩამოფრე́ნა, ჩამო-
ბრძანე́ბა, ჩამო́სვლა
arrive [არრაივ] *v* ჩამოფრე́ნა, ჩამობრძანე́ბა,
ჩამო́სვლა
arrogant [არროგანტ] *adj* ყოყო́ჩი
arrow [არროუ] *n* ისა́რი
art [არტ] *n* ხელო́ბა, ხელოვნე́ბა
artful [არტფულ] *adj* ცბიე́რი
article [არტიქლ] *n* სტატი́ა
artificial [არტიფიშიალ] *adj* ხელოვნუ́რი
artisan [არტისან] *n* ხელოსა́ნი
artist [არტისტ] *n* მხატვა́რი, ხელოვა́ნი
artistic [არტისტიქ] *adj* მხატვრუ́ლი
as [ეს] *conj* რა́კი
ascent [ასენტ] *n* შეღმა́რთი, აღმა́რთი
ascertain [ასერტეინ] *v* გარკვე́ვა
asexual [ეისექშუალ] *adj* უსქე́სო
ash [აშ] *n* ფე́რფლი
ashtray [აშ ტრეი] *n* საფე́რფლე
Asiatic [ასიატიქ] *adj* აზიუ́რი
ask [ასკ] *v* მოთხო́ვნა, კი́თხვა, თხო́ვა
ass [ასს] *n* ვი́რი
assemblage [ასსემბლეჯ] *n* შენაკრე́ბი

assets [ასსეტს] *n* აქტი́ვი
assimilative [ასსიმილეიტ] *adj* შემთვისებე́ლი
assistant [ასსისტანტ] *n* დამხმა́რე
associate [ასსოშიეთ] *n* მოკავში́რე, თანამონაწი́ლე
assurance [აშურანს] *n* დარწმუნე́ბა
assure [აშიურ] *v* დარწმუნე́ბა
astonishing [ასტონიშინგ] *adj* საკვირვე́ლი
astronomer [ასტრონომერ] *n* ასტრონო́მი
asylum [ასაილუმ] *n* თავშესაფა́რი
at [ეტ] *prép* ზე
at last [ეტ ლასტ] *adv* დასა́სრულ
atheist [ათეისტ] *adj* უღმე́რთო
athlete [ათლიტ] *n* ფიზკულტუ́რული
atmosphere [ატმოსფეარ] *n* ატმოსფე́რო
attack [ატტაკ] *v* დაცე́მა
attain [ატტეინ] *v* მიწვდო́მა
attendant [ატტენდანტ] *n* დამლაგებე́ლი
attention [ატტენშიონ] *n* ყურადღე́ბა
attorney [ატტორნეი] *n* ვექი́ლი
attractive [ატტრაქტივ] *adj* ეშხია́ნი
attune [ატტუნ] *v* აწყო́ბა
audacity [აუდასიტი] *n* კადნიერე́ბა
audit [აუდიტ] *n* რევიზი́ა
auditor [აუდიტორ] *n* რევიზო́რი
August [ოგუსტ] *n* აგვი́სტო
aunt [ანტ] *n* ბიცო́ლა, დე́იდა, მამი́და

author [აუთორ] *n* ავტო́რი, შემდგენე́ლი
automatic [აუტომატიქ] *adj* თვითმოძრა́ვი, ავტომატუ́რი
automobile [აუტომობილ] *n* ავტომობი́ლი
autumn [ოტუმ] *n* შემოდგო́მა
autumnal [ოტუმნალ] *adj* საშემოდგო́მო
avenue [ავენუ] *n* ხეივა́ნი
aviation [ავიეიშინ] *n* ავიაცი́ა
awake [ავეიქ] *adj* მღვიძა́რე; *v* გაღვიძე́ბა
awaken [ავეიქენ] *v* გამოღვიძე́ბა
awakening [ავეიქენინგ] *v* გაღვიძე́ბა
awful [ოფულ] *adj* საშინე́ლი, ტილიანი
awkward [ოქვარდ] *adj* უხერხული
Azerbaijan [აზეირბაიჯან] *n* აზერბაიჯა́ნი

B

baby [ბეიბი] *n* ბა́ლღი
back [ბექ] *adv* უ́კან
backgammon [ბექგამონ] *n* ნა́რდი
backward [ბექვორდ] *n* ჩამორჩენი́ლი
bad weather [ბედ ვეათერ] *n* უამინდო́ბა, ავდა́რი
bad [ბედ] *adj* ცუ́დი
badly [ბედლი] *adv* ცუ́დად, უხე́ირად
bag [ბეგ] *n* ჩა́ნთა
baggage [ბაგგეჯ] *n* ბაგა́ჟი, ბა́რგი

bagpiper [ბეგპაიპერ] *n* მებუ́კე
bail [ბეილ] *n* თავდე́ბი
bake [ბეიქ] *v* გამოცხობა
baker [ბეიქერ] *n* მეპუ́რე, მეფუ́რნე, ხაბა́ზი
bakery [ბეიქერი] *n* ფუ́რნე, თო́რნე
baking [ბეიქინგ] *v* ცხო́ბა
balance [ბალანს] *n* სასწო́რი
balcony [ბალქონი] *n* აივა́ნი
bald [ბოლდ] *adj* ქაჩა́ლი
ball [ბოლლ] *n* ბუ́რთი
bamboo [ბამბუ] *n* ბამბუ́კი
bandit [ბანდიტ] *n* ყაჩა́ღი
banish [ბანიშ] *v* გადასახლე́ბა
bank [ბანქ] *n* ბა́ნკი, ნაყა́რი
banquet [ბანქუეტ] *n* წვეულე́ბა
baptist [ბაპტისტ] *n* მნათვლე́ლი
barbarian [ბარბერიან] *n* ბარბარო́სი
barber shop [ბარბერ შოპ] *n* საპარიკმახე́რო
barber [ბარბერ] *n* დალა́ქი
bare [ბეარ] *adj* შიშვე́ლი
barefoot [ბერფუტ] *adj* ფეხშიშვე́ლი
bark [ბარქ] *v* ყე́ფა
barking [ბარქინგ] *v* ყე́ფა
barometer [ბარომიტერ] *n* ბარომე́ტრი
bartender [ბარტენდერ] *n* მებუფე́ტე
base [ბეის] *n* საფუძვე́ლი, ბა́ზა
basic [ბეისიქ] *adj* ძირითა́დი

basket [ბასქეტ] *n* კალათა
basketball [ბასქეტბოლლ] *n* კალათბურთი
bat [ბეტ] *n* ღამურა
batch [ბატჩ] *n* დასტა
bath room [ბეთ რუმ] *n* სააბაზანო
bath house [ბეთ ჰაუს] *n* აბანო
battery [ბატტერი] *n* ბატარეა
battle [სატტლ] *v n* ბრძოლა
be [ბი] *v* ყოფნა
beach [ბიჩ] *n* პლაჟი, წიფელი
beam [ბიმ] *n* შუქი
bean [ბინ] *n* ცერცვი
bear [ბეარ] *n* დათვი; *v* შობა
beard [ბიარდ] *n* წვერი
bearer [ბეარ ერ] *n* მომტანი
beast [ბისტ] *n* მხეცი
beat [ბიტ] *v* ცემა
beating [ბიტინგ] *n* ცემა
beautiful [ბიუტიფულ] *adj* ლამაზი, მზეთუნახავი, მშვენიერი, ლამაზი
beautifully [ბიუტიფული] *adv* ლამაზად
because [ბიქოუზ] ამიტომ, ვინაიდან
bed [ბედ] *n* ლოგინი, საწოლი
bee [ბიი] *n* ბზიკი
bee hive [ბიი ჰაივ] *n* საფუტკრე
beer-bellied [ბიირ-ბელიდ] *adj* ღიპიანი
beetle [ბიიტლ] *n* ხარაბუზა, ხოჭო

before [ბიფორ] *adv* წინიდან, წინაშე, უწინ, წინათ
beforehand [ბიფორჰენდ] წინდაწინ
beg [ბეგ] *v* მათხოვრობა, ხვეწნა
beggar [ბეგგარ] *n* მათხოვარი
begin [ბეგინ] *v* დაწყება
beginner [ბეგგინნერ] *n* დამწყები
beginning [ბეგინნინგ] *n* შესავალი, დაწყება, დასაწყისი
behavior [ბიჰეივიორ] *v* ქცევა
behind [ბიჰაინდ] *adv* უკან
being [ბეინგ] *n* არსება
belief [ბელიფ] *n* რჯული
believable [ბელივაბლ] *adj* დასაჯერებელი
believer [ბელივერ] *n* მორწმუნე
bell [ბელლ] *n* ზარი
bellow [ბელლოუ] *v n* ღრიალი
belly [ბელლი] *n* ღიპი, მუცელი
bend [ბენდ] *v* ღუნვა
benefaction [ბენეფაქშინ] *n* მადლი
beneficial [ბენეფიშიალ] *adj* სარფიანი, შემოსავლიანი
benefit [ბენეფიტ] *n* სარგებლობა
besides [ბესაიდს] *adv* თანაც, გარდა
best [ბესტ] *adj* საუკეთესო
best man [ბესტ მენ] *n* ქმადი
bestow [ბესტოუ] *v* ბოძება

betrayal [ბეტრეიალ] *n* ღალატი
better [ბეტტერ] *adv* უმჯობესად, უკეთ
beverage [ბევერაჯ] *n* სასმელი
bewitched [ბევიჩდ] *v* მოჯადოება
bicycle [ბაისიქლ] *n* ველოსიპედი
big [ბიგ] *adj* დიდი
bilingual [ბაილინგუალ] *adj* ორენოვანი
bill [ბილლ] *n* კანონპროექტი, ანგარიში
bind [ბაინდ] *v* შეკვრა
bird [ბირდ] *n* ფრინველი, ჩიტი
birth [ბირთ] *n* დაბადება
birthday [ბირთდეი] *n* დღეობა, დაბადების დღე
biscuit [ბისქუიტ] *n* ნამცხვარი
bishop [ბიშოპ] *n* ეპისკოპოსი
bit [ბიტ] *n* ნატეხი, ნაჭერი
bite [ბაიტ] *n* კბენა
bitter [ბიტტერ] *adj* მწარე
black [ბლექ] *adj* შავი
black hair [ბლექ ჰეირ] *adj* შავთმიანი
black eyes [ბლექ აიზ] *adj* შავთვალა
Black Sea [ბლეკ სი] *n* შავი ზღვა
blackboard [ბლექბოარდ] *n* დაფა
blackness [ბლექნესს] *n* სიშავე
blame [ბლეიმ] *v n* ძაგება, გაკიცხვა
blend [ბლენდ] *v* შერევა
bless [ბლესს] *v* შელოცვა, დალოცვა
blind [ბლაინდ] *v* დაბრმავება; *adj* ბრმა

blindness [ბლაინდნესს] *n* სიბრმა́ვე
block [ბლოქ] *n* კვარტა́ლი
blood [ბლოოდ] *n* სი́სხლი
bloom [ბლოომ] *v* აყვავე́ბა
blossom [ბლოსსომ] *v* გაფუ́რჩქვნა
blouse [ბლაუზ] *n* ხალა́თი
blow [ბლოუ] *v* წაბე́რვა, შებე́რვა
blue [ბლუ] *n* ლუ́რჯი, ლი́ლა, *adj* ცისფე́რი
bluish [ბლუიშ] *adj* მოლუ́რჯო
board [ბოარდ] *n* ძე́ლი
boast [ბოასტ] *v* ქე́ბა, დატრაბახე́ბა; *n* ბაქი́აობა
boat [ბოტ] *n* ნა́ვი
boatman [ბოტმან] *n* მენა́ვე
boil [ბოილ] *v* მოხა́რშვა, გამოხა́რშვა
boiler [ბოილერ] *n* ქვა́ბი
bolt [ბოლტ] *v* ჩაკე́ტვა
bone [ბოუნ] *n* ძვა́ლი
book [ბუკ] *n* წი́გნი; *v* დაჯა́ვშნა
booklet [ბუკლეტ] *n* წიგნა́კი
boot [ბუტ] *n* ჩექმა
border [ბორდერ] *n* საზღვა́რი, არში́ა
bore [ბორ] *v* მობეზრე́ბა
bored [ბორდ] *adj* მოწყენი́ლი
boring [ბორინგ] *adj* აბეზა́რი
born [ბორნ] *adj* შობი́ლი
borough [ბოროუ] *n* და́ბა

borrow [ბორრო] *v* გასესხე́ბა, სესხე́ბა
borrowing [ბორროინგ] *n* გასესხება, სესხება
bosom [ბოსომ] *n* უ́ბე, ძუ́ძუ
both [ბოთ] *pron* ორი́ვე
bother [ბოთერ] *v n* შეწუხე́ბა
bottle [ბოტტლ] *n* ბო́თლი
bottling [ბოტტლინგ] *n* ჩამო́სხმა, ჩა́სხმა
bottom [ბოტტომ] *n* ძი́რი
bought [ბოტ] *adj* ნაყი́დი
boulevard [ბულევარდ] *n* ბულვა́რი
bourgeois [ბურჟუა] *n* ბურჟუ́ა
bowl [ბოულ] *n* საშა́ქრე
box [ბოქს] *n* ბუ́დე, კოლო́ფი
boy [ბოი] *n* ბი́ჭი
bracelet [ბრეისლეტ] *n* სამაჯუ́რი
brag [ბრაგ] *v* ბაქიაობა
brain [ბრეინ] *n* ტვი́ნი
branch [ბრანჩ] *n* და́რგი
brass [ბრასს] *n* თითბე́რი
brave [ბრეივ] *adj* ვაჟკაცუ́რი
bravely [ბრეივლი] *adv* ყოჩა́ღად
bravery [ბრეივერი] *n* სითამა́მე
bread [ბრეად] *n* პუ́რი, ლავა́ში
breadth [ბრეადთ] *n* სიგა́ნე
break [ბრეაქ] *v* მოტე́ხა
breakfast [ბრეაკფასტ] *n* საუ́ზმე
breast [ბრეასტ] *n* უ́ბე, ძუ́ძუ

breathe [ბრით] *v* ჩასუ́ნთქვა, ამოსუ́ნთქვა
breathing [ბრითინგ] *n* სუ́ნთქვა
breeze [ბრიიზ] *n* სი́ო
bribe [ბრაიბ] *n* თა́ნხა, ქრთა́მი
bribery [ბრაიბერი] *n* მექრთამერო́ბა
bride [ბრაიდ] *n* პატარძა́ლი
bridge [ბრიჯ] *n* ხი́დი
briefcase [ბრიფქეის] *n* პორტფე́ლი
briefly [ბრიფლი] *adv* შემოკლე́ბით
bright [] *adj* გონიერი
brilliant [ბრილლიანტ] *adj* ელვა́რე
bring [ბრინგ] *v* ამოტა́ნა, მოყვა́ნა, მოტა́ნა, ჩამოტა́ნა, ჩატა́ნა, წამოყვა́ნა
bristle [ბრისტლ] *n* ჯაგა́რი
broad [ბროდ] *adj* ფა́რთო
broadcasting [ბროადქასტინგ] *n* რადიოგადაცე́მა
broken [ბროკენ] *adj* ჩატეხი́ლი
bronze [ბრონზ] *n* ბრინჯა́ო
brother [ბროთერ] *n* ძმა, ძამი́ა, ძამი́კო
brother-in-law [ბრათერ ინ ლო] *n* ცოლი́სძმა, მა́ზლი, ქვი́სლი, სი́ძე
brotherhood [ბრათერჰუდ] *n* ძმო́ბა
brotherly [ბრათერლი] *adj* ძმუ́რი
brown [ბრაუნ] *adj* მუ́რა, ყავისფე́რი, მიხაკისფე́რი
brush [ბრაშ] *n* ყალა́მი;*v* დავა́რცხნა

budget [ბადჯეტ] *n* ბიუჯე́ტი
budgetary [ბადჯეტერი] *adj* საბიუჯე́ტო
buffalo [ბაფფალო] *n* კამე́ჩი
buffet [ბუფფეტ] *n* ბუფე́ტი
build [ბიულდ აპ] *v* ამოშენე́ბა
builder [ბიულდერ] *n* მშენებე́ლი, ამშენებე́ლი
building [ბიულდინგ] *v* შენე́ბა
bureau [ბიურო] *n* ბიუ́რო
bureaucracy [ბიუროქრასი] *n* ბიუროკრატი́ა
burn [ბერნ] *v* წვა, ამო́წვა, და́წვა
burnt [ბერნტ] *adj* დამწვა́რი
burst [ბურსტ] *v* გაბზა́რვა
bus [ბას] *n* ავტობუ́სი
bush [ბუშ] *n* ბუ́ჩქი
business [ბიზნესს] *n* სა́ქმე
busy [ბიზი] *adj* საქმია́ნი, მოუცლე́ლი
but [ბატ] *adj* მხო́ლოდ; *conj* არა́მედ, მა́გრამ, ხო́ლმე, ა́კი
butcher [ბუტჩერ] *n* ყასა́ბი
butchery [ბუთჩერი] *n* სასაკლა́ო
butter [ბატტერ] *n* კარა́ქი
butterfly [ბატტერფლაი] *n* პეპე́ლა
button [ბატტნ] *n* ღი́ლი
buy [ბაი] *v* ყი́დვა, შესყი́დვა
buyer [ბაიერ] *n* მუშტა́რი, მყიდვე́ლი
Byelorussia [ბიელორაშა] *n* ბელორუსი́ა

C

cabbage [ქაბბეჯ] *n* კომბო́სტო
cabin [ქაბინ] *n* ქო́ხი, ქოხმა́ხი
cable [ქეიბლ] *n* ბაგი́რი
cake [ქეიკ] *n* ქა́და
calculate [ქალქულეიტ] *v* აღრი́ცხვა
calculation [ქალქულეიშინ] *n* გამოანგარიშე́ბა
calculator [ქალქულეიტორ] *n* საანგარი́შე
calendar [ქალენდარ] *n* კალენდა́რი
calf [ქაფ] *n* ხბო
call [ქოლლ] *n* გამოძახე́ბა, სახელწოდე́ბა; *v* დარე́კვა, ძახი́ლი, დაძახე́ბა, წვე́ვა, დარქვე́ვა
calm [ქალმ] *adj* ჩუ́მი
calming [ქალმინგ] *adj* დამამშვიდებე́ლი
camel [ქამელ] *n* აქლე́მი
camera [ქამერა] *n* ფოტოაპარა́ტი
canal [ქანალ] *n* ა́რხი
cancer [ქენსერ] *n* კი́ბო
candle [ქენდლ] *n* სანთე́ლი
candlestick [ქენდლსტიკ] *n* შანდა́ლი
cane [ქეინ] *n* ჯო́ხი
cap [ქეპ] *n* ქუ́დი
capital [ქაპიტალ] *n* კაპიტა́ლი, თა́ნხა
capitalism [ქაპიტალიზმ] *n* კაპიტალი́ზმი
capitalist [ქაპიტალისტ] *n* კაპიტალი́სტი
capitol [ქაპიტოლ] *n* დედაქალა́ქი

capricious [ქაპრიშიოს] *adj* ჟანია́ნი
careful [ქერფულ] *adj* ფრთხი́ლი
carefully [ქერფულლი] *adv* ფრთხი́ლად
careless [ქერლესს] *adj* უდარდე́ლი
carelessly [ქერლესსლი] *adv* უზრუნვე́ლად
caress [ქარესს] *v* მოფერე́ბა, მიალერსე́ბა, ალე́რსი
carnival [ქარნივალ] *n* ყეენო́ბა
carnivorous [ქარნივორროს] *adj* ხორციჭამი́ა
carpet [ქარპეტ] *n* ნო́ხი, ფარდა́გი
carrot [ქარროტ] *n* სტაფი́ლო
carry [ქერრი] *v* გადატა́ნა, წამოღე́ბა
cartoon [ქარტუნ] *n* შა́რჟი
carving [ქარვინგ] *n* ჩუქუ́რთმა
case [ქეის] *n* ბუ́დე, შემთხვე́ვა
cash [ქაშ] *n* ნა́ღდი
Caspian sea [ქასპიან სი] *n* კასპიის ზღვა
castle [ქასლ] *n* ციხე დარბა́ზი
cat [ქეტ] *n* ფისუნი́ა, ქა́ტა
catch [ქეჩ] *v* დაჭე́რა
catch a cold [ქეჩ ეი ქოლდ] *v* გაციე́ბა
cattle-breeder [ქეტტლ-ბრიიდერ] *n* მე-ხაქო́ნლე
cattle-breeding [ქეტტლ-ბრეედინგ] *n* მესაქონლეო́ბა
Caucasian [ქაუქაზიან] *n* კავკასიუ́ლი
Caucasus [ქაუქასუს] *n* კავკასი́ა

caution [ქოშინ] *n v* გაფრთხილება
cave [ქეივ] *n* მღვიმე
ceaselss [ცისლესლი] *adj* შეუჩერებელი
ceiling [სილინგ] *n* ჭერი
celebrated [სელებრეიტედ] *adj* განთქმული
celebration [სელებრეიშინ] *n* უქმობა
celery [სელერი] *n* ნიახური
celestial [სელესჩიალ] *adj* ციური
cellar [სელლარ] *n* სარდაფი
cemetery [სემეტერი] *n* სასაფლაო
censure [ცენზურ] *v n* ძრახვა
census [სენსუს] *v* აღწერა
centennial [სენტენნიალ] *adj* ასწლოვანი
center [სენტ] *n* შუა, ცენტრი, შუაგული
centimeter [სენტიმიტერ] *n* სანტიმეტრი
century [სენჩური] *n* საუკუნე
certain [სერტენ] *adj pron* ზოგი, ზოგიერთი
certificate [სერტიფიქეთ] *n* მოწმობა
chain [ჩეინ] *n* ჯაჭვი
chair [ჩეირ] *n* სკამი
chairman [ჩეირმენ] *n* თავმჯდომარე
chairmanship [ჩეირმენშიპ] *n* თავმჯდომარეობა
chalk [ჩოლკ] *n* ცარცი
chalkboard [ჩოკბორდ] *n* დაფა
champagne [შამპეინ] *n* შამპანური
chandelier [შანდელიერ] *n* ჭაღი
change [ჩეინჯ] *v* ცვალება, ცვლა; ხურდა

chaos [ქეოს] *n* ქაო́სი
chapter [ჩაპტერ] *n* თა́ვი
character [ქარაქტერ] *n* ატესტა́ტი, ხასია́თი
charity [ჩარიტი] *n* ქველმოქმედე́ბა, წყალო́ბა
charm [ჩარმ] *n* ხი́ბლვა
charming [ჩარმინგ] *adj* მომხიბლა́ვი
chatter [ჩატტერ] *v* ლაქლა́ქი
cheap [ჩიპ] *adj* ია́ფი, იაფფასია́ნი
cheapen [ჩიპენ] *v* გაიაფე́ბა
cheaply [ჩიპლი] *adv* ია́ფად
cheapness [ჩიპნესს] *n* სიია́ფე
check [ჩეკ] *n* ჩე́კი, ქი́ში; *v* შეკავე́ბა
cheek [ჩიკ] *n* ლო́ყა
cheer [ჩირ] *v* მხიარულე́ბა, მოლხე́ნა
cheese [ჩიის] *n* ყვე́ლი, ჭყი́ნტი ყვე́ლი
cheese pie [ჩიზ პაი] *n* ხაჭაპუ́რი
chemical [ქემიქალ] *adj* ქიმიუ́რი
chemist [ქემისტ] *n* ქიმიკო́სი
chemistry [ქემისტრი] *n* ქიმი́ა
cherry [ჩერრი] *n* ალუბა́ლი, ბა́ლი
chess [ჩესს] *n* ჭადრა́კი
chess player [ჩესს პლეიერ] *n* მოჭადრა́კე
chest [ჩესტ] *n* გულმკე́რდი, მკე́რდი
chestnut [ჩესტნატ] *n* წა́ბლი
chew [ჩუ] *v* ღე́ჭვა, დაღე́ჭვა
chicken [ჩიკენ] *n* წიწი́ლა
chief [ჩიფ] *n* წინამძღო́ლი

child [ჩაილდ] *n* ბა́ვშვი, შვი́ლი
child birth [ჩაილდ ბირთ] *n* მშობიარო́ბა
childhood [ჩაილდჰუდ] *n* ბავშვო́ბა
childless [ჩაილდლესს] *adj* უშვი́ლო
children [ჩილდრენ] *n* შვილე́ბი
chilly [ჩილლი] *adj* მცივა́ნა
chin [ჩინ] *n* ნიკა́პი
China [ჩაინა] *n* ჩინე́თი
china [ჩაინა] *n* ჭურჭე́ლი
chirp [ჩირპ] *v* ჭიკჭი́კი
chocolate [ჩოქოლათ] *n* შოკოლა́დი
choir [ხორ] *n* გუ́ნდი
chop [ჩოპ] *v* გაპო́ბა, დაჩე́ხვა, ჩე́ხა
chopping [ჩოპპინგ] *n* ჩე́ხა
chorus [ქორუს] *n* გუ́ნდი
Christ [ქრაისტ] *n* ქრი́სტე
Christianity [ქრისტიანიტი] *n* ქრისტიანო́ბა
Christmas [ქრისტმას] *adj* საშობა́ო
chubby [ჩაბბი] *adj* ფუნჩუ́ლა
church [ჩარჩ] *n* საყდა́რი, ტაძა́რი, ეკლესი́ა
cigarette [სიგარეთ] *n* პაპირო́სი
cinema [სინემა] *n* თეა́ტრი
cinematography [სინემატოგრაფი] *n* კინე-
მატოგრაფი́ა
cipher [საიფერ] *n* ში́ფრი
circle [სირქლ] *n* წრე, რგო́ლი
circulation [სირქულეიშინ] *v* გავრცელე́ბა

circumstantial [სირქუმსტანშიალ] *adj* დაწვრილებითი, ვრცე́ლი
circus [სირქუს] *n* ცი́რკი
citadel [სიტადელ] *n* ციხესიმა́გრე
citation [საიტეიშინ] *n* ციტა́ტა
citizen [სიტიზენ] *n* მოქალა́ქე
citizenship [სიტიზენშიპ] *n* ქვეშევრდომო́ბა, მოქალაქეო́ბა
citrus [სიტრუს] *n* ციტრუსე́ბი
city [სიტი] *n* ქალა́ქი
civil [სივილ] *adj* სამოქალა́ქო
class [ქლასს] *n* კლა́სი
classical [ქლასსიქალ] *n* კლასიკუ́რი
clause [ქლოზ] *n* წინადადე́ბა
clean [ქლინ] *v* გაწმე́ნდა, *adj* სუ́ფთა
cleanliness [ქლენლინესს] *n* სისუფთა́ვე
clear [ქლიარ] *adj* გასაგე́ბი
clear [ქლიარ] *adj* ნათე́ლი, წმი́ნდი
clearly [ქლიარლი] *adv* გარკვე́ვით
clever [ქლევერ] *adj* ნიჭიე́რი
climate [ქლაიმატ] *n* ჰა́ვა
climb [ქლაიმ] *v* ა́სვლა
close [ქლოუზ] *v* დაკე́ტვა; *adv* ა́ხლო; *adj* მახლობე́ლი
closet [ქლოზეტ] *n* განჯი́ნა
cloth [ქლოთ] *n* მატერი́ა
clothes [ქლოუთს] *n* ჩასაცმე́ლი

cloud [ქლაუდ] *n* ღრუბე́ლი
cloudless [ქლაუდლესს] *adj* უღრუ́ბლო
cloudy [ქლაუდი] *adj* მოღრუბლუ́ლი, ღრუბლია́ნი
clown [ქლაუნ] *n* მასხა́რა
club [ქლაბ] *n* კლუ́ბი
clumsy [ქლამზი] *adj* აუჩქარებე́ლი
coal [ქოალ] *n* ქვანახშა́რი
coat [ქოატ] *n* ჩო́ხა
cocoa [ქოქო] *n* კაკა́ო
coffee shop [ქოფი შოპ] *n* ყავახა́ნა
coffee [ქოფი] *n* ყა́ვა
coffin [ქოფინ] *n* კუ́ბო
cold [ქოლდ] *n* ცივა, სიცი́ვე; *adj* ცი́ვი
collaborator [ქოლლაბორეიტორ] *n* თანა-მშრომე́ლი
collar [ქოლლარ] *n* საყე́ლო
colleague [ქოლლიგ] *n* თანამოსამსახუ́რე
collect [ცოლლექტ] *v* მოგროვება, შეგროვე́ბა
collective [ქოლლექტივ] *n* კოლექტი́ვი
collector [ცოლლექტორ] *n* შემკრე́ბი
collision [ქოლლიჟინ] *n* შეტაკე́ბა
colon [ქოლონ] *n* ორწერტი́ლი
colony [ქოლონი] *n* ახალშე́ნი
color [ქოლორ] *n* ფე́რი
colorful [ქოლორფულ] *adj* მრავალფე́რი
comb [ქომბ] *v* დავა́რცხნა

combine [ქომბაინ] *v* შეხამება
come [ქამ] *v* მობრძანება, მოსვლა
comedy [ქომედი] *n* კომედია
comic [ქომიქ] *adj* კომიკური
comical [ქომიქალ] *adj* სასაცილო
commander [ქომმანდერ] *n* მბრძანებელი, წინამძღოლი
commodities [ქომმოდიტის] *n* საქონელი
companion [ქომპანიონ] *n* თანამგზავრი
company [ქომპანი] *n* ახეული
compare [ცომპერ] *v* შედარება
compass [ქომპასს] *n* კომპასი
compel [ქომპელ] *v* იძულება, დაძალება
compensate [ქომპენსეიტ] *v* კომპენსირება
competence [ქომპეტენს] *n* კომპეტენცია
competition [ქომპეტიშინ] *n* შეჯიბრეაბა, კონკურენცია
competitor [ქომპეტიტორ] *n* კონკურენტი, მეტოქე
complain [ქომპლეინ] *v* ჩივილი
complaint [ქომპლეინტ] *n* პრეტენზია, საყვედური, საჩივარი
complete [ქომპლიტ] *v* შევსება; *adj* სრული
completeness [ქომპლიტნესს] *n* სისრულე
complex [ქომპლექს] *n* კომპლექსი
complicated [ქომპლიქეიტედ] *adj* აწეწილი, რთული

compose [ქომპოუზ] *v* შედგენა, აწყობა
composer [ქომპოუზერ] *n* კომპოზიტორი
comprehend [ქომპრეჰენდ] *v* შეგნება, გააზრიანება, მიხვდომა
comrade [ქომრად] *n* ამხანაგი
communication [ქომუნიქეიშინ] *n* ცნობები
comprehend [ქომპრეჰენდ] *v* გაგება
conceal [ქონსიალ] *v* ჩამალვა
concede [ქონსიდ] *v* დათმობა
concert [ქონსერტ] *n* კონცერტი
conclusion [ქონქლუჯინ] *n* დასკვნა
conclusive [ქონქლუსივ] *n* საბოლოო
condemn [ქონდემ] *v* მისჯა
condition [ქონდიშინ] *n* პირობა
condole [ქონდოლ] *v* თანაგრძნობა
conductor [ქონდაქტორ] *n* გამყოლი
cone [ქოუნ] *n* კონუსი
confession [ქონფეშინ] *v* აღიარება
confirmation [ქონფირმეიშინ] *v* დადასტურება
confiscated [ქონფისქეიტედ] *adj* ჩამორთმეული
confused [ქონფიუზდ] *adj* აბნეული, შემკრთალი
congratulate [ქონგრაჩულეიტ] *v* მილოცვა
congress [ქონგრესს] *n* კონგრესი, ყრილობა
conjunctive [ქონჯანქტივ] *adj* მაკავშირებელი
connect [ქონნექტ] *v* შეკავშირება
conquer [ქონქუერ] *v* დაპყრობა, მორევა
conscience [ქონშიენს] *n* ნამუსი, ცნობიერება,

სინდისი
conscientious [ქონშიენშიოს] *adj* შეგნებული
consider [ქონსიდერ] *v* მოფიქრება
consist [ქონსისტ] *v* შედგება
consolidate [ქონსოლიდეიტ] *v* დამკვიდრება
constant [ცონსტანთ] *adj* მუდმივი
constipation [ქონსტიპეიშინ] *n* შეკრულობა
construct [ქონსტრაქტ] *v* აგება
construction [ქონსტრაქშინ] *n* შენობა, კონსტრუქცია
consultant [ქონსულტანტ] *n* კონსულტანტი
container [ქონტაინერ] *n* ყუთი
contemplating [ქონტემპლეიტინგ] *n* აზროვნება
contemporary [ქონტემპორერი] *adj* თანამედროვე
contents [ქონტენტს] *n* შინაარსი
contract [ქონტრაქტ] *n* ხელშეკრულება
contractor [ქონტრაქტორ] *n* კონტრაჰენტი
contrary [ქინტრარი] *adj* საწინაალმდეგო
contrast [ქონტრასტ] *v* დაპირასპირება
conversation [ქონვერსეიშინ] *n* ლაპარაკი, საუბარი
conversational [ქონვერსეიშიონალ] *adj* სალაპარაკო
converse [ქონვერს] *v* ბაასი
convoy [ქონვოი] *n* ბადრაგი
cookie [ქუკი] *n* ნამცხვარი

cool [ქულ] *adj* გრილი
coolly [ქუული] *adv* არხეინად
cooperation [ქოოპერეიშინ] *n* კოოპერაცია
copeck [ქოპეკ] *n* კაპიკი
copper [ქოპპერ] *n* სპილენძი
copy [ქოპი] *v* გადაწერა, ამოწერა, გადაღება
coral [ქორალ] *n* მარჯანი
cornfield [ქორნ ფიელდ] *n* ყანა
corner [ქორნერ] *n* შესახვევი, კუთხე; *adj* კუთხური
correct [ქორრექტ] *adj* წესიერი
correction [ქორრექშინ] *v* შესწორება
corrector [ქორრექტორ] *n* კორექტორი
correspondent [ქორრესპონდენტ] *n* კორ-ესპონდენტი
cost [ქოსტ] *n* ფასი
costly [ქოსტლი] *adj* ფასიანი, ფასეული
cotton [ქოტტონ] *n* ბამბა, ჩითი
couch [ქაუჩ] *n* ტახტი, დივანი
cough [ქაფ] *v* ხველება, დახველება
council [ქაუნსლ] *n* თათბირი
counselor [ქაუნსელორ] *n* მრჩეველი, დამრიგებელი
count [ქაუნტ] *v* დათვლა, თვლა, ჩამოთვლა
counter [ქაუნტერ] *n* დახლი
counteraction [ქაუნტერაქშინ] *n* უკუქნედება
counterfeit [ქაუნტერფეიტ] *adj* ყალბი

country [ქანტრი] *n* სახელმწი́ფო
coup d'etat [ქუპ დ'ეტა] *v* გადატრიალე́ბა
couple [ქაპლ] *n* წყვი́ლი
courage [ქორეჯ] *n* ვაჟკაცო́ბა
courageous [ქორეჯიოუს] *adj* ვაჟკაცუ́რი
courses [ქორსეს] *n* კურსე́ბი
court [ქორტ] *n* სასამა́რთლო
courteous [ქორტეოს] *adj* თავაზია́ნი
courteously [ქორთეოსლი] *adv* თავაზია́ნად
courtyard [ქორტიარდ] *n* კო́მლი
cousin [ქაზინ] *n* მამიდაშვი́ლი, ბიძაშვი́ლი, დეიდაშვი́ლი
cover [ქოვერ] *v* დაფარე́ბა, დაფე́ნა, ხუ́რვა, ჩამოფარე́ბა, გადაფარე́ბა
cow [ქაუ] *n* ძრო́ხა
coward [ქაუარდ] *n* ლაჩა́რი, მშიშა́რა
crack [ქრაკ] *v* გაბზა́რვა
cracked [ქრაკდ] *adj* გაბზარუ́ლი
craft [ქრაფტ] *n* ხელო́ბა, ხელოვნე́ბა
crafty [ქრაფტი] *adj* ცბიე́რი
craw [ქრო] *n* ჩიჩა́ხვი
crawl [ქრავლ] *v* შეცოცე́ბა, ჩო́ჩვა
cream [ქრიმ] *n* ნაღე́ბი
create [ქრიეიტ] *v* გაჩე́ნა
creature [ქრიჩურ] *n* არსე́ბა
credit [ქრედიტ] *n* ნისი́ა
crib [ქრიბ] *n* ბა́გა

cricket [ქრიკეტ] *n* ჭრიჭი́ნა
critic [ქრიტიქ] *n* რეცენზე́ნტი
critical [ქრიტიქალ] *adj* კრიტიკუ́ლი
crocodile [ქროქოდაილ] *n* ნია́ნგი
crop [ქროპ] *n* მოსავა́ლი
cross [ქროსს] *n* ჯვა́რი; *v* გადაკვე́თა, გად-არბე́ნა, გადა́სვლა
cross-bread [ქროსს-ბრედ] *n* ჯიშნარე́ვი
crucify [ქრუსიფაი] *v* ჯვა́რცმა
crude [ქრუდ] *adj* უ́მი
cruel [ქრულ] *adj* სასტი́კი
cruiser [ქრუზერ] *n* კრეისე́რი
crumb [ქრამ] *n* ნამცე́ცი
crumple [ქრამპლ] *v* მიჭყლე́ტა
crusader [ქრუსეიდერ] *n* ჯვაროსა́ნი
cry [ქრაი] *v* აყვირე́ბა, კივი́ლი, ყვირი́ლი, დაღრიალე́ბა, დაყვირე́ბა
cry-baby [ქრაი-ბეიბი] *n* მტირა́ლა
crystal [ქრისტალ] *n* ბრო́ლი
cub [ქაბ] *n* ლე́კვი
cultivate [ქალტივეით] *v* დამუშავება
culture [ქალჩურ] *n* კულტუ́რა
cultured [ქალჩურდ] *adj* ინტელიგენტუ́რი
cup [ქაპ] *n* თა́სი, ჭი́ქა
cupboard [ქაპბორდ] *n* განჯი́ნა
curd [ქურდ] *n* ხა́ჭო
curl [ქურლ] *v* დახუჭუჭე́ბა

curly [ქურლი] *adj* დახუჭუჭებუ́ლი
currency [ქურრენსი] *n* ფუ́ლი
current [ქურრენტ] *adj* მდინა́რი; *n* დე́ნი
curse [ქურს] *v* შეგინე́ბა, წყე́ვლა,
curtain [ქურტეინ] *n* ფა́რდა
cushion [ქუშინ] *n* ბალი́ში
custodian [ქასტოდიან] *n* შემნახვე́ლი
custom [ქასტომ] *n* ადა́თი
customary [ქასტომერი] *adj* ჩვეულებრი́ვი
customer [ქასტომერ] *n* მუშტა́რი, მყიდვე́ლი
cut [ქატ] *v* შეკვე́ცა, ა́ჭრა, გა́ჭრა, და́თლა, შექრე́ჭა; *adj* დაჭრი́ლი
cutlet [ქატლეტ] *n* კატლე́ტი
cycle [საიქლ] *n* ცი́კლი
Czechoslovakian [ჩექოსლოვაკია] *adj* ჩეხუ́რი
დაწყე́ლვა

D

dagger [დაგგერ] *n* ხანჯა́ლი, ხმა́ლი
daily [დეილი] *adv* დღიუ́რად, დღი́სით; *adj* ყოვე́ლდღე
damage [დამეჯ] *v* გაფუჭე́ბა
dampness [დამპნესს] *n* ნე́სტი
dance [დანს] *n* ცე́კვა
dancer [დანსერ] *n* მოცეკვა́ვე
dancing [დანსინგ] *adj* საცეკვა́ვო

dandruff [დენდროფ] *n* ქე́რტლი
danger [დანჯერ] *n* ხიფა́თი
dangerous [დაჯეროს] *adj* სახიფა́თო, საში́ში
dare [დეირ] *v* გაბე́დვა
daring [დერინგ] *n* კადნიერე́ბა, გაბედულო́ბა; *adj* გამბედა́ვი
dark [დარკ] *adj* ბნე́ლი
darken [დარკენ] *v* ჩამობნელე́ბა, ჩაბნელე́ბა, დაბნელე́ბა
darkness [დარკნესს] *n* სიბნე́ლე
data [დეიტა] *n* მონაცემე́ბა
date [დეიტ] *v* დათარიღე́ბა, *n* თარი́ღი
dated [დეიტედ] *adj* დათარიღებუ́ლი
daughter [დოთერ] *n* შვი́ლი, ქალიშვი́ლი
dawn [ეარლი მორნინგ] *n* დილაადრიან
deaf [დეფ] *ádj* ყრუ
deafen [დეფენ] *v* დაყრუე́ბა
dear [დიარ] *adj* ძვირფა́სო
death [დეთ] *n* სიკვდი́ლი, აღსასრუ́ლი, გარდაცვალე́ბა
debatable [დებეიტაბლ] *adj* საცილობე́ლი
debate [დებეიტ] *v* შედავე́ბა, შეკამათე́ბა
debt [დეტ] *n* ვა́ლი
debtor [დეტორ] *n* მოვა́ლე
decade [დექეიდ] *n* ათდღიუ́რი
decay [დიქეი] *v* ჩალპო́ბა
deceased [დისისდ] *n* განსვენებუ́ლი

deceive [დესეივ] *v* მოტყუება
deceiver [დესივერ] *n* მატყუარა
December [დესემბერ] *n* დეკემბერი
decide [დესაიდ] *v* გადაწყვეტა
decision [დესიჟინ] *n* დადგენილება
decorate [დეცორეიტ] *v* დამშვენება, შემკობა, მორთვა
decree [დექრიი] *n* დადგენილება, განკარგულება
deed [დიიდ] *n* აქტი
deep [დიიპ] *adj* ღრმა
deer [დიირ] *n* ირემი
defeat [დიფიტ] *v* დამარცხება
defend [დეფენდ] *v* დაცვა
defender [დეფენდერ] *n* მცველი, დამცველი
defenseless [დეფენსლესს] *adj* დაუცველი
deficit [დეფისიტ] *n* დეფიციტი
deflate [დეფლეიტ] *v* დაშვება
defunct [დეფანქტ] *n* განსვენებული
degrade [დეგრეიდ] *v* დამცირება
delicate [დელიქეტ] *adj* ნაზი, განაზებული
delicious [დელიშიოს] *adj* გემრიელი
deliver [დელივერ] *v* ჩაბარება, მიტანა
demand [დემენდ] *v* მოთხოვნა
democracy [დემოქრასი] *n* დემოკრატია
democrat [დემოქრატ] *n* დემოკრატი
denomination [დენომინეიშინ] *n* სახელწოდება
denominator [დენომინეიტორ] *n* მნიშვნელი

denote [დენოუტ] *v* აღნიშვნა
denounce [დენაუნს] *v* დაბეზღება
dense [დენს] *adj* სქელი, დაბურული
dentist [დენტისტ] *n* კბილის ექიმი
depart [დიპარტ] *v* წასვლა
departure [დეპარჩურ] *n* გამგზავრება
dependence [დეპენდენს] *n* დამოკიდებულება
dependent [დეპენდენტ] *n* სარჩენი
depict [დეპიქტ] *v* ასახვაt [დეპოზიტ] *n* საწინდარი
depreciated [დეპრეშიეიტედ] *v* ფასდაკარგული
derelict [დერელიქტ] *adj* უპატრონო
descend [დესენდანტ] *n* ჩაბრძანება; *v* ჩასვლა
desert [დეზერტ] *n* უდაბნო
deserve [დეზერვ] *v* დამსახურება
deserving [დეზერვინგ] *adj* ღირსი, საკადრისი
design [დეზაინ] *v n* განზრახვა, პროექტი, დაპროექტება
designation [დეზიგნეიშინ] *n* დანიშნულება
designed [დეზაინდ] *v* საპროექტო
desirable [დეზაირებლ] *adj* სასურველა
desire [დიზაიარ] *v n* წადილი, სურვილი, ნდომა
despair [დესპეარ] *n* უიმედობა
desperate [დესპერეტ] *adj* უიმედო
dessert [დეზერტ] *n* ტკბილეული
destiny [დესტინი] *n* ბედი

destroy [დესტროი] *v* ანგრევა, ნგრევა
destructive [დესტრაქშინ] *adj* დამღუპველი
detailed [დიტეილდ] *adj* დეტალური
determine [დეტერმინ] *v* განსაზღვრა
deuce [დუს] *n* ორიანი
devastate [დევასტეიტ] *v* აოხრება
devastation [დევასტეიშინ] *n* აოხრება
development [დეველოპმენტ] *n* განვითარება
devil [დევილ] *n* ეშმაკი
devotion [დევოუშინ] *n* თავდადებულობა
devour [დევაურ] *v* შეჭმა
dew [დუ] *n* ცვარი, ნამი
diabolical [დაიაბოლიქალ] *adj* ეშმაკური
dialect [დაიალექტ] *n* თქმა
diamond [დაიმონდ] *n* ალმასი
diary [დაიარი] *n* დღიური
dice [დაის] *n* კამათელი
dictation [დიქტეიშინ] *n* კარნახი
dictionary [დიქშიონერი] *n* ლექსიკონი
different [დიფფერენტ] *adj* განსხვავებული
difficult [დიფფიქალტ] *adj* ძნელი
difficulty [დიფფიქალტი] *n* სიძნელე
digestion [დაიჯესჩინ] *n* მონელება
dignity [დიგნიტი] *n* წოდება
dilate [დაიალეით] *v* გაფართოება
diligently [დილიჯენტლი] *adv* გულდადებით
diminish [დიმინიშ] *v* დაპატარავება

dining room [დაინინგ რუმ] *n* სასადილო
dinner [დინნერ] *n* ვახშამი, სადილი
direct [დაირექტ] *adj* სწორი, პირდაპირი
direction [დაირექშინ] *n* გეზი, მიმართულება
director [დაირექტორ] *n* გამგე, თავმჯდომარე
dirt [დირტ] *n* ჭუჭყი
dirty [დირტი] *adj* დაუწმენდელი, ჭუჭყიანი; *v* გაბინძურება, გაჭუჭყიანება
disagree [დისაგრიი] *v* წაჩხუბება
discharge [დისჩარჯ] *v* გაწერა
discontent [დისქონტენტ] *adj* უკმაყოფილო
discover [დისქოვერ] *v* აღმოჩენა
discretion [დისქრეშინ] *n* თავდაჭერილობა
discussion [დისქაშინ] *n* კამათი, მსჯელობა
disenchanted [დისენჩანტედ] *adj* გულგატეხილი
disgrace [დისგრეის] *v* შერცხვენა
disgraceful [დისგრეისფულ] *adj* უნამუსო, სასირცხო
dish [დიშ] *n* თეფში
dishonesty [დისჰონესტი] *n* უპატიოსნობა
dishonorable [ურიგო] *adj* ურიგო
dislike [დისლაიკ] *v* შეძაგება, შეძულება
dislocation [დისლოქეიშინ] *n* ღრძობა
dismiss [დისმისს] *v* დათხოვნა
disobedient [დისობედიენტ] *adj* ურჩი, დაუჯერებელი

disorderly [დისორდერლი] *adj* უწესო, უწესრიგო
disorganized [დისორგანაიზდ] *adj* მოუწესრიგებელი
dispensary [დისპენსარი] *n* ამბულატორია
disperse [დისპერს] *v* ფანტვა
disputable [დისპიუტაბლ] *adj* საჩხუბარი
dispute [დისპიუტ] *v* შელაპარაკება, კინკლაობა
disruption [დისრაპშინ] *n* ჩაშლა
dissatisfied [დისსატისფაიდ] *adj* დაუკმაყოფილებელი
distinct [დისტინქტ] *adj* გარკვეული
distinction [დისტინქშინ] *n* განსხვავება
distressed [დისტრესსდ] *adj* გულნატკენი
distribute [დისტრიბიუთ] *v* დანაწილება
distribution [დისტრიბიუშინ] *n* ჩამორიგება, განაწილება
district [დისტრიქტ] *n* მაზრა, უბანი, ოლქი
disunite [დისიუნაიტ] *v* გაშორება, განცალკევება
dive [დივაინ] *v* ჩაყვინთვა
divide [დივაიდ] *v* გაყოფა
divider [დივაიდერ] *n* გამყოფი
divinity [დივინიტი] *n* ღვთაება
divorce [დივორს] *v n* გაყრა
doctor [დოქტორ] *n* ექიმი
document [დოქუმენტ] *v* დასაბუთება, საბუთი

dog [დოგ] *n* ძა́ღლი
doll [დოლლ] *n* თოჯი́ნა
domestic [დომესტიქ] *adj* შინაუ́რი
donation [დონეიშინ] *n* შეწი́რვა
donkey [დონქი] *n* ვი́რი
donor [დონორ] *n* მომცე́ნი, მიმცე́მი
door [დორ] *n* კა́რი
double [დაბლ] *adj* ორგვა́რი, ორეუ́ლი; *adv* ერთიო́რად
doubled [დაბლდ] *adj* გაორკეცებუ́ლი
doubt [დაუტ] *v* შეეჭვე́ბა; *n* ი́ჭვი
doubtful [დაუტფულ] *adj* ეჭვია́ნი, საე́ჭვო
doubtless [დაუტლესს] *adv* უეჭვე́ლად
dough [დოუ] *n* ცო́მი
downstairs [დოუნსტეირზ] *adv* და́ბლა, და́ღმა́, ძირს
downwards [დოუნვორდზ] *adv* ქვევი́თკენ, ქვე́მოთ
dowry [დაური] *n* მზითე́ვი
draft [დრაფტ] *n* ჩე́კი
draftsman [დრაფტსმენ] *n* მხაზვე́ლი
drag [დრეგ] *v* წათრე́ვა, წე́ვა
dramatist [დრამატისტ] *n* დრამატუ́რგი
drapes [დრეიპს] *n* ფა́რდა
draw [დრო] *v* დახა́ზვა
drawer [დროუერ] *n* უ́ჯრა
dream [დრიმ] *n* სიზმა́რი, ოცნე́ბა
dreamy [დრიმი] *adj* საოცნე́ბო

dress [დრესს] *v* ჩა́ცმა; *n* კა́ბა
dressed [დრესსდ] *adj* ჩაცმუ́ლი
dried [დრაიდ] *adj* გამხმა́რი
drill [დრილლ] *n* სახვრეტე́ლი
drink [დრინკ] *v* დალე́ვა́, ლოთო́ბა, სმა; *n* დასალევი
drip [დრიპ] *v* წვე́თა
drive [დრაივ] *v* ტარე́ბა, ძღო́ლა
driver [დრაივერ] *n* მძღო́ლი
drop [დროპ] *n* წვე́თი; *v* შე́ვლა
drown [დრაუნ] *v* ჩაძი́რვა
drowning [დრაუნინგ] *n* ჩაძი́რვა
drowsy [დრაუზი] *adj* მძინა́რა
drugs [დრაგს] *n* წამა́ლი
drugstore [დრაგსტორ] *n* აფთია́ქი
drum [დრამ] *n* დო́ლი
drunk [დრანკ] *adj* დამთვრა́ლი, მთვრა́ლი
drunkard [დრანკიარდ] *n* ლო́თი
dry [დრაი] *v* გაშრო́ბა; *adj* ხმე́ლი, უ́წყლო, მშრა́ლი
duck [დაკ] *n* ი́ხვი
dumb [დამ] *adj* მუ́ნჯი
during [დურინგ] *prep* განკურნებუ́ლი
dust [დასტ] *n* მტვე́რი
duty [დუტი] *n* მოვალეო́ბა

E

eagle [იგლ] *n* ჭო́ტი
ear [იარ] *n* ყუ́რი
early [ეარლი] *adv* ა́დრე, ნაადრე́ვი
earned [ერნდ] *n* ნა́შრომი
earring [იერრინგ] *n* საყუ́რ ე
earth [ეართ] *n* მი́წა
earthquake [ეართქუეიკ] *n* მი́წისძვრა
east [ისტ] *n* აღმოსავლე́თი
easy [იზი] *adj* ადვი́ლი, იო́ლი
eat and drink [იტ ენდ დრინკ] *v* ჭამა́ სმა
eater [იტერ] *n* მჭამე́ლი
eating [იტინგ] *n* ჭა́მა
economical [ექონომიქალ] *adj* ეკონომიუ́რი
economics [ექონომიქს] *n* ეკონომი́კა
economist [ექონომისტ] *n* ეკონომი́სტი
economy [ექონომი] *n* ეკონომი́ა, დანაზო́გი
edict [ედიქტ] *n* განკარგულე́ბა
editor [ედიტორ] *n* რედაქტო́რი
educate [ედუქეით] *v* ა́ღზრდა
education [ედუქეიშინ] *n* განათლე́ბა
effective [ეფექტივ] *adj* ეფექტუ́რი
efficient [ეფიშიენტ] *adj* შრომისუნარია́ნი
egg [ეგგ] *n* კვე́რცხი
egg plant [ეგგ პლანტ] *n* ბადრიჯა́ნი
Egypt [იჯეპტ] *n* ეგვი́პტე

eight [ეით] *num* რვა
eighth [ეითვ] *num* მერვე
eighty [ეიტი] *num* ოთხმოცი
elaborate [ელაბორეით] *v* დამუშავება
elderly [ელდერლი] *adj* ხანში შესული, ხნიერი
electric [ელექტრიქ] *n* ელექტრონის
electric train [ელექტრიქ თრეინ] *n* ელექტრომატარებელი
elegance [ელეგანს] *n* სიკოხტავე
elephant [ელეფანტ] *n* სპილო
elevator [ელევეიტორ] *n* ამწე
eleven [ელევენ] *num* თერთმეტი
eleventh [ელევენთ] *num* მეთერთმეტე
ellipse [ელლიპს] *n* ელიფსი
embezzle [ემბეზზლ] *v* გაფლანგვა
embitter [ემბიტტერ] *v* ჩამწარება
embody [ემბოდი] *v* განსახიერება
embrace [ემბრეის] *v n* გადახვევა, შემოვლება, ჩახუტება, ხვევნა
embroider [ემბროიდერ] *v* ამოქარგვა
emir [ემირ] *n* ემირი
employ [ემპლოი] *v n* დაქირავება
employment [ემპლოიმენტ] *n* სამუშაო
emptiness [ემპტინესს] *n* სიცარიელე
empty handed [ემპტი ჰენდედ] *adj* ხელცარიელი
empty [ემპტი] *v* გამოცლა, დაცარიელება, დაცლა; *adj* ცარიელი, უშინაარსო

enamel [ენამელ] *n* მინანქარი
encourage [ენქორაჯ] *v* წახალისება
end [ენდ] *n* ბოლო; *v* დაბოლოება
endless [ენდლესს] *adj* უსასრულო
endure [ენდურ] *v* გაძლება, ტანა, ადატანა, თმენა
enduring [ენდურინგ] *adj* გამძლე
energetic [ენერჯეტიქ] *adj* ენერგიული
engaged [ენგეიჯ] *adj* დანიშნული
engine [ენჯინ] *n* მანქანა
England [ინგლანდ]*n* ინგლისი
English [ინგლიშ] *adj* ინგლისური
Englishman [ინგლიშმან] *n* ინგლისელი
enormous [ენორმას] *adj* მასიური, ვეებერთელა
enough [ინაფ] *adv* კმარა; *adj* საკმარისი
enter [ენტერ] *v* შესვლა
enterprise [ენტერპრაის] *n* საწარმო
entertain [ენტერტეინ] *v* გამხიარულება
entertaining [ენტერტეინინგ] *adj* სასეირო, გასართობი
enthusiasm [ენთუზიაზმ] *n* ენთუზიაზმი
entire [ენტაიარ] *adj* მთელი
entrance [ენტრანს] *adj* შემოსასვლელი, შესენთრუსთ [ენტრასტ] *n* ნდობა
entrust [ენტრასტ] *v* მინდობა
envelope [ენველოპ] *n* კონვერტი, გარსი
enviable [ენვიებლ] *adj* საშურველი, სას-

არბიელი
envious [ენვიოს] *adj* შურიანი
envy [ენვი] *n* შური; *v* შურიანობა, შეშურება
epilogue [ეპილოგ] *n* ეპილოგი
episode [ეპიზოდ] *n* ეპიზოდი
equal [იქუალ] *adj* თანაბარი, ტოლი
equator [ექუეიტორ] *n* ეკვატორი
equip [ექუიპტ] *v* შეიარაღება
erase [ერეის] *v* წაშლა
erect [ერექტ] *v* აღმართვა
erotica [ეროტიქა] *n* ეროტიკა
erroneous [ერრონეოუს] *adj* შემცდარი
error [ერრორ] *n* შეცდომა
erudite [ერუდაიტ] *adj* მცოდნე
escape [ესქეიპ] *v* გაპარვა
established [ესტაბლიშდ] *adj* დადგენილი
estate [ესტეიტ] *n* ქონება, საკუთრება
esteem [ესტიიმ] *n* ხათრი
esteemed [ესტიიმდ] *adj* დამსახურებული
estimate [ესტიმეით] *v* შეფასება, დაფასება
estimator [ესტიმეიტორ] *n* შემფასებელი
Estonia [ესტონიაა] *n* ესტონეთი
Estonian [ესტონიან] *n adj* ესტონური
eternal [ეტერნალ] *adj* სამუდამო, საუკუნო
ethics [ეთიქს] *n* ზნეობა
etiquette [ეტიქეტტ] *n* ეტიკეტი
Europe [უროპ] *n* ევროპა

European [ჸროპიან] *adj* ევროპული
evaporate [ევაპორეიტ] *v* აორთქლება
even [ივენ] *adj* მდოვრე
evening [ივნინგ] *n* საღამო
evenly [ივენლი] *adv* მდოვრედ
every minute [ევრი მინუტ] *adv* წამდაუწუმ
every [ევერი] *adj* თითოეული, ყოველი
every color [ევრი ქოლორ] *n* ყველაფერი
every day [ევრი დეი] *adv* დღისით
everything [ევრითინგ] *n* ყველაფერი
everywhere [ევრივეარ] *adv* ყველგან
evidently [ევიდენტლი] *adv* ნათლად
exact [ექზექტ] *n adj* ზუსტი
examination [ექზამინეიშინ] *n* გამოცდა
examinatorial [ექზამინატორიალ] *adj* საგანგაშო
examine [ექზამინ] *v* გასინჯვა
example [ეგზემპლ] *n* ეგზემპლარი, მაგალითი
excellent [ექსელენტ] *adj* ფრიადოსანი, ჩინებული, ფრიადი
except [ექსეფტ] გარდა
exceptionally [ექსეპშიონალლი] *adv* განსაკუთრებით
excessive [ექსესსივ] *adj* მეტისმეტი
exchange [ექსჩეინჯ] *v n* გადაცვლა, გაცვლა, დახურდავება
excite [ექსაიტ] *v* ღელვა

excitement [ექსაიტმენტ] *n* აგზნება
exciting [ექსაიტინგ] *adj* ამაღელვებელი
excruciating [ექსქრუშიეიტინგ] *adj* სატანჯველი, მტკივნეული
excursion [ექსქურჟინ] *n* ექსკურსია
excuse [ექსქიუზ] *n* შენდობა
executor [ექსექიუტორ] *n* შემსრულებელი
exemption [ექზემპშინ] *n* შეღავათი
exercise [ექსერსაიზ] *n* სავარჯიში, ვარჯიში
exhale [ექსჰეილ] *v* ამოსუნთქვა
exhibit [ექსჰიბიტ] *n* ექსპონატი
exile [ექზაილ] *v* გადასახლება
existence [ექზისტენს] *n* სიცოცხლე, არსებობა, ყოფა
exit [ექზიტ] *v* გასვლა
expand [ექსპენდ] *v* გაფართოება
expanse [ექსპანს] *n* სივრცე
expect [ექსპექტ] *v* ლოდინი, მოცდა
expected [ექსპექთედ] *adj* მოსალოდნელი
expedition [ექსპედიშინ] *n* ექსპედიცია
expel [ექსპელ] *v* გარიცხვა
expenditure [ექსპენდიჩურ] *n* ნახარჯი
expense [ექსპენს] *n* ხარჯი, გასავალი
expensive [ექსპენსივ] *adj* ძვირი
experience [ექსპერიენს] *n* სტაჟი, გამოცდილება
experimental [ექსპერიმენტალ] *adj* საცდელი

expert [ექსპერტ] *n* ექსპერტი
explanation [ექსპლანეიშინ] *n* ახსნა
exploitation [ექსპლოიტეიშინ] *n* ექსპლოატაცია
export [ექსპორტ] *n* ექსპორთი; *v* გატანა
exportable [ექსპორტაბლ] *adj* საექსპორტო
expressive [ექსპრესსივ] *adj* იერიანი
expressiveness [ქსპრესსივნესს] *n* იერი
exterminate [ექსტერმინეიტ] *v* ჟლეტა
external [ექსტერნალ] *adj* გარე, გარეშე
extinguish [ექსტინგუიშ] *v* ჩაქრობა; *n* ქრობა
extract [ექსტრაქტ] *v* ამოღება
extremely [ექსტრიმლი] *adv* ნამეტანი, ნამ-
ეხთრემელტ [ექსტრიმლი] *adv* მეტისმეტად
extremity [ექსტრიმიტი] *n* უკიდურესობა
eye [აი] *n* თვალი
eyebrow [აიბრაუ] *n* წარბი
eyelash [აილაშ] *n* წამწამი
eyeless [აილესს] *adj* უთვალო
eyesight [აისაით] *n* მხედველობა, თვა-
ლდახედვა

F

fabricate [ფაბრიქეით] *v* მოგონება
fabulous [ფაბიულოს] *adj* საზღაპრო,
ზღაპრული

face [ფეის] *n* სა́ხე
facilitate [ფასილიტეიტ] *v* გაადვილე́ბა
fact [ფაქტ] *n* ფა́ქტი, სინამდვი́ლე
factor [პაქტორ] *n* მამრა́ვლი, ფაქტო́რი
factory [ფაქტორი] *n* ფაბრი́კა
factual [კაქტუალ] *adj* აქტუალუ́რი
faculty [ფაქულტი] *n* ფაკულტე́ტი
fade [ფეიდ] *v* დაჭკნო́ბა, ჩამოჭკნო́ბა, გახუნე́ბა
fair [ფერ] *adj* სამართლია́ნი, ალა́ლი
fairytale [ფეირი ტეილ] *n* ზღაპა́რი
faith [ფეით] *n* რჯუ́ლი
faithful [ფეიტფულ] *adj* ერთგუ́ლი
faithfully [ფეიტფულლი] *adv* ერთგუ́ლად
falcon [ფალქონ] *n* შავარდე́ნი
fall [ფოლლ] *n* შემოდგო́მა;*v* ამოვა́რდნა, დაცემა, წაქცე́ვა, დავარდნა, ვა́რდნა, ჩამ-ოვარდნა, გადავა́რდნა
fall asleep [ფოლლ ასლიიპ] *v* დაძინე́ბა
fall behind [ფოლლ ბეჰაინდ] *v* ჩამორჩენა
false [ფალს] *adj* ყა́ლბი, ხელოვნუ́რი́, ცრუ
falsehood [ფალსჰუდ] *n* ტყუ́ილი
fame [ფეიმ] *n* დიდება
family [ფემილი] *n* ცოლ შვილი, ჯალა́ბი, ოჯა́ხი
family man [ფემილი მენ] *n* მეოჯა́ხე
famine [ფამინ] *n* შიმში́ლი
famous [ფეიმოუს] *adj* სახელგანთქმუ́ლი
fantastic [ფანტასტიქ] *adj* შესამჩნე́ვი

far [ფარ] *n* შორს; *adj* შორეუ́ლი
farm [ფარმ] *n* ფე́რმა
farmer [ფარმერ] *n* მეუ́რნე
farming [ფარმინგ] *n* მეურნეო́ბა
fashion [ფაშიონ] *n* მო́და, სტი́ლი
fast [ფასტ] *adv* სწრა́ფად
fasted [ფასტედ] *adj* ნამარხულე́ვი
fasten [ფასტენ] *v* და́ბმა
fastened [ფასტენ] *adj* დაბმუ́ლი
fat [ფეტ] *n* ქო́ნი, ცხი́მი; *adj* მსუქა́ნი, სქე́ლი
fate [ფეით] *n* ბე́დი, იღბა́ლი, თავბე́დი
father [ფათერ] *n* მა́მა
father-in-law [კათერ-ინ-ლო] *n* მამამთი́ლი
fatherly [კათერლი] *adv* მამობრი́ვად
fatigued [ფატიგ] *n* მოქა́ნცვა
fatness [ფატნესს] *n* სიმსუ́ქნე
fatten [ფატტენ] *v* გასუქე́ბა
fatty [ფეტტი] *adj* გასუქებუ́ლი
fault [ფოლტ] *n* დანაშაუ́ლი
fear [ფიარ] *n* ში́ში
fearful [ფიარფულ] *adj* მოში́ში
fearless [ფიარლესს] *adj* შეუშინებე́ლი
fearlessness [ფიარლესსნესს] *n* უშიშრო́ბა
feasible [ფიზებლ] *adj* აზრიანი
feast [ფისტ] *n* ლხი́ნი
February [ფებრუარი] *n* თებერვა́ლი
fee [ფიი] *n* შესატა́ნი

feeble [ფიიბლ] *adj* სუსტი
feeding [ფიიდინგ] *n* ჭმევა
feel [ფიილ] *v* შეგრძნება
feeling [ფიილინგ] *n* გრძნობა
female [ფიმეილ] *n* ძუ
fence [ფენს] *v* ფარიკაობა
fencing [ფენსინგ] *n* ფარიკაობა
feverish [ფივერიშ] *adj* ციებიანი
few [ფიუ] *adj* ცოტა
fiancee [ფიანსეე] *n* სარძლო, საცოლე
fidgety [ფიდჯეტი] *adj* შემაწუხებელი, მოუსვენარი
field [ფიელდ] *n* მინდორი
fifth [ფიფთ] *num* მეხუთე
fifty [ფიფტი] *num* ორმოცდაათი
fig [ფიგ] *n* ლეღვი
fight [ფაით] *v n* ჩხუბი, ბრძოლა
fighter [ფაიტერ] *n* მებრძოლი
figure [ფიგურ] *n* ფიგურა
file [ფაილ] *n* ქლიბი
fill [ფილლ] *v* ჩატენა, დატენა, ამოვსება, გავსება
filter [ფილტერ] *n* საწური; *v* გაწურვა
final [ფაინალ] *n* საბოლოო
finale [ფაინალ] *n* ფინალი
finally [ფაინალლი] *adv* უკანასკნელად
finances [ფაინანსეს] *n* ფინანსები

financial [ფაინანშიალ] *adj* საფინა́ნსო
find [ფაინდ] *v* მოპოვე́ბა, მიგნე́ბა
finding [ფაინდინგ] *adj* ნაპო́ვნი
fine [ფაინ] *n* ჯარი́მა; *adv* წვრი́ლად
finger [ფინგერ] *n* თი́თი
finish [ფინიშ] *v* გათავე́ბა, დამთავრე́ბა, მოთავე́ბა
Finland [ფინლანდ] *n* ფინე́თი
Finnish [ფინნიშ] *n* ფინე́ლი
fir [ფირ] *n* ნა́ძვი
fire [ფაიარ] *n* ცე́ცხლი; *v* დანთე́ბა
fire extinguisher [ფაიარ ექსტინგვიშერ] *n* ცეცხლმქრო́ბი
fire-place [ფაიარ-პლეის] *n* ბუხა́რი
fireman [ფაიარმენ] *n* მეხა́ნძრე
fireproof [ფაიარპრუფ] *adj* ცეცხლგა́მძლე
firm [ფირმ] *adj* მაგა́რი, მტკი́ცე
firmness [ფირმნესს] *n* ურყე́ობა
first [ფირსტ] *num* პირვე́ლი
first-rate [ფირსტ რეიტ] *adj* პირველხარის-ხოვა́ნი
fish [ფიშ] *n* თე́ვზი
fisherman [ფიშერმენ] *n* მეთე́ვზე
fist [ფისტ] *n* მუ́შტი
fitting [ფიტტინგ] *adj* შესახვლე́ლი, შესაფერი́სი
five [ფაივ] *num* ხუ́თი
five hundred [ფაივ ჰანდრედ] *num* ხუთა́სი

flank [ფლანკ] *n* ფლა́ნგი
flat [ფლეტ] *n* ბი́ნა
fleet [ფლიიტ] *n* ფლო́ტი
flesh [ფლეშ] *n* ხო́რცი
flight [ფლაიტ] *v* გადაფრე́ნა, გაფრე́ნა, ფრე́ნა
flounder [ფლაუნდერ] *v n* ფართხა́ლი
flour [ფლაურ] *n* ფქვი́ლი
flower bed [ფლაუერ ბედ] *n* საყვავი́ლე
flower [ფლაუერ] *n* ყვავი́ლი
flute [ფლუტ] *n* სალამუ́რი
fly [ფლაი] *v* ფრე́ნა; *n* ბუ́ზი
fly in [ფლაი ინ] *v* მოფრე́ნა, შემოფრე́ნა, შეფრე́ნა
fog [ფოგ] *n* ბურუ́სი, ნი́სლი
fold [ფოლდ] *n* ნაკე́ცი; *v* გადაკე́ცვა, კე́ცვა
foliage [ფოლიეჯ] *n* ფოთლოვა́ნი
folk [ფოლკ] *adj* ხალხუ́რი
folklore [ფოლკლორ] *n* ფოლკლო́რი
follow [ფოლლოუ] *v* მიდევნება, მიყო́ლა
following [ფოლლოუინგ] *adj* შემდეგი
food [ფუდ] *n* საჭმე́ლი
fool [ფულ] *n* სულე́ლი
foolish [ფულიშ] *adj* ჩერჩე́ტი
foot [ფუტ] *n* ფე́ხი
football [ფუტბოლლ] *n* ფეხბუ́რთი
footwear [ფუტვეარ] *n* ფეხსაცმე́ლი
for [ფორ ვოტ] *adj* რისთვის; *pron* რა́თა,

ვინა́იდან
for daily use [ფორ დეილი იუზ] *adj* ყოველდღიუ́რი
forbid [ფორბიდ] *v* აკრძა́ლვა
force [ფორს] *n* ღო́ნე, ჯა́ნი, ძა́ლა; *v* დაძალე́ბა; *adv* ძალადო́ბით
forehead [ფორეჰედ] *n* შუ́ბლი
foreign currency [ფორენ ქურრენსი] *n* ვა́ლუტა
foreigner [ფორენერ] *n* უცხო, უცხო́ელი, საზღვარგარეთელი
foresight [ფორსაიტ] *n* გათვალისწინე́ბა
forest [ფორესტ] *n* ტყე
foreword [ფორვორდ] *n* წინასიტყვაო́ბა
forget [ფორგეტ] *v* მივიწყე́ბა, დავიწყება
fork [ფორკ] *n* ჩანგა́ლი
form [ფორმ] *n* წესრი́გი, წყობილე́ბა, ანკე́ტა, ფო́რმა; *v* გაფორმე́ბა, შე́ქმნა
format [ფორმატ] *n* ფორმა́ტი
former [ფორმერ] *adj* წინანდე́ლი, უწინდე́ლი, ადრი́ნდელი, ყოფი́ლი
fortieth [ფორტიეთ] *num* მეორმო́ცე
fortify [ფორტი] *v* განმტკიცე́ბა
fortress [ფორტრესს] *n* ციხესიმა́გრე
fortunate [ფორჩუნეთ] *adj* დოვლათია́ნი
fortune [ფორჩუნ] *n* სიმდი́დრე, დოვლა́თი; *v* შეძლე́ბა

fortune teller [ფორტუნ ტელლერ] *n* მარჩი́ელი

forty [ფორტი] *num* ორმო́ცი

forward [ფორვარდ] *ádv* წინ

found [ფაუნდ] *v* ნახუ́ლი

foundation [ფაუნდეიშინ] *n* საფუძვე́ლი

founder [ფაუნდერ] *n* დამაარსებე́ლი

four hundred [ფორ ჰანდრედ] *num* ოთხა́სი

four [ფორ] *num* ო́თხი

four times [ფორ ტაიმს] *num* ო́თხჯერ

fourteen [ფორტიინ] *num* თოთხმე́ტი

fourteenth [ფორტიინთ] *num* მეთოთხმე́ტე

fourth [ფორთ] *num* მეო́თხე

fox [ფოქს] *n* მე́ლა, მელი́ა

fraction [ფრაქშინ] *n* წილა́დი

fraternally [ფრატერნალლი] *adv* ძმუ́რად

fraternity [ფრათერნიტი] *n* ძმო́ბა

fraternization [ფრატერნიზეიშინ] *n* დაძმობილე́ბა

freckle [ფრეკლ] *n* ჭო́რფლი

free [ფრიი] *adj* მოცლი́ლი, თავისუფა́ლი

freedom [ფრიიდომ] *n* თავისუფლე́ბა

freely [ფრიილი] *adv* თავისუ́ფლად

freeze [ფრიიზ] *v* გაყი́ნვა

French [ფრენჩ] *adj* ფრანგუ́ლი

Frenchman [ფრენჩმენ] *n* ფრა́ნგი

frequency [ფრიქუენსი] *n* სიხში́რე

frequent [ფრიქუენტ] *adj* ხში́რი, მრავალგზი́სი
fresh [ფრეშ] *adj* ახა́ლი
friar [ფრაიარ] *n* ბერი
Friday [ფრაიდეი] *n* პარასკე́ვი
fried [ფრაიდ] *adj* შემწვა́რი
friend [ფრენდ] *n* მეგობა́რი
friendly [ფრენდლი] *adj* მეგობრუ́ლი, საამხანა́გო
friendship [ფრენდშიპ] *n* მეგობრო́ბა
frighten [ფრაიტენ] *v* დაფრთხო́ბა, დაშინე́ბა
frog [ფროგ] *n* ბაყა́ყი
front [ფრონტ] *prép* წინ
frontier [ფრონტიერ] *n* საზღვა́რი
frozen [ფროუზენ] *adj* გაყინუ́ლი
fruit tree [ფრუტ ტრიი] *n* ხეხი́ლი
fruit [ფრიტ] *n* ხი́ლი, ხილეულო́ბა
fry [ფრაი] *v* შებრა́წვა, შე́წვა, ხრა́კვა, მოხრა́კვა
fuel [ფუელ] *n* საწვა́ვი
fulfill [ფულფილლ] *v* ასრულე́ბა
full [ფულლ] *adj* სა́ვსე
fully [ფულლი] *adv* საფუძვლია́ნად
fund [ფანდ] *n* ფო́ნდი
fundamental [ფუნდამენტალ] *adj* ძირითა́დი, ძირითადი
funny [ფანნი] *adj* სასაცი́ლო
fur cap [ფურ ქეპ] *n* ბოხო́ხი

furnace [ფურნას] *n* ღუმე́ლი
furniture [ფურნიჩურ] *n* ავე́ჯი
furry [ფურრი] *n* ბეწვეუ́რი
fury [ფიური] *n* ცო́ფი, ცოფია́ნი
future [ფიუჩერ] *adj* მომავა́ლი
გაცხელება

G

gain [გაინ] *v* შეძე́ნა, მოგე́ბა
garbage [გარგიჯ] *n* ნაგა́ვი
garden [გარდენ] *n* ბა́ღი, ბოსტა́ნი
gardener [გარდენერ] *n* მება́ღე, მებო́სტნე
garlic [გარლიქ] *n* ნიო́რი
garments [გარმენტს] *n* ტანისამო́სი, ტან-საცმე́ლი
gasoline [გასოლინ] *n* ბენზი́ნი
gate [გეით] *n* ჭიშკა́რი
gather [გათერ] *v* გროვე́ბა, აკრე́ფა
gathering [გათერინგ] *n* შეკრე́ბა
gay [გეი] *adj* მხიარუ́ლი
gender [ჯენდერ] *n* სქე́სი
generalize [ჯენერალაიზ] *v* განზოგადე́ბა
generally [ჯენერალლი] *adv* საე́რთოდ, ზოგა́დად
generation [ჯენერეიშინ] *n* თაო́ბა, შთამომავლო́ბა
generosity [ჯენეროსიტი] *n* სულგრძელო́ბა,

დიდსულოვნე́ბა
generous [ჯენეროს] *adj* ხელგაშლი́ლი
generously [ჯენეროსლი] *adv* ხელგაშლი́ლად
genetic [ჯენეტიქ] *adj* გენეტიკუ́რი
genetics [ჯენეტიქს] *n* გენეტი́კა
genius [ჯენიუს] *n* გენიოსი
gentle [ჯენტლ] *adj* გულკეთი́ლი, კეთი́ლი
geography [ჯეოგრაფი] *n* გეოგრაფი́ა
geology [ჯეოლოჯი] *n* გეოლოგი́ა
geometry [ჯეომეტრი] *n* გეომეტრი́ა
Georgia [ჯორჯია] *n* საქართვე́ლო
Georgian [ჯორჯიან] *n adj* ქართუ́ლი
Germany [ჯერმანი] *n* გერმანი́ა
get [გეტ] *v* შო́ვნა
get drunk [გეტ დრანკ] *v* დათრო́ბა
getting up [გეტტინგ აპ] *n* ადგო́მა
ghost [გოუსტ] *n* აჩრდი́ლი
giant [ჯაიანტ] *n* ბუმბერა́ზი
gift [გიფტ] *n* საჩუქა́რი
girl [გირლ] *n* გო́გო, ქალიშვი́ლი
give [გივ] *v* მიცე́მა, მიწოდება
glance [გლანს] *v* შეხე́დვა
gland [გლანდ] *n* ჯირკვა́ლი
glass [გლასს] *n* შუ́შა, ჭი́ქა
glimmer [გლიმმერ] *v n* ციმცი́მი
glitter [გლიტტერ] *v n* ბრწყი́ნვა, კრია́ლი
globe [გლოუბ] *n* გლობუ́სი

glorious [გლორიოს] *adj* სასახე́ლო

glove [გლოვ] *n* ხელთათმა́ნი

glue [გლუ] *v* დაწებე́ბა; *n* წე́ბო

go out [გო აუტ] *v* გა́სვლა

go mad [გო მად] *v* გადარე́ვა

go along [გო ალონგ] *v* წამოყო́ლა

go [გოუ] *v* წა́სვლა

go with [გო ვით] *v* წაყო́ლა

goat [გოატ] n თხა

God [გოდ] *n* ღმე́რთი, უფა́ლი

godfather [გოდფათერ] *n* ნათლიმა́მა

godmother [გოდმათერ] *n* ნათლიდე́და

gold [გოლდ] *n* ო́ქრო

goldfish [გოლდფიშ] *n* ჩიტბატო́ნა

goldsmith [გოლდსმით] *n* ოქრომჭედე́ლი

good looking [გუდ ლუკინგ] *adj* შესახედა́ვი

good bye [გუდ ბაი] მშვიდო́ბით, ნახვა́მდის

good [გუდ] *adj* კა́რგი

goodness [გუუდნესს] *n* სიკე́თე

goods [გუუდს] *n* საქონე́ლი

goose [გუს] *n* ბა́ტი

gossip [გოსსიპ] *n* ჭო́რი; *v* ჭორიკანო́ბა

govern [გოვერნ] *v* მა́რთვა

grabber [გრაბბერ] *n* წამგლე́ჯი

grade [გრეიდ] *n* ხარი́სხი

gradually [გრადუალლი] *adv* თანდა́თან

graduate [გრაჯუეტ] *n* ასპირა́ნტი

gram [გრამ] *n* გრა́მი
grand piano [გრენდ პიანო] *n* როია́ლი
grandfather [გრენდფათერ] *n* ბაბუ́ა, პა́პა
grandmother [გრენდმათერ] *n* ბები́ა
grant [გრენტ] *v n* ჩუქე́ბა, ბოძე́ბა
granted [გრანტედ] *v* ნაწყალობე́ვი
grapes [გრეიპს] *n* ყურძე́ნი
graphic [გრაფიქ] *adj* გრაფიკუ́ლი
grass [გრასს] *n* ბალა́ხი
grassy [გრასსი] *adj* ამწვანებუ́ლი
grateful [გრეიტფულ] *adj* სამადლობე́ლი
grater [გრეიტერ] *n* სახე́ხი
grave [გრეივ] *n* საფლა́ვი
gravel [გრაველ] *n* ქვი́შა
gravy [გრეივი] *n* საწებე́ლი
gray [გრეი] *adj* ლე́გა, ნაცრისფე́რი, ჭაღა́რა, რუ́ხი
grease [გრის] *n* ქო́ნი, ცხი́მი
great [გრეიტ] *adj* დი́დი
greed [გრიიდ] *n* სიხა́რბე; *adj* ხა́რბი
Greek [გრიიკ] *adj* ბერძნუ́ლი
green [გრიინ] *adj* მწვა́ნე
green house [გრიინ ჰოუს] *n* ორანჟერე́ა
greet [გრიიტ] *v* მისალმე́ბა
greeting [გრიიტინგ] *n* მოკი́თხვა, სალა́მი
greetings [გრიიტინგს] *n* გამარჯო́ბა
grief [გრიფ] *n* ჯა́ვრი, გულისტკივი́ლი

grin [გრინ] *v* ღრე́ჭა
grind [გრაინდ] *v* ფქვა
groan [გროან] *v n* კვნე́სა
groundlessly [გრაუნდლესსლი] *adv* უსაფუ́ძვლოდ
group [გრუპ] *n* ჯგუ́ფი
grow [გროუ] *v* წამო́ზრდა
guard [გარდ] *n* მცვე́ლი
guardian [გარდიან] *n* მომვლე́ლი
guess [გესს] *v n* მიხვე́დრა
guest [გესტ] *n* სტუმა́რი
guide [გაიდ] *n* მეგზუ́რი, წამყვა́ნი
guilt [გილტ] *n* ბრა́ლი
guiltless [გილტლესს] *adj* უდანაშაუ́რო
guilty [გილტი] *adj* დამნაშა́ვე
gum [გამ] *n* ღრძი́ლი
gun [გან] *n* თო́ფი
Guria [გურია] *n* გური́ა
Gurian [გურიან] *n adj* გურუ́ლი
gut [გატ] *n* ნაწლა́ვი
gymnastics [ჯიმნასტიქს] *n* ტანვარჯი́ში

H

habit [ჰებიტ] *n* ჩვეულე́ბა
hail [ჰეილ] *n* ხოშკაკა́ლი, კო́ხი
hair [ჰეარ] *n* ბალა́ნი, ბე́წვი

hairless [ჰეარლესს] *n* უ́თმო
hairy [ჰეარი] *adj* თმია́ნი
half [ჰალფ] *n* ნახევა́რი
hall [ჰოლლ] *n* დარბა́ზი
hammer [ჰამმერ] *n* ჩაქუ́ჩი
hand [ჰენდ] *n* ხე́ლი
handkerchief [ჰენდკერჩიფ] *n* ცხვირსახო́ცი
hang [ჰენგ] *v* ჩამოკიდე́ბა
happy [ჰეპპი] *adj* მხიარუ́ლი, საა́მო, საამუ́რი, სასიხარუ́ლო, *adj* სამხიარუ́ლი
harbor [ჰარბორ] *n* ნავსადგუ́რი
hard [ჰარდ] *adj* მაგა́რი
hard working [ჰარდ ვორკინგ] *adj* შრომისმოყვა́რე
hardly [ჰარდლი] *ádv* ძლივს
harm [ჰარმ] *n* ზია́ნი
harmless [ჰარმლესს] *adj* უწყინა́რი
harmonious [ჰარმონიოს] *adj* შეთანხმებუ́ლი
harmony [ჰარმონი] *n* ჰარმონი́ა
harnessed [ჰარნესსდ] *adj* შებმუ́ლი
harvest [ჰარვესტ] *n* მოსავა́ლი
hasten [ჰეისტენ] *v* აჩქარე́ბა
hat [ჰეტ] *n* ქუდი
hate [ჰეიტ] *v* შეზიზღე́ბა
have [ჰევ] *v* ყო́ლა
he [ჰი] *pron* მა́გი, მა́გან, ი́გი́, ის
head [ჰედ] *n* უფროსე́ბი, თა́ვი, თამა́და

headless [ჰედლესს] *adj* უთავო
headline [ჰედლაინ] *n* სათაური
health [ჰეალთ] *n* ჯანმრთელობა
healthy [ჰეალთი] *adj* ჯანმრთელი, საღი
hear [ჰიარ] *v* გაგონება
hearing [ჰირინგ] *v* სმენა
heart [ჰარტ] *n* გული
heartache [ჩარტეიქ] *n* გულისტკივილი
heartless [ჰარტლესს] *adj* უგულო
heat [ჰიტ] *n* სითბო; *v* გათბობა, გაცხელება, სიცხე
heaven [ჰევენ] *n* ზეცა
heaviness [ჰევინესს] *n* სიმძიმე
heavy [ჰევი] *adj* დამძიმებული, მძიმე
Hebrew [ჰიბრუ] *adj* ებრაული
hectare [ჰექტარ] *n* ჰექტარი
heel [ჰიილ] *n* ქუსლი
height [ჰაიტ] *n* სიმაღლე
hell [ჰელლ] *n* ჯოჯოხეთი
hello! [ჰელლო] *n* გამარჯობა
help [ჰელპ] *v n* დახმარება, შველა, მოხმარება
helper [ჰელპერ] *n* დამხმარე, მშველელი, მაშველი; *adj* ხელშემწყობი
hen [ჰენ] *n* ქათამი
hence [ჰენს] *adv* აქედან
henceforth [ჰენსფორთ] *adv* ამიერიდან
her [ჰერ] *pron* მაგას, მას, იმას

herd [ჰერდ] *n* ხრო́ვა, ჯო́გი
herdsman [ჰერდსმენ] *n* მწყე́მსი
here [ჰიარ] *adv* ა́გერ, ა́პა
hero [ჰირო] *n* გმი́რი
heroine [ჰეროინ] *n* გმი́რი
hers [ჰერს] *adj pron* თავი́სი, იმი́სი, მაგი́სი, მი́სი, ამი́სი
herself [ჰერსელფ] *pron* თი́თონ
hesitation [ჰეზიტეიშინ] *n* ორჭოფო́ბა
hiccup [ჰიქქაპ] *n v* სლოკი́ნი
hidden [ჰიდდენ] *adj* შენახუ́ლი
hide [ჰაიდ] *v* დამა́ლვა, მა́ლვა, მიმა́ლვა
high [ჰაიი] *adj* უზენაე́სი, უმაღლე́სი; *adv* მა́ღლა
highway [ჰაივეი] *n* მაგისტრა́ლი
hill [ჰილლ] *n* გორა́კი
him [ჰიმ] *pron* მა́გა́ს, მის, ი́მას
himself [ჰიმსელფ] *pron* თი́თონ
hippodrome [ჰიპპოდრომ] *n* იპოდრო́მი
hire [ჰაიარ] *n* ქი́რა; *v n* დაქირავე́ბა
hired [ჰაიარდ] *adj* ნაქირავე́ბი
his [ჰის] *adj pron* თავი́სი, იმი́სი, მაგი́სი, მი́სი, ამი́სი
hiss [ჰისს] *v* სისი́ნი
historical [ჰისტორიან] *adj* ხაისტორი́ით
history [ჰისტორი] *n* ისტორი́ა
hit [ჰიტ] *v n* მოხვედრე́ბა
hog [ჰოგ] *n* ღო́რი

hoist [ჰოისტ] *n* ა́მწე
holiday [ჰოლიდეი] *n* შვეულე́ბა, უ́ქმე, დღესასცაუ́რი
holidays [ჰოლიდეიზ] *n* არდადეგე́ბი
holy [ჰოლი] *adj* სა́ღვთო
home [ჰოუმ] *n* სა́ხლი, სახლ-კა́რი
homeless [ჰოუმლესს] *adj* უბინა́ო
homey [ჰოუმეი] *adj* შინაურუ́ლი
honest [ჰონესტ] *adj* პატიოსა́ნი, გულახდი́ლი, გულღი́ა
honey [ჰანეი] *n* თა́ფლი
honor [ჰონორ] *v n* ღირსე́ბა
honourable [ჰონორაბლ] *adj* ამა́ყი, დიდგუ́ლი, ნამუსია́ნი
hood [ჰუდ] *n* ყაბალა́ხი
hoof [ჰუფ] *n* ჩლი́ქი
hope [ჰოუპ] *n* იმე́დი
hopeful [ჰოუპფულ] *adj* იმედია́ნი
hopeless [ჰოუპლესს] *adj* უიმე́დო
hopelessness [ჰოუპლესსნესს] *n* უიმედობა́ო
horizon [ჰირაიზონ] *n* ჰორიზო́ნტი
horny [ჰორნი] *adj* რქისე́ბრი
horrible [ჰორრიბლ] *adj* საშინე́ლი
horse [ჰორს] *n* ცხე́ნი
horse-shoe [ჰორსე-შუ] *n* ნა́ლი
horseman [ჰორსმენ] *n* ცხენოსა́ნი
hospital [ჰოსპიტალიტი] *n* ლაზარე́თი,

საავადმყო́ფო
hospitality [ჰოსპიტალიტი] *n* პურ-მარი́ლი
host [ჰოუსტ] *n* მასპინძე́ლი
hostage [ჰოსტეჯ] *n* მძევა́ლი
hostility [ჰოსტილიტი] *n* მტრო́ბა
hot [ჰოტ] *adj* ცხე́ლი
hotel [ჰოტელ] *n* სასტუ́მრო
household [ჰაუსჰოლდ] *n* ოჯახო́ბა, *adj* ოჯახუ́რი, საოჯა́ხო
how much [ჰაუ მაჩ] *pron* რამდე́ნი
how [ჰაუ] *adv* რანაი́რად, რო́გორ
how many [ჰაუ მენი] *pron* რამდე́ნი
hug [ჰაგ] *v* გადახვევნა
huge [ჰიუჯ] *adj* დი́დი, ვეებერთე́ლა
human [ჰიუმან] *adj* ადამიანუ́რი
human being [ჰიუმან ბეინგ] *n* ადამია́ნი
humane [ჰუმეინ] *adj* ჰუმანური
humanistic [ჰიუმანისტიქ] *adj* ადამიანუ́რი
humidity [ჰიუმიდიტი] *n* ნე́სტი
humiliate [ჰიუმილიეიტ] *v* შერცხვე́ნა
hump [ჰამპ] *n* კუ́ზი
hundred [ჰანდრედ] *num* ა́სი
hundredth [ჰანდრედთ] *num* მეა́სე
Hungarian [ჰანგერიან] *adj* უნგრუ́ლი
Hungary [ჰანგერი] *h* უნგრე́თი
hunger [ჰანგერ] *n* შიმში́ლი
hungry [ჰანგრი] *adj* მში́ერი, უჭმე́ლი, მში́ერი

hunter [ჰანტერ] *n* მონადი́რე
hunting [ჰანტინგ] *n* ნადირო́ბა;*adj* სანადი́რო
hurry [ჰარრი] *v* აჩქარე́ბა
husband [ჰასბანდ] *n* ქმა́რი, მეუ́ღლე
hut [ჰატ] *n* ქო́ხი, ქოხმა́ხი, ბარა́კი
hydrogen [ჰაიდროჯენ] *n* წყალბა́დი
hygiene [ჰაიჯინ] *n* ჰიგიე́ნა
hymn [ჰიმნ] *n* ჰი́მნი
hyperbola [ჰაიპერბოლა] *n* ჰიპერბო́ლა
hypocrisy [ჰიპოქრისი] *n* პირმოთნეო́ბა, ორპირო́ბა
hypocritical [ჰიპოქრიტიქალ] *adj* ფარისევლუ́რი
hypothesis [ჰაიპოთესის] *n* ჰიპოთე́ზი
hysteria [ჰისტერიაა] *n* ისტერი́ა

I

ice [აის] *n* ყინუ́ლი, ნაყი́ნი
Iceland [აისლანდ] *n* ისლანდი́ა
icon [აიქონ] *n* ხა́ტი
identity [აიდენტიტი] *n* იგივეო́ბა
idle [აიდლ] *adj* ზარმა́ცი, უსაქმუ́რი
idolize [აიდოლაიზ] *v* გაღმერთე́ბა
if [იფ] ნე́ტა, ნეტა́ვი
ignorance [იგნორანს] *n* უვიცო́ბა, ხიბრი́ყვე
ill [ილლ] *adj* ავადმყო́ფი

illegal [ილლეგალ] *adj* უკანონო
illegible [ილლეჯიბლ] *adj* გაურკვევე́ლი
illumination [ილუმინეიშინ] *n* განათე́ბა
imagination [იმეჯინეიშინ] *n* მოლანდე́ბა
Imerethian [იმერეთიან] *n* იმერე́ლი
imitate [იმიტეიტ] *v* წაბა́ძვა
immature [იმმაჩურ] *adj* კვა́ხე
immeasurable [იმმეჯურაბლ] *adj* განუზომე́ლი
immediately [იმმედიეტლი] *adv* მაში́ნვე
immensely[იმმენსლი] *adv* უზო́მოდ
immodest [იმმოდესტ] *adj* ურცხვი, უსირცხვილო, უსინდი́სო
immortality [იმმორტალიტი] *n* უზნეო́ბა
imobile [იმობილ] *adj* უმოძრა́ო
impassable [იმპასსაბლ] *adj* გაუვა́ლი
impatient [იმპეიშიენტ] *adj* მოუთმენე́ლი, ხულწასუ́ლი
impenetrable [იმპენეტრებლ] *adj* მიუწვდომე́ლი
impolite [ომპოლაიტ] *adj* უზრდე́ლი
import [იმპორტ] *n* იმპო́რტი; *v* შემოზი́დვა, შემოტა́ნა
importation [იმპორტეიშინ] *n* იმპო́რტი
imposing [იმპოუზინგ] *adj* წარმოსადე́გი
impossible [იმპოსსიბლ] *adj* შეუძლებე́ლი
impostor [იმპოსტერ] *n* ცრუმოსახე́ლე
impotent [იმპოტენტ] *adj* უღო́ნო
impression [იმპრეშინ] *n* ანაბე́ჭდი,

შთაბეჭდილე́ბა
imprint [იმპრინტ] *v* ჩაბე́ჭდვა
imprison [იმპრისონ] *v* დაპატიმრე́ბა
improvement [იმპრუვმენტ] *n* გაუმჯობესე́ბა
imprudent [იმპრუდენტ] *adj* გაუფრთხილებე́ლი
impurity [იმპიურიტი] *n* უწმინდურობა
in [ინ] შიგ, ში́გნით
inactive [ინაქტივ] *adj* უმოქმე́დო
inapproachable [ინაპპროჩაბლ] *adj* მიუკარებე́ლი
incidentally [ინსიდენტალლი] *adv* უე́ცრად
include [ინქლუდ] *v* ჩა́რთვა, ჩარა́ცხვა
income [ინქომ] *n* შემოსავა́ლი
incomparable [ინქომპარაბლ] *adj* შეუდარებე́ლი
incomplete [ინქომპლიით] *adj* დაუმთავრებე́ლი, ნაკლუ́ლი
inconstant [ინქონსტანტ] *adj* ცვალება́დი
inconvenience [ინქონვენიენს] *v n* შეწუხე́ბა
incorporate [ინქორპორეიტ] *v* შემოერთე́ბა
incorrect [ინქორრექტ] *adj* არასწო́რი
increase [ინქრიის] *v n* მატე́ბა, მიმატე́ბა, დამატე́ბა, ჩამატე́ბა, მომატე́ბა, შემატე́ბა, წამატება, გა́ზრდა
incredible [ინქრედიბლ] *adj* საზღა́პრო, ზღა
incurable [ინქიურებლ] *adj* უკურნებე́ლი
indefinite [ინდეფინიტ] *adj* განუსაზღვრე́ლი

independence [ინდეპენდენს] *n* დამოუკიდებლობა
independent [ინდეპენდენტ] *adj* დამოუკიდებელი
independently [ინდეპენდენტლი] *adj* თავისთავად
India [ინდია] *n* ინდოეთი
Indian [ინდიან] *n* ინდური
indicate [ინდიქეიტ] *v* მითითება
indication [ინდიქეიშინ] *n* ჩვენება
indifference [ინდიფერენს] *n* აპათია
individual [ინდივიდუალ] *adj* პირადი, ერთპიროვნული
indivisible [ინდივიზიბლ] *adj* გაუყოფელი, განუყოფელი
Indo-European [ინდო-ეუროპიან] *adj* ინდო-
industrial [ინდასტრიალ] *adj* სამრეწველი
industry [ინდასტრი] *n* მრეწველობა, ინდუსტრია
inequality [ინექუალიტი] *n* უთანაბრობა
inestimable [ინესტიმებლ] *adj* ფასდაუდებელი
inexhaustible [ინექზოსტიბლ] *adj* ულეველი, ულევი
inexpensive [ინექსპენსივ] *adj* იაფი, იაფფასიანი
inexplicable [ინექსპლიქაბლ] *adj* აუხსნელი
infallible [ინფალლიბლ] *adj* შეუმცდარი
infant [ინფანტ] *n* ბალღი
inferior [ინფერიორ] *adj* ხელქვეითი

infidelity [ინფიდელიტი] *n* ურწმუნოება
infinite [ინფინიტ] *adj* უსასრულო
inflammation [ინფლამმეიშინ] *n* ანთება
inflated [ინფლეიტედ] *adj* გაბერილი
influence [ინფლუენს] *n* გავლენა
inform [ინფორმ] *v* შეტყობინება
information [ინფორმეიშინ] *n* ამბავი;*v* ცნობა
informative [ინფორმატივ] *adj* საინფორმაციო
inhabitant [ინჰაბიტანტ] *n* მოსახლე, მცხოვრები, მცხოვრები
inhale [ინჰეილ] *v* ჩასუნთქვა
inherit [ინჰერიტ] *v* მემკვიდრეობა
initiative [ინიშიეიტივ] *n* თაოსნობა
ink [ინკ] *n* მელანი
inn [ინნ] *n* სასტუმრო
innate [ინნეიტ] *n* თვისება
inner [ინნერ] *adj* შიდა
innocent [ინნოსენტ] *adj* უდანაშაურო
inopportune [ინოპპორტუნ] *adj* უდროო
inquisitive [ინქუიზიტივ] *adj* ცნობისმოყვარე
insane [ინსეინ] *adj* გაგიჟებული, გადარეული, გიჟი
inscribe [ინსქრაიბ] *v* ჩაწერა
inscribed [ინსქრაიბდ] *adj* წარწერილი
inscription [ინსქრიპშინ] *n* წარწერა
insect [ინსექტ] *n* ბაღლინჯო
insensible [ინსენსიბლ] *adj* უგრძნობელი

inseparable [ინსეპერაბლ] *adj* გაუყოფე́ლი
insert [ინსერტ] *v* ჩა́სმა
inside out [ინსაიდ ოუტ] *adj* უკუღმა́რთი
inside [ინსაიდ] შიგ, ში́გნით
insignificant [ინსიგნიფიქანტ] *adj* უმნიშვნე́ლო
inspect [ინსპექტ] *v* დათვალიერე́ბა, ში́ნჯვა
inspection [ინსპექშინ] *v* ში́ნჯვა
inspector [ინსპექტორ] *n* რევიზო́რი
inspiration [ინსპირეიშინ] *n* ზეშთაგონე́ბა; *v* შთაგონე́ბა
inspire [ინსპაიარ] *v* ჩაგონე́ბა
instead [ინსტედ] *adv* მაგი́ერ, მაგიე́რად
instigator [ინსტიგეიტორ] *n* შემგულიანებე́ლი
instruction [ინსტრაქშინ] *n* ბრძანებულე́ბა
instrument [ინსტრუმენტ] *n* ხელსა́წყო
insult [ინსალტ] *v* წყენინე́ბა
insulting [ინსალტინგ] *adj* შეურაცყოფე́ლი
insurance [ინშურანს] *n* დაზღვე́ვა
insured [ინშურდ] *adj* დაზღვეუ́ლი
intellect [ინტელლექტ] *n* გონე́ბა, ჭკუ́ა
intellectually [ინტელლექჩუალლი] *adv* ინტელექტუალუ́რათ
intelligent [ინტელლიჯენტ] *adj* ჭკვია́ნი
intelligent [ინტელლიჯენტ] *adj* აზრია́ნი, გონიე́რი
intelligible [ინტელლიჯიბლ] *adj* გასაგე́ბი
intend [ინტენდ] *v* დაპირე́ბა

intentionally [ინტენშიონალლი] *adv* გა́ნზრახ
interest [ინტერესტ] *adj* პროცე́ნტი; *n* პროცე́ნტი
interference [ინტერფირენს] *n* ჩარე́ვა
interior [ინტერიორ] *adj* ში́და
internal [ინტერნალ] *adj* ში́და
international [ინტერნაშიონალ] *n* ინ-ტერნაციონა́ლი, *adj* საერთაშორი́სო
interpreter [ინტერპრეტერ] *n* მთარგმე́ლი, თარჯიმა́ნი
interrogate [ინტერროგეიტ] *v* დაკი́თხვა
interrogation [ინტერროგეიშინ] *n* დაკი́თხვა
interrupt [ინტერრაპტ] *v* მოწყვე́ტა
intersect [ინტერსექტ] *v* გადაკვე́თა, გადარბე́ნა
intervene [ინტერვინ] *v* ჩარე́ვა
intestine [ინტესტინ] *n* ნაწლა́ვი
intimate [ინტიმეტ] *adj* ინტიმუ́რი, უახლოე́სი
into [ინთუ] ში́გ, ში́გნით
intoxication [ინტოქსიქეიშინ] *n* თრო́ბა
intrigue [ინტრიგ] *n* ინტრი́გა
introduction [ინტროდაქშინ] *n* შესავა́ლი
intrusion [ინტრუჟინ] *v* შემოსე́ვა
invalid [ინვალიდ] *adj* შრომისუუნა́რო
invasion [ინვეიჟინ] *v* შემოსე́ვა
inventory [ინვენტორი] *n* ინვენტა́რი; *adj* საინვენტა́რო
investigate [ინვესტიგეიტ] *v* გამოძიე́ბა
investigation [ინვესტიგეიშინ] *n* გამოძიე́ბა

investment [ინვესტმენტ] *v* დაბანდება
invincibility [ინვინსიბილიტი] *n* უძლეველობა
invincible [ინვინსიბლ] *adj* დაუძლეველი
invisible [ინვიზიბლ] *adj* უნახავი
invitation [ინვიტეიშინ] *adj* მოსაწვევი
invitation [ინვიტეიშინ] *v* მიპატიჟება, მიწვევა, მოწვევა
invite [ინვაიტ] *v* წვევა,დაპატიჟება, მოპატიჟება
invited [ინვაიტედ] *adj* მიპატიჟებული
invoice [ინვოის] *n* ზედნადები
involuntary [ინვოლუნტარი] *adj* უნებლიე, უნებური
involve [ინვოლვ] *v* ჩათრევა
iodine [აიოდაინ] *n* იოდი
Iran [აირან] *n* ირანი
Iranian [ირანიან] *adj* ირანელი
Ireland [აირლანდ] *n* ირლანდია
Irishman [აირიშმენ] *n* ირლანდიელი
iron [აირონ] *n* რკინა; *v* გაუთოება; *adj* უთო
irony [აირონი] *n* ირონია
irreconcilable [ირრექონსაილაბლ] *adj* შეურიგებელი
irreplaceable [ირრეპლეისიბლ] *adj* შეუნაცვლებელი, შეუცვლელი
irresponsibility [ირრესპონსიბილიტი] *n* უპასუხისმგებლობა

irrigate [ირრიგეით] *v* მო́რწყვა
irritated [] *adj* გაბოროტებუ́ლი
is [იზ] *v* ა́რის
island [აილანდ] *n* კუნძუ́ლი
isolate [აისოლეიტ] *v* იზოლირე́ბა
Israelite [იზრაელაიტ] *n* ებრაე́ლი
issue [იშიუ] *v* გამოშვე́ბა
it [იტ] *pron* მა́გი, მა́გან, ი́გი́, ის, მა́გა́ს, მის, ი́მას
Italian [იტალიან] *n* იტალიე́ლი
Italy [იტალი] *n* იტალი́ა
itinerary [იტინერერი] *n* მარშრუ́ტი, საგზა́ო
its [იტს] *adj pron* თავი́სი, იმი́სი, მაგი́სი, მი́სი, ამი́სი
itself [იტსელფ] *pron* თი́თონ

J

jackal [ჯაკალ] *n* ტუ́რა
jail [ჯეილ] *n* საპატი́მრო, საპყრობი́ლე
jam [ჯემ] *n* მურა́ბა
January [ჯენუარი] *n* იანვა́რი
Japan [ჯაპან] *n* იაპონი́ა
Japanese [ჯაპანიზ] *n* იაპონე́ლი
jaw [ჯო] *n* ყბა
jealous [ჯელოს] *adj* ეჭვია́ნი
jealousy [ჯელოსი] *adj* ხა́რბი
jest [ჯესტ] *v n* მასხრო́ბა

Jew [ჯუ] *n* ებრაელი
jewelry [ჯეველრი] *n* ძვირფასეულობა
Jewish [ჯუიშ] *adj* ებრაული
Jewry [ჯური] *n* ებრაელობა
job [ჯობ] *n* სამუშაო
join [ჯოინ] *v n* შეერთება
joke [ჯოუკ] *v* გახუმრება
joking [ჯოუკინგ] *v* გახუმრება
journal [ჯოურნალ] *n* ჟურნალი
journalist [ჯოურნალისტ] *n* ჟურნალისტი
joy [ჯოი] *n* სიხარული, სიამოვნება
joyful [ჯოიფულ] *adj* მხიარული, სასიხარულო,
joyous [ჯოიოუს] *adj* ხალისიანი
jubilee [ჯუბილი] *n* იუბილ ე
judge [ჯადჯ] *n* მოსამართლე, მსაჯი
judicial [ჯიდიშიალ] *adj* იურიდიული
July [ჯულაი] *n* ივლისი, მკათათვე
jump [ჯამპ] *v* შეხტომა, ახტომა, ჩამოხტომა
junction [ჯანქშინ] *n* შეკავშირება
June [ჯუნ] *n* ივნისი, თიბათვე
junior [ჯუნიერ] *adj* უმცროსი
jupiter [ჯუპიტერ] *n* ღვია
jurist [ჯურისტ] *n* იურისტი
jury [ჯური] *n* ჟიური
just [ჯასტ] *adj* სამართლიანი, მართალი
justice [ჯასტის] *n* იუსტიცია
justification [ჯასტიფიქეიშინ] *n* გამართლება

justly [ჯასტლი] *adv* სწო́რად
juvenile [ჯუვენაილ] *n* მოზა́რდი

K

Kakhethi [კახეთი] *n* კახე́თი
Kakhethian [კახეთიან] *n* კახე́ლი
keeper [კიიპერ] *n* შემნახვე́ლი
kerosine [კეროსინ] *n* ნა́ვთი
kettle [კეტტლ] *n* ქვა́ბი
key [კი] *n* კლი́ტე
kill [კილლ] *v* ხო́ცვა, მო́კვლა
kilogram [კილოგრამ] *n* კი́ლო, კილოგრა́მი
kilometer [კილომიტერ] *n* კილომე́ტრი
kin [კინ] *n* ნათესა́ვი
kind [კაინდ] *n* ჯი́ში, სახეობა; *adj* გულკეთი́ლი, კეთი́ლი
kindness [კაინდნესს] *n* კეთილმსურველო́ბა, მოწყალე́ბა
king [კინგ] *n* ხელმწი́ფე, მე́ფე
kiss [კისს] *n v* კო́ცნა
knee [ნიი] *n* მუხლი
knife [ნაიფ] *n* და́ნა
knit [ნიტ] *v* მოქსო́ვა
knock [ნოკ] *v n* კაკუ́ნი, დაკაკუნე́ბა
know [ნოუ] *v* ცნო́ბა
knowledge [ნოლეჯ] *n* ცო́დნა

known [ნოუნ] *adj* ცნობი́ლი

L

labor [ლეიბორ] *n* შრო́მა
labored [ლეიბორდ] *n* ნაშრო́მი
labyrinth [ლაბირინთ] *n* ლაბირი́ნთი
lady [ლეიდი] *n* ქალბატო́ნი
ladybird [ლეიდიბირდ] *n* ჭიამაი́ა
lamb [ლემ] *n* ბატკა́ნი
lame [ლეიმ] *adj* კო́ჭლი
lamp shade [ლემპ შეიდ] *n* აბაჟუ́რი, შუქფა́რი
land [ლენდ] *n* ხმელე́თი
landless [ლენდლესს] *adj* უმიწა́წყლო
landlord [ლენდლორდ] *n* მამამუ́ლე
landowner [ლენდოვნერ] *n* მამამუ́ლე
language [ლენგუიჯ] *n* ე́ნა
languish [ლანგვიშ] *v* დამჟავე́ბა, დაძმარე́ბა
lap [ლეპ] *n* კა́ლთა
large [ლარჯ] *adj* ფა́რთო, დი́დი
largeness [ლარჯნესს] *n* სიფართო́ვე
last [ლასტ] *adj* წარსუ́ლი, უკანასკნე́ლი
last night [ლასტ ნაიტ] წუხელ
last name [ლასტ ნეიმ] *n* გვა́რი
late [ლეიტ] *adj* გვი́ან, დაგვიანე́ბა, ყოფი́ლი, ნაგვიანე́ვი, შეგვიანებუ́ლი; *adv* გვი́ან
later [ლეიტერ] *adv* მოგვიანე́ბით

Latin [ლატინ] *adv* ლათინუ́რად
latitude [ლატიტიდ] *n* სიფართო́ვე, განე́დი, სიგა́ნე
Latvian [ლატვიან] *adj* ლატვიუ́რი
laugh [ლაფ] *v* გაცინე́ბა
laughter [ლაფტერ] *n* სიცი́ლი
laundry [ლაუნდრი] *n* სარე́ცხი
lawful [ლოუფულ] *adv adj* კანონიე́რი, ლეგალუ́რი
lawfully [ლოუფულ] *adv* კანონიე́რად, კანო́ნით
lawlessness [ლოულესსნესს] *n* უუფლებო́ბა
lawmaker [ლომეიკერ] *n* კანონმდებე́ლი
lawn [ლონ] *n* კო́რდი
lawyer [ლოიერ] *n* ვექი́ლი, იური́სტი
lay [ლეი] *v* დაგე́ბა
laziness [ლეიზინესს] *n* სიზარმა́ცე
lazy [ლეიზი] *adj* ზარმა́ცი
lead [ლიდ] *v* ძღო́ლა
leader [ლიდერ] *n* წინამძღო́ლი
leaf [ლიფ] *n* ფოთო́ლი
leafy [ლიფი] *adj* ამწვანებუ́ლი
lean [ლინ] *adj* გამხდა́რი, თხე́ლი
learn [ლეარნ] *v* შესწა́ვლა, სწა́ვლა
learned [ლერნედ] *adj* ნასწა́ვლი
lease [ლის] *n* იჯა́რა
leather [ლეთერ] *n* ტყა́ვი
leave [ლივ] *v* მიტოვე́ბა; *n* შვეულე́ბა

lecture [ლექჩურ] *n* ლექცი́ა
leek [ლიიკ] *n* პრა́სა
left [ლეფტ] *adj* მარცხე́ნა
leftism [ლეფტიზმ] *n* მემარცხენეო́ბა
leg [ლეგ] *n* ფე́ხი
legal [ლიგალ] *adv adj* კანონიე́რი, ლეგალუ́რი
legalize [ლიგალაიზ] *v* დაკანონე́ბა
legend [ლეჯენდ] *n* გადმოცე́მა, ლეგე́ნდა
legislation [ლეჯისლეიშინ] *n* კანონმდებლო́ბა
legislator [ლეჯისლეიტორ] *n* კანონმდებე́ლი
legitimize [ლეჯიტიმაიზ] *v* დაკანონე́ბა
lemonade [ლემონეიდ] *n* ლიმონა́თი
lend [ლენდ] *v* თხოვე́ბა
lender [ლენდერ] *n* მევა́ხშე
length [ლენგთ] *n* სი́გრძე
lengthen [ლენგთენ] *v* დაგრძელე́ბა
lesson [ლესსონ] *n* გაკვეთი́ლი
let [ლეტ] *v* შეშვე́ბა, გაშვე́ბა
letter [ლეტტერ] *n* წერი́ლი, ბარა́თი, ა́სო
liability [ლაიაბილიტი] *n* დავალიანე́ბა
liar [ლაიარ] *n* მატყუა́რა
liberal [ლიბერალ] *n* ლიბერა́ლი
liberation [ლიბერეიშინ] *n* განთავისუბლე́ბა
library [ლაიბრერი] *n* ბიბლიოთე́კა, წიგნსაცა́ვი
license [ლაისენს] *n* პრივილეგი́ა
lick [ლიკ] *v* ლო́კვა

lie [ლაი] *n* ტყუილი; *v* წოლა
life [ლაიფ] *n* ცხოვრება, წუთისოფელი, სიცოცხლე
lifeless [ლაიფლესს] *adj* უსიცოცხლო
lift [ლიფტ] *v* აყვანა, ატანა, აწევა
light [ლაიტ] *v* ანთება
light red [ლაიტ რედ] *adj* შინდისფერი, ალისფერი
light [ლაიტ] *n* შუქი, სინათლე; *adj* მსუბუქი, მჩატე
lighter [ლაითერ] *n* ასანთი
lightly [ლაითლი] *adj* მსუბუქად
lightness [ლაიტნესს] *n* სიმჩატე
lightning [ლაიტნინგ] *n* ელვა
like [ლაიკ] *v* მოწონება
likely [ლაიკლი] *adv* ალბათ
limb [ლიმბ] *n* ასო
limit [ლიმიტ] *v* შემოფარგვლა
limping [ლიმპინგ] *adj* კოჭლი
line [ლაინ] *n* ჯერი, ხაზი, წირი, ხაზი
linen [ლინენ] *n* თეთრეული
linguistics [ლინგუისტიქს] *n* ენათმეცნიერება
lining [ლაინინგ] *n* სარჩული
lion [ლაიონ] *n* ლომი
lioness [ლაიონესს] *n* ლომი
lip [ლიპ] *n* ტუჩი
list [ლისტ] *n* უწყისი, ტაბულა

listen [ლისენ] *v* ყურისდაგდე́ბა, მოსმე́ნა, გაგონე́ბა
liter [ლიტერ] *n* ლი́ტრი
literacy [ლიტერასი] *n* წიგნიერე́ბა
literal [ლიტერალ] *adj* სიტყვასიტყვი́თი
literate [ლიტერეტ] *adj* წიგნიე́რი
literature [ლიტერაჩურ] *n* ლიტერატუ́რა
Lithuania [ლითუენია] *n* ლი́ტვა
Lithuanian [ლითუენიან] *adj* ლიტვე́ლი, ლიტვუ́რი
little [ლიტტლე] *adj* პატა́რა; *adv* ცო́ტა
live [ლაივ] *v* ცხოვრე́ბა
liver [ლივერ] *n* ღვი́ძლი
lizard [ლიზარდ] *n* ხვლი́კი
load [ლოად] *v* დატვი́რთვა
loader [ლოადერ] *n* მტვირთა́ვი
loan [ლოან] *n* სე́სხი; *v* თხოვე́ბა
local [ლოქალ] *adj* აქაუ́რი
location [ლოქეიშინ] *n* ადგი́ლი
lock [ლოკ] *n* ბოქლო́მი; *v* ჩაკეტვა
logic [ლოჯიქ] *n* ლოგი́კა
loneliness [ლონლინესს] *n* სიმარტო́ვე
long [ლონგ] *n* დი́დხანს; *adj* გრძე́ლი
longitude [ლონგიტუდ] *n* გრძე́დი, სი́გრძე
look [ლუკ] *v* შემოხე́დვა, გახე́დვა, დახე́დვა, ცქე́რა, მიხე́დვა, ყურე́ბა
lord [ლორდ] *n* უფა́ლი

lose [ლუზ] *n* წაგე́ბა; *v* გახდო́მა, შეთხელე́ბა, დაკა́რგვა

loss [ლოსს] დანაკარგი

lottery [ლოტტერი] *n* ლატარი́ა

loud [ლაუდ] *adj* ხმამაღა́ლი

loudly [ლაუდლი] *adv* ხმამა́ღლა

lousy [ლაუზი] *adj* ტილია́ნი

love [ლოვ] *v* შეყვარე́ბა; *n* სიყვარუ́ლი

loved one [ლოვდ უან] *adj* შეყვარებუ́ლი

lover [ლოვერ] *n* საყვარე́ლი, სა́ტრფო, მოარ-ში́ყე

low [ლოუ] *adj* დაბა́ლი

lower [ლოუერ] *v* დაკლე́ბა, დაწე́ვა; *adj* ქვე́და, ქვე́მო

loyal [ლოიალ] *adj* პირია́ნი

lubricate [ლუბრიქეით] *v* წა́სმა

lucky [ლაკი] *adj* ბედნიე́რი

luggage [ლაგგეჯ] *n* ბაგა́ჟი, ბა́რგი

lullaby [ლალლაბაი] *n* ნა́ნა

lumber [ლამბერ] *n* ხე́-ტყე

lung [ლანგ] *n* ფი́ლტვი

lure [ლურ] *v* შემოტყუე́ბა, შეტყუე́ბა, ჩატყუე́ბა

lush [ლაშ] *adj* ამწვანებუ́ლი

lustrous [ლასტრუოუს] *adj* ბრწყინვა́ლე

luxury [ლაქჯურიოს] *n* ფუფუნე́ბა

lying [ლაინგ] *ádj* ცრუ

M

Macedonia [მასედონიაა] *n* მაკედონი́ა
machine [მაშინ] *n* მანქა́ნა
mad [მედ] *adj* შეშლი́ლი
madam [მადამ] *n* ქალბატო́ნი
madness [მადნესს] *n* ცო́ფი, ცოფია́ნი
magazine [მაგაზინ] *n* ჟურნა́ლი
magic [მეჯიქ] *n* ჯა́დო
magnet [მაგნეტ] *n* მაგნი́ტი
magnifier [მაგნიფაიერ] *n* გამადიდებე́ლი
maid [მეიდ] *n* დამლაგებე́ლი
major [მაიჯორ] *n* მაიო́რი
majority [მაიჯორიტი] *n* უმრავლესო́ბა
make [მეიკ] *v* კეთე́ბა, გაკეთე́ბა
malicious [მალიშიოს] *adj* ბორო́ტი
man [მენ] *n* ადამია́ნი, მამაკა́ცი
manage [მენაჯ] *v* მოხერხე́ბა ; *n* გა́მგე
Manchuria [მანჩურიაა] *n* მანჯური́ა
manhood [მენჰუდ] *n* კაცო́ბა
manifestation [მანიფესტეიშინ] *n* მანიფესტაცი́ა
manner [მანნერ] *n* სტი́ლი
manual [მანუალ] *n* ხელგარჯილო́ბა
manufacturer [მანუფაქჩურერ] *n* მრეწვე́ლი
manuscript [მანუსქრიპტ] *n* ხელნაწე́რი
many [მენი] *adj* მრავა́ლი
map [მეპ] *n* რუკა

marble [მარბლ] *n* მარმარი́ლო

march [მარჩ] *n* მა́რში; *v* წაბრძანე́ბა

March [მარჩ] *n* მა́რტი

mariner [მარინერ] *n* მეზღვაუ́რი

mark [მარკ] *v* აღნი́შვნა; *n* ნიშა́ნი

market [მარქეტ] *n* ბაზა́რი, საბა́ზრო

maroon [მარუნ] *adj* წაბლისფე́რი

married [მერრიდ] *adj* გათხოვი́ლი, ქმრია́ნი, ცოლია́ნი

marry [მერრი] *v* დაქორწინე́ბა

marsh [მარშ] *n* ჭაო́ბი

marvelous [მარველოს] *adj* საუცხო́ო, საზღა́პრო, ზღაპრუ́ლი

massage [მასსაჟ] *v* დაზე́ლა

massive [მასსივ] *adj* მასიუ́რი

master [მასტერ] *v* დაუფლე́ბა; *n* პატრო́ნი

mastery [მასტერი] *n* ოსტატო́ბა

match [მატჩ] *n* ასა́ნთი

match maker [მატჩ მეიკერ] *n* მაჭანკა́ლი

material [მატერიალ] *n* მასა́ლა

mathematics [მათემატიქს] *n* მათემატი́კა

matter [მატტერ] *n* მატერი́ა

mattress [მატტრესს] *n* ლეი́ბი

mature [მაჩურ] *v* ჩამოყალიბე́ბა; *adj* მოწიფუ́ლი

maturity [მაჩურიტი] *n* სიმწი́ფე

May [მეი] *n* მაი́სი

maybe [მეიბი] *adv* ი́ქნებ, იქნე́ბა, შესაძლო́ა

me [მი] *prón* მე
meager [მიგერ] *adj* გამხდარი, თხელი
meal [მიალ] *n* საჭმელი
meaning [მინინგ] *n* მნიშვნელობა
measles [მიზლს] *n* წითელა
measure [მეჟურ] *n* ზომა, საზომი; *v* მოზომვა, გაზომვა
meat [მიტ] *n* ხორცი
meaty [მიტი] *adj* ხორციანი
mediate [მედიეიტ] *v* მორიგება
mediation [მედიეიშინ] *n* შუაკაცობა
mediator [მედიეიტორ] *n* შუამავალი, მომრიგებელი
medical [მედიქალ] *adj* სამედიცინო, საექიმო
medicinal [მედისინალ] *adj* საკურნებელი
medicine [მედისინ] *n* წამალი
meet [მიიტ] *v* შეხვდომა, შეხვედრა, დახვდომა, დახვედრა, გაცნობა
meeting [მიიტინგ] *n* ყრილობა
melody [მელოდი] *n* ჰანგი
melon [მელონ] *n* ნესვი
melt [მელტ] *v* დადნობა
member [მემბერ] *n* წევრი
memorable [მემორაბლ] *adj* მოსაგონარი, სახსოვარი
memorandum [მემორანდუმ] *n* მოხსენებითი ბარათი

memorial [მემორიალ] *n* ძეგლი
memorize [მემორაიზ] *v* დაზეპირება
memorized [მემირაიზდ] *adv* ზეპირად
memory [მემორი] *n* მეხსიერება, ხსოვნა
mend [მენდ] *v* შეკეთება
mention [მენშინ] *v n* ხსენება
merchandise [მერჩანდაის] *n* საქონელი
merchant [მერჩანტ] *n* ვაჭარი
mercury [მერქური] *n* ვერცხლისწყალი
merit [მერიტ] *v n* ღირსება
merry [მერრი] *adj* მხიარული
message [მესსეჯ] *v* ცნობა
meter [მიტერ] *n* მეტრი
metric [მეტრიქ] *adj* მეტრიკული
metrical [მეტრიქალ] *adj* მეტრიკული
metropolitan [მეტროპოლიტან] *n* სატახტო
middle [მიდდლ] *n* შუა
midnight [მიდნაით] *n* შუაღამე
might [მაით] *n* ძლიერება, სიძლიერე, ძალაუფლება
milk [მილკ] *n* რძე
milkman [მილკმენ] *n* მერძევე
mill [მილლ] *n* წისქვილი
million [მილლიონ] *num* მილიონი
mind [მაინდ] *n* ჭკუა, გონება
mine [მაინ] *pron* ჩემი; *n* შახტი
ministry [მინისტრი] *n* სამინისტრო

mink [მინკ] *n* წავი
minority [მაინორიტი] *n* უმცირესობა
minus [მინუს] *n* მინუსი
minute [მინუთ] *n* წუთი
miracle [მირაქლ] *n* სასწაული
miraculous [მირაქულოს] *adj* ზებუნებრივი
mirror [მირრორ] *n* სარკე
misappropriate [მისაპპროპრიეთ] *v* მის-
აკუთრება
miscellaneous [მისელლენიოს] *adj* ნაკრები
miserable [მიზერაბლ] *adj* საწყალი
misfortune [მისფორჩუნ] *n* ჭირი
miss [მისს]*n* ქალბატონი;*v* გაცდენა, აცდენა
mist [მისტ] *n* ნისლი, ბურუსი
mistake [მისტეიკ] *n* შეცდომა
mister [მისტერ] *n* ბატონი
mistress [მისტრესს] *n* ქალბატონი, დიასახლისი
mistrustful [მისტრასტფულ] *adj* მიუნდობელი
mistrustfulness [მისტრასტფულნესს] *n*
უნდობლობა
misunderstanding [მისანდერსტენდინგ] *n*
გაუგებლობა
mix [მიქს] *v* რევა, შერევა
mixture [მიქსჩურ] *n* ნარევი
moan [მოან] *v n* კვნესა
model [მოდელ] *v* ძერწვა
modern [მოდერნ] *adj* თანამედროვე, ახლანდელი

modest [მოდესტ] *adj* თავდაბალი, მორცხვი

modestly [მოდესტლი] *adv* მორცხვად

modesty [მოდესტი] *n* თავდაბლობა; *adv* ამაოება

moist [მოისტ] *adj* სველი

mold [მოულდ] *n* ობი

moment [მომენტ] *n* წუთი

mommy [მომმი] *n* დედა, დედიკო, დედილო მომრიგებელი

Monday [მონდეი] *n* ორშაბათი

money [მონეი] *n* ფული

Mongolian [მონგოლიან] *n* მონღოლი

monk [მონკ] *n* ბერი

monkey [მონკი] *n* მაიმუნი

monochromatic [მონოხრომატიქ] *adj* ერთფერი

monster [მონსტერ] *n* ჯოჯო

month [მონთ] *n* თვე

monthly [მონთლი] *adv* ყოველთვიურად, თვიური

monument [მონუმენტ] *n* ძეგლი

mood [მუდ] *n* გუნება, ხასიათი

moon [მუნ] *n* მთვარე

moonless [მუნლესს] *adj* უმთვარო

moral [მორალ] *adj* ზნეობრივი

morality [მორალიტი] *n* ზნეობა

more [მორ] *adv* მეტი

morning [მორნინგ] *n* დილა

mortgage [მორტგეჯ] *n* გირაო
motel [მოტელ] *n* სასტუმრო
mother [მოთერ] *n* დედა, დედიკო, დედილო
mother-in-law [მოთერ ინ ლო] *n* დედამთილი, სიდედრი
motherland [მოთერლენდ] *n* დედამიწა
motionless [მოუშინლესს] *adj* უმოძრაო
motionlessly [მოშიოუნლესს] *adv* უძრავად
motor [მოტორ] *n* ძრავი
mount [მაუნტ] *v* შემოჯდომა
mountain [მაუნტენ] *n* გორა
mouse [მაუს] *n* წრუწუნა, თაგვი მოუსვენარი
mouth [მაუთ] *n* პირი
move [მუვ] *v* გაწევა, ამოძრავება, განზრახვა; *n* კინოსურათი
much [მაჩ] *adj* მრავალი; *adv* ბლომად
mud [მად] *adj* ტალახი, ტლაპო
mule [მიულ] *n* ჯორი
multiplication [მალტიპლიქეიშინ] *n* მომრავლება
multiplier [მალტიპლაიერ] *n* მამრავლი
multiply [მალტიპლაი] *v* მომრავლება, გამრავლება
multitude [მალტიტუდ] *n* სიმრავლე
municipal [მუნისიპალ] *adj* საქალაქო, ქალაქური

murky [მურკი] *adj* მუ́ქი
muscle [მასლ] *n* კუ́ნთი
muse [მიუზ] *v* დაფიქრე́ბა
mushroom [მაშრუმ] *n* სო́კო
must [მასტ] *v* უ́ნდა
mustache [მუსტაშ] *n* ულვა́ში
mustard [მასტარდ] *n* მდო́გვი
mute [მიუტ] *adj* მუ́ნჯი
mutual [მუჩუალ] *adj* ორმხრი́ვი

N

nail [ნეილ] *n* ლურსმა́ნი; *v* მიჭე́დვა, დაჭე́დვა
naked [ნეიკედ] *adj* გათიითვლებუ́ლი; *n* ტიტველი
nakedness [ნეიკედნესს] *n* სიტი́ტვლე, სიში́შვლე
name [ნეიმ] *n* სახე́ლი
nanny [ნენნი] *n* ალმზრდე́ლი, გამზრდე́ლი
napkin [ნეპკინ] *n* ხელსახო́ცი
narrow [ნერროუ] *adj* ვი́წრო
nation [ნეიშინ] *n* ე́რი
national [ნაშიონალ] *adj* ხალხუ́რი, სახა́ლხო
nationality [ნაშიონალიტი] *n* ეროვნე́ბა
native [ნაიტივ] *adj* ადგილობრი́ვი; *n* მკვი́დრი
natural [ნაჩურალ] *adj* ბუნებრი́ვი
nature [ნეიჩურ] *n* ბუნე́ბა
naughty [ნოთ] *n* ნუ́ლი
naval [ნეივალ] *adj* საზღვა́ო

navel [ნეიველ] *n* ჭიპი
near [ნიარ] *adj* უახლოესი; *adv* ახლო, სიახლოვეს
nearly [ნიარლი] *adv* კინაღამ
neat [ნიტ] *adj* შნოიანი
necessary [ნესესერი] *adj* საჭირო
neck [ნეკ] *n* ქედი, კისერი
necklace [ნეკლეს] *n* ძეწკვი
necktie [ნეკტაი] *n* ყელსახვევი
need [ნიიდ] *n* გასაჭირი, გაჭირვება
needle [ნიიდლ] *n* ნემსი
negative [ნეგატივ] *adj* უარყოფითი
negligence [ნეგლიჯენს] *n* დაუდევრობა
negotiator [ნეგოშიეიტორ] *n* შუამავალი
Negro [ნიგრო] *n* შავკანიანი, ზანგი
neighbor [ნეიბორ] *n* მეზობელი
neighborhood [ნეიბორჰუდ] *n* არემარე
neighborly [ნეიბორლი] *adj* სამეზობლო
neither [ნეითერ] *adj* ნურც
nephew [ნეფიუ] *n* ძმისწული
nerve [ნერვ] *n* ძარღვი
nest [ნესტ] *n* საბუდარი, ბუდე
network [ნეტვორკ] *n* ქსელი
never [ნევერ] *adv* ვერასოდეს, არასდროს
new [ნიუ] *adj* ახალი; *adv* ახლა
new-born [ნიუ ბორნ] *adj* ახალშობილი
news [ნიუზ] *v* ცნობა; *n* ამბავი

newspaper [ნიუზპეიპერ] *n* გაზე́თი
next [ნექსტ] *adj* შემდე́გი
night [ნაით] *n* ღა́მე
nightfall [ნაითფოლ] *n* შემოღამე́ბა, მწუ́ხრი, ბა́ნდი
nightgown [ნაითგაუნ] *n* ხალამუ́რი
nightingale [ნაითინგეილ] *n* იადრო́ნი, ბულბუ́ლი
nightmare [ნაითმერ] *n* მაჯლაჯუ́ნა
nine hundred [ნაინ ჰანდრედ] *num* ცხრაა́სი
nine [ნაინ] *núm* ცხრა
nineteen [ნაინტიინ] *num* ცხრამე́ტი
nineteenth [ნაინტიინთ] *num* მეცხრამე́ტე
ninety [ნაინტი] *num* ოთხმოცდაა́თი
ninth [ნაინთ] *num* მე́ცხრე
no [ნო] *ádv* ვერ, ვე́რა, არა
nobility [ნობილიტი] *n* თავადაზნაურო́ბა
nobleman [ნობლმენ] *n* აზნაუ́რი
nobody [ნობოდი] *n* არავინ; *pron* ნურა́ვინ, ვერა́ვინ
noise [ნოიზ] *n* ხმაუ́რი
none [ნონ] *pron* ვერავითა́რი
nonsense [ნონსენს] *adj* უა́ზრო
noon [ნუნ] *n* შუა́დღე
nor [ნორ] *ádv* ნურც
north [ნორთ] *n* ჩრდილოე́თი
nose [ნოუზ] *n* ცხვი́რი
not [ნოტ] *ádv* ვერ, ვე́რა

note [ნოუტ] *n* ბარათი, მოხსენებითი ბარათი
notebook [ნოუტბუკ] *n* ბლოკნოტი, რვეული, დავთარი
nothing [ნოთინგ] *n* არაფერი ; *pron* ვერაფერი, ნურაფერი
nothingness [ნოთინგნესს] *n* არარაობა
notice [ნოტის] *v* შემჩნევა, შენიშვნა
noun [ნაუნ] *n* არსებითი სახელი
November [ნოვემბერ] *n* ნოემბერი
now [ნაუ] *adv* ამჟამად, მაშინვე
nowhere [ნოუვჰეარ] *adv* არსად, ვერსად
nude [ნიუდ] *n* ტიტველი; *adj* გათითვლებული, გაშიშვლებული, შიშველი
nudity [ნიუდიტი] *n* სიტიტვლე, სიშიშვლე
nuisance [ნუსენს] *n* უსიამოვნება
numb [ნამბ] *v* გაყუჩება
number [ნამბერ] *n* რიცხვი, ნომერი
nun [ნან] *n* მონაზონი
nurse [ნერს] *n* ძიძა
nut [ნატ] *n* კაკალი, ნიგოზი

O

oath [ოათ] *n* ფიცი
obedient [ობედიენტ] *adj* დამჯერებელი, დამჯერე
obey [ობეი] *v* გაგონება
object [ობჯექტ] *n* ობიექტი

objectionable [ობჯექშინებლ] *adj* არ-ასასურვე́ლი
objective [ობჯექტივ] *adj* ობიექტუ́რი
objectless [ობჯექტლესს] *adj* უსა́გნო
oblige [ობლაიჯ] *v* დავალე́ბა, დაძალე́ბა
observation [ობზერვეიშინ] *n* შემჩნე́ვა, შენი́შვნა
observe [ობზერვ] *v* დაკვირვე́ბა
obvious [ობვიოს] *adj* ცხა́დი
occasion [ოქქეიჟინ] *n* საბა́ბი
occupy [ოქქიუპაი] *v* დაკავე́ბა
occur [ოქქურ] *v* მოხდო́მა
occurrence [ოქქურენს] *n* შემთხვე́ვა
ocean [ოუშენ] *n* ოკეა́ნე
October [ოქტოუბერ] *n* ოქტომბე́რი
odd [ოდდ] *n* კე́ნტი
odor [ოდორ] *n* სუ́ნი
offence [ოფფენს] *n* წყენინე́ბა
offend [ოფფენდ] *v* წყენინე́ბა
offended [ოფფენდედ] *v* ნაწყე́ნი
offensive [ოფფენსივ] *adj* შეურაცხყოფე́ლი
offer [ოფფერ] *v* შეთავაზე́ბა
office [ოფფის] *n* სამსახუ́რი, კანტო́რა, კაბინე́ტი
offspring [ოფფსპრინგ] *n* შთამომავა́ლი
often [ოფტენ] *adv* ხში́რად
oh! [ოჰ] *int* ვა
oil [ოილ] *n* ზე́თი

oilman [ოილმენ] *n* მენა́ვთე
oily [ოილი] *adj* ზეთია́ნი
ointment [ოინტმენტ] *n* წასახმე́ლი
old [ოლდ] *adj* ძველებუ́რი, დაბერებუ́ლი, ძვე́ლი, ბებე́რი, მოხუ́ცი
older [ოლდერ] *n* უფრო́სი
olive [ოლივ] *n* ზეთისხი́ლი
omelet [ომელეტტ] *n* ე́რბო
on [ონ თის] *prep* შესა́ხე́ბ, ზე, ამა́ზე
on foot [ონ ფუტ] ფე́ხით
once [უანს] *adv* ე́რთხელ, ე́რთჯერ, ოდე́სღაც
one [უან] *num* ე́რთი
onion [ონიონ] *n* ხა́ხვი
only [ონლი] *adv* ოღო́ნდაც, მარტოო́დენ; *adj* მხო́ლოდ, ერთადე́რთი
open [ოუპენ] *v* გაღე́ბა, შემოღე́ბა; *adj* ღი́ა, გა́ხსნა
opinion [ოპინიონ] *n* შეხედულე́ბა
opponent [ოპპონენტ] *n* მოწინააღმდე́გე
oppose [ოპპოუზ] *v* დაპირისპირე́ბა
opposed [ოპპოუზდ] *adj* საწინააღმდე́გო
opposite [ოპპოზით] *adj* წინააღმდე́გი
opposition [ოპპოზიშინ] *n* წინაღო́ბა
oppress [ოპპრესს] *v* დაჩა́გვრა, ჩა́გვრა
oppressed [ოპპრესსდ] *adj* დაჩაგრუ́ლი
oppression [ოპპრეშინ] *n* ჩა́გვრა
oppressor [ოპპრესსორ] *n* დამჩაგვრე́ლი

or [ორ] *conj* ა́ნუ
orally [ორალლი] *adv* ზეპი́რად
orange [ორანჯ] *n* ფორთოხა́ლი
orchard [ორჩარდ] *n* ხილნა́რი
order [ორდერ] *n* ბრძანებულე́ბა, შეკვე́თა, წესრი́გი, წყობილე́ბა, წე́სი, წყო́ბა, წესწყობილე́ბა
ordinance [ორდინანს] *n* განკარგულე́ბა
organization [ორგანიზეიშინ] *n* ორგანიზაცი́ა
organize [ორგანაიზ] *v* დახარისხე́ბა
organizer [ორგანაიზერ] *n* მომწყო́ბი
oriental [ორიენტალ] *adj* აზიუ́რი
origin [ორიჯინ] *n* თა́ვი
original [ორიჯინალ] *adj* პირველყოფი́ლი
orphan [ორფან] *adj* უდედმა́მო
ostrich [ოსტრიჩ] *n* სირაქლე́მა
other [ოთერ] *pron* სხვანაი́რი
otherwise [ოთერვაიზ] *adv* სხვანაი́რად, თო́რემ
our [აუერ] *adj* ჩვე́ნი
ours [აუერზ] *adj* ჩვე́ნი
out [აუტ] *adv* გა́რეთ
outer [აუტერ] *adj* გა́რე, გარე́შე
outlook [აუტლუკ] *n* შეხედულე́ბა
outskirts [აუტსკირტს] *n* განაპი́რი
outstanding [აუტსტენდინგ] *adj* საზღა́პრო, ზღაპრუ́ლი
overcast [ოვერქასტ] *adj* მოღრუბლუ́ლი

overcoat [ოვერქოატ] *n* პალტო
overcome [ოვერქამ] *v* გადაჭარბება
overtake [ოვერტეიკ] *v* დაწევა
overthrow [ოვერთროუ] *v* დამხობა
overturn [ოვერტერნ] *v* გადატრიალება
owl [აულ] *n* ბაიყუში, ბუ, კუ
owner [ოუნერ] *n* პატრონი
ox [ოქს] *n* ხარი
oxygen [ოქსიჯენ] *n* ჟანგბადი

P

pacify [პასიფაი] *v* დაწყნარება
pack [პაკ] *v* ჩალაგება
package [პაკეჯ] *n* პაკეტი
padlock [პადლოკ] *n* ბოქლომი
page [პეიჯ] *n* გვერდი
pain [პეინ] *n* ტკივილი
painful [პეინფულ] *adj* მწარე, მტკივნეული
painless [პეინლესს] *adj* უტკივარი
paint [პეინტ] *v* ხატვა, შეფერადება, შეღებვა
painter [ფეინტერ] *n* მხატვარი, მხატვარი
pair [პეარ] *n* წყვილი
palace [პალას] *n* სასახლე
palm [პალმ] *n* ხელისგული
pants [პენტს] *n* ნიფხავი
paper [პეიპერ] *n* გაზეთი, ქაღალდი

paper-weight [პეიპერ ვეით] *n* პრესპაპიე
paradise [პარადაის] *n* სამოთხე
paragraph [პარაგრაფჰ] *n* პუნქტი, აბზაცი
parcel [პარსელ] *n* პაკეტი, დასტა
pardon! [პარდონ] უკაცრავად!
parent [პარენტ] *n* მშობელი
parentless [პარენტლესს] *adj* უდედმამო
parents [პარენტს] *n* დედ-მამა
parochial [პაროქიალ] *adj* სამრევლო
part [პარტ] *n* ნაწილი, მონაწილეობა, წილი
participant [პარტისიპანტ] *n* თანამონაწილე
partner [პარტნერ] *n* ამხანაგი
pass [პასს] *v* გადაცემა, გადასვლა; *n* საღზური
passenger [პასსენჯერ] *n* მგზავრი
passionate [პაშიონეთ] *adj* გულფიცხი
passive [პასსივ] *adj* უმოქმედო
Passover [ფასოვერ] *n* ფესახი
passport [პასსპორტ] *n* პასპორტი
past [პასტ] *adj* წარსული
paste [პეისტ] *v* წებვა, ჩაწებება, დაწებება; *n* ცომი
paternal [პათერნალ] *adj* მამისეული
patient [პეიშიენტ] *adj* მომთმენი
pay [პეი] *v* გადახდა, გასტუმრება
payment [პეიმენტ] *v* გადახდა; *n* შესატანი
payroll [პეიროლლ] *n* უწყისი
peace [პის] *n* მშვიდობა, ზავი

peaceful [პისფულ] *adj* წყნარი, დამშვიდებული, დინჯი
peach [პიჩ] *n* ატამი
peacock [პიქოკ] *n* ფარშავანგი
peaked [პიკდ] *adj* წვეტიანი
pear [პეარ] *n* მსხალი
peasant [პეზანტ] *n* გლეხი
peculiar [პექულიარ] *adj* თავისებური
pedagogue [პედაგოგ] *n* პედაგოგი
peel [პიილ] *v* ფცქვნა, გაფცქვნა, ქერცვლა
pen [პენ] *n* კალამი
penal [პინალ] *adj* სადამსჯელო
penalty [პენალტი] *n* სასჯელი, ჯარიმა; *adj* საჯარიმო
pencil [პენსილ] *n* ფანქარი
pension [პენშინ] *n* პენსია
people [პიპოლ] *n* ერი, ხალხი
pepper [პეპერ] *n* წიწაკა, პილპილი
percent [პერსენტ] *n* პროცენტი
percentage [პერსენტეჯ] *n* ნამთავნი
perfect [პერფექტ] *adj* ფრიადოსანი
perforated [პერფორეიტედ] *adj* გახვრეტილი
performance [პერფორმანს] *n* წარმოდგენა
perhaps [პერჰეპს] *adv* შესაძლოა, ეგება
period [პერიოდ] *n* ხანა, ხნოვანება
permanent [პერმანენტ] *adj* შეუნაცვლებელი
permission [პერმიშინ] *n* უფლება, ნებართვა

permit [პერმიტ] *n* საგზური
persevering [ფერსევირინგ] *adj* გამძლე
Persian [პერშიან] *n adj* სპარსული
persist [პერსისტ] *v* ჯიუტობა
personal [პერსონალ] *adj* ერთპიროვნული, პიროვნული, პირადი
personification [პერსონიფიქეიშინ] *n* განსახიერება
personify [პერსონიფაი] *v* განსახიერება
personnel [პერსონნელ] *n* შტატი
perspiration [პერსპირეიშინ] *n* ოფლი
perspire [პერსპაიარ] *v* გაოფლიანება
persuasive [პერსუეისივ] *adj* დამარწმუნებელი, დამაჯერებელი
persuasively [პერსუეისივლი] *adv* დაბეჯითებით
petroleum [პეთროლეუმ] *n* ნავთი
phantom [ფანტომ] *n* მოლანდება
pharmacist [ფჰარმასისტ] *n* პროვიზორი
pharmacy [ფარმასი] *n* აფთიაქი, სააფთიაქო
phase [ფჰეიზ] *n* ფაზა
pheasant [ფჰეზანტ] *n* ხოხობი
philanthropist [ფჰილანთროპისტ] *n* ქველმოქმედი
philanthropy [] *n* ქველმოქმედება
photograph [ფჰოტოგრაფჰ] *v* გადაღება
phrase [ფჰრეიზ] *n* ფრაზა
physician [ფჰიზიშიან] *n* ექიმი

pick [პიკ] *v* ჩი́ჩქნა
picture [პიქჩურ] *n* სურა́თი, ნახა́ტი
piece [პის]*n* ცა́ლი, ნაჭე́რი
pierce [პიერს] *v* ჩხვლე́ტა
pierced [პიერსდ] *adj* გახვრეტი́ლი
pig [პიგ] *n* ღო́რი
pigeon [პიჯენ] *n* ქედა́ნი, მტრე́დი
pigish [პიგიშ] *n* ღორო́ბა
pigsty [პიგსტაი] *n* საღო́რე
pilaf [პილავ] *n* ფლა́ვი
pillow [პილლოუ] *n* ბალი́ში
pillow-case [პილლოუ ქეის] *n* ბალიშისპი́რი
pillow-cover [პილლოუ ქოვერ] *n* ბალიშისპი́რი
pimp [პიმპ] *n* მაჭანკა́ლი
pimple [პიმპლ] *n* მუწუ́კი
pinch [პინჩ] *v* ჩქმე́ტა, წი́წკნა
pipe [პაიპ] *n* ჩიბუ́ხი
pit [პიტ] *n* შა́ხტი
pity [პიტი] *v* შეცოდე́ბა, დანანე́ბა
place [პლეის] *n* ალა́გი;*v* დადე́ბა
plague [პლეიგ] *n* ჭი́რი
plaintiff [პლეინტიფფ] *adj* მომჩივა́ნი
plan [პლეინ] *v n* განზრა́ხვა, პროე́ქტი, დაგე́გმვა, აგე́გმვა; *n* გე́გმა
planning [პლენნინგ] *n* საგე́გმო
plant [პლენტ] *v* ჩა́რგვა

planted [პლენტედ] *adj* დარგუ́ლი
plaster [პლასტერ] *v n* შელე́სვა
plate [პლეიტ] *n* თე́ფში
platform [პლატფორმ] *n* ბაქა́ნი
play [ფლეი] *n* და́დგმა; *v* და́კვრა
player [პლეიერ] *n* მოთამა́შე, დამკვრე́ლი
plead [პლიდ] *v* შეხვე́წნა
pleasant [პლეზანტ] *adj* სასიამო́ვნო
pleasure [პლეჟურ] *n* სიამოვნე́ბა
pledge [პლეჯ] *n* გირა́ო
plenty [პლენტი] *n* ბარა́ქა; *adv* ბლო́მად; *adj* საკმარი́სი
plot [პლოტ] *n* სიუჟე́ტი; ინტრი́გა
plough [პლაუ] *n* გუთა́ნი
plum [პლამ] *n* ქლია́ვი, ალუ́ჩა
plus [პლას] *n* პლუ́სი
pocket [პოკეტ] *n* ჯი́ბე
poetry [პოეტრი] *n* ლე́ქსი, პოეზი́ა, შაირო́ბა
point [პოინტ] *n* წერტი́ლი, ქუ́ლა, წვე́ტი, პუ́ნქტი
pointed [პოინტედ] *adj* წვეტია́ნი
poison [პოიზენ] *n* გე́სლი, შხა́მი, საწამლა́ვი; *v* წა́მლვა, მოწა́მლვა
poke [პოუკ] *v* შედე́ბა
police [პოლის] *n* პოლიცი́ა
polish [პოლიშ] *v* ხე́ხვა
polite [პოლაით] *adj* თავაზია́ნი

politely [პოლაითლი] *adv* თავაზიანად
politeness [პოლაიტნესს] *n* ზრდილობა
political [პოლიტიქალ] *adj* პოლიტიკური
poodle [პუდლ] *n* ფინია
pool [პულ] *n* საცურავი, აუზი
poor [პურ] *adj* საწყალი, ღარიბი
poppy [პოპპი] *n* ყაყაჩო
popular [პოპულარ] *adj* გამოჩენილი, ხალხური, სახალხო
popularity [პოპულარიტი] *n* პოპულარობა
population [პოპიულეიშინ] *n* მოსახლეობა
populist [პოპულისტ] *n* ხალხოსანი
porcelain [პორსელინ] *n* ფაიფური
port [პორტ] *n* ნავსადგური
porter [პრტერ] *n* მებარგული, მზიდავი, კერძი
portion [პორშინ] *n* წილი
portrait [პორტრეტ] *n* სურათი
portray [პორტრეი] *v* ასახვა
positive [პოზიტივ] *adj* დადებითი
possess [პოზესს] *v* ფლობა
possession [პოზეშინ] *n* კუთნილება, ფლობა
possible [პოსსიბლ] *adj* შესაძლებელი
possibly [პოსსიბლი] *adv* იქნებ, იქნება
post [პოსტ] *n* სადარაჯო
postoffice [პოსტ ოფფის] *n* ფოსტა
posterity [პოსტერიტი] *n* შთამომავლობა
pot [პოტ] *n* ჩაიდანი, ქოთანი

potato [პოტეიტო] *n* კარტოფილი
potter [პოტტერ] *n* მექოთნე
pour [პორ] *v* შესხმა, სხმა, გადასხმა, დასხმა, ჩამოსხმა, ჩასხმა
poverty [პოვერტი] *n* სიღარიბე
power [პოუერ] *n* ძლიერება, ძალა, სიძლიერე, ძალაუფლება
powerless [პაუერლესს] *adj* უღონო
practical [პრაქტიქალ] *adj* პრაქტიკული
practically [პრაქტიქალლი] *adv* ფაქტიურად
practice [პრაქტის] *n* პრაქტიკა
praise [პრეიზ] *v* შექება
pranks [პრანკს] *n* ცელქობა
pray [პრეი] *v* ლოცვა
prayer [პრეიერ] *n* ლოცვა
pre-election [პრი ელექშინ] *adj* წინასაარჩევნო
preceding [პრეისიდინგ] *adj* წინა, წინამავალი
precise [პრესაის] *adj* პუნქტუალური
prefer [პრეფერ] *v* მჯობინება
preference [პრეფერენს] *n* უპირატესობა
prefix [პრეფიქს] *n* ზმნისწინი
pregnant [პრეგნანტ] *n* ორსული
prehistoric [პრეჰისტორიქ] *adj* წინაისტორიული
preliminary [პრელიმინარი] *adj* წინასწარი
preparation [პრეპარეიშინ] *n* მომზადება, შემზადება, პრეპარატი

prepare [პრეპერ] *v* დამზადე́ბა, მომზადე́ბა, შემზადე́ბა
preposition [პრეპოზიშინ] *n* თანდებუ́ლი, წინდებუ́ლი
present [პრეზენტ] *n* საჩუქა́რი; *v n* ჩუქე́ბა, მირთმე́ვა; *adj* ახლანდე́ლი
preside [პრეზაიდ] *v* თავმჯდომარეობა
presidency [პრეზიდენსი] *n* თავმჯდომარეო́ბა
president [პრეზიდენტ] *n* თავმჯდომა́რე
press [პრესს] *v* წნე́ხა
pressing [პრესსინგ] *adj* გადაუდებე́ლი
presume [პრეზუმ] *v* კადრე́ბა
pretender [პრეტენდერ] *n* ცრუმოსახე́ლე
pretty [პრიტტი] *adj* ლამა́ზი, შნოია́ნი
previous [პრევიოს] *adj* წინანდე́ლი, უწინდე́ლი, ადრინდე́ლი
price [პრაის] *n* საფასუ́რი, ფა́სი
priceless [პრაისლესს] *adj* დაუფასებე́ლი
prick [პრიკ] *v* ჩხვლე́ტა
pride [პრაიდ] *n* სიამა́ყე, ამაოება
priest [პრისტ] *n* მღვდე́ლი
prime minister [პრაიმ მინისტერ] *n* პრემიე́რი
primitive [პრიმიტივ] *adj* პირველყოფი́ლი
prince [პრინს] *n* ხელმწი́ფე, თავა́დი
principal [პრინსიპალ] *adj* ძირითა́დი
principality [პრინსიპალიტი] *n* თავადო́ბა
principle [პრინსიპლ] *n* პრინცი́პი

print [პრინტ] *n* ანაბეჭდი; *v* ბეჭდვა
printed [პრინტედ] *v* ნაბეჭდი
printer [პრინტერ] *n* მბეჭდავი
prior [პრაიორ] *n* წინამძღვარი
prison [პრიზონ] *n* საპატიმრო, საპყრობილე
prisoner [პრიზონერ] *n* პატიმარი
private [პრაივათ] *adj* პიროვნული, პირადი, კერძო
privilege [პრივილეჯ] *n* შეღავათი, პრივილეგია
prize [პრაიზ] *n* ჯილდო
probable [პრობაბლ] *adj* დასაჯერებელი
probably [პრობაბლი] *adv* ალბათ
produce [პროდუს] *v* წარმოება
produced [პროდუსდ] *adj* წარმოებული
producer [პროდუსერ] *n* რეჟისორი, მწარმოებელი, მაწარმოებელი
product [პროდაქტ] *n* პროდუქტი, ნაწარმი, ნამრავლი
production [პროდაქშინ] *n* წარმოება, წარმოშობა
productivity [პროდაქტივიტი] *n* ნაყოფიერება
profession [პროფეშინ] *n* პროფესია
professional [პროფეშინალ] *n* პროფესიონალი
profit [პროფიტ] *n* სარგებლობა
profitable [პროფიტებლ] *adj* სარფიანი, შემოსავლიანი
profiteer [პროფიტიირ] *n* სპეკულანტი

profitlessness [პროფიტლესსნესს] *adj* უშემოსავლო́ბა
program [პროგრამ] *n* გე́გმა, გადმოცე́მა
project [პროჯექტ] *v n* განზრა́ხვა, პროე́ქტი
prolong [პროლონგ] *v* გაგრძე́ლება
prolonged [პროლონგდ] *adj* ხანგრძლი́ვი
promise [პრომის] *v* შეპირე́ბა, დაპირება
promised [პრომისდ] *adj* დანაპირე́ბი
promote [პრომოუთ] *v* წამოყენე́ბა
promotion [პრომოუშინ] *n* წამოყენება
prompt [პრომპტ] *adj* მკვი́რცხლი, ხელმა́რჯვე, ნაჩქარე́ვი
property [პროპერტი] *n* ქონე́ბა, საკუთრე́ბა
prophet [პროფჰეტ] *n* წინასწარმეტყვე́ლი
proportional [პროპორშინალ] *adj* თანაბა́რი
propose [პროპოუზ] *v* შეთავაზე́ბა
proposition [პროპოზიშინ] *n* წინადადე́ბა
prosecutor [პროსექიუტორ] *n* პროკურო́რი
prostitute [პროსტიტუტ] *n* ზნედაცემუ́ლი
protect [პროტექტ] *v* მფარველო́ბა
proud [პრაუდ] *adj* ამა́ყი, დიდგუ́ლი
prove [პრუვ] *v* დამოწმე́ბა, მტკიცება, დამ-ტკიცე́ბა
province [პროვინს] *n* ო́ლქი
provisional [პროვიჟინალ] *adj* დროები́თი
provisions [პროვიჟინ] *n* სანოვა́გე
provoke [პროვოუკ] *v* ამხედრე́ბა

prudent [პრუდენტ] *adj* წინდახედუ́ლი, ანგარიშია́ნი
prudently [პრუდენტლი] *adv* წინდახედუ́ლად
pseudoclassical [პსეუდოქლასსიქალ] *adj* ცრუკლასიკუ́რი
psychics [საიქიქს] *n* ფსიქი́კა
psychologist [საიქოლოჯისტ] *n* ფიზიოლო́გი
psychology [საიქოლოჯი] *n* ფიზიოლოგი́ა
public [პაბლიქ] *adj* საქვე́ყნო
publish [პაბლიშ] *v* მჟღავნე́ბა
pull out [პულლ აუტ] *v* ამოთრე́ვა
pull [პულლ] *v* წე́ვა
punctual [პანქჩუალ] *adj* პუნქტუალუ́რი
punctuation [პანქჩუეიშინ] *n* პუნქტუაცი́ა
punishment [პანიშმენტ] *n* სასჯე́ლი
punitive [პიუნიტივ] *adj* დამსჯე́ლი
pupil [პიუპილ] *n* სტუდე́ნტი, მოწა́ფე
puppy [პაპპი] *n* ლე́კვი
purchase [პურჩეის] *v* ყი́დვა
purgatory [პურგატორი] *n* ჯოჯოხე́თი
purify [პიურიფაი] *v* გასუფთავე́ბა
purpose [პურპოს] *n* მიზა́ნი
purposeless [პურპოსლესს] *adj* უმი́ზნო
purse [პურს] *n* საფუ́ლე
pus [პას] *n* ჩი́რქი
put [პუტ] *v* დადე́ბა, წამო́რცმა

Q

qualification [ქუალიფიქეიშინ] *n* სტა́ჟი
quality [ქუალიტი] *n* თვისე́ბა, ხარი́სხი
quantity [ქუანტიტი] *n* ოდენო́ბა
quarrel [ქუარრელ] *v* დანდურე́ბა, მომდურე́ბა
quart [ქუარტ] *n* ჩარე́ქი
queen [ქუიინ] *n* დედოფა́ლი
question [ქუესჩიონ] *v* შეკი́თხვა, დაკი́თხვა, საკი́თხი
questionnaire [ქუესჩიონერ] *n* ანკე́ტა
queue [ქიუ] *n* ჯე́რი
quick [ქუიკ] *adj* სასწრა́ფო; *int* ჰე́რი
quickly [ქუიკლი] *adv* მა́ლე, ჩქა́რა, სწრა́ფად
quietly [ქუაეტლი] *adv* არხე́ინად, წყნა́რად

R

radish [რედიშ] *n* ბოლო́კი
raffle [რაფფლ] *n* ლატარი́ა
raft [რაფტ] *n* ტი́ვი
rage [რეიჯ] *n* ცო́ფი, ცოფია́ნი
railway [რეილვეი] *n* რკინი́გზა
rain [რეინ] *n* წვი́მა
rainbow [რეინბოუ] *n* ცისარტყე́ლი
rainfall [რეინფოლლ] *n* წვი́მა

rainy [რეინი] *adj* წვიმიანი
raise [რეიზ] *v* აწევა, ატანა, გაზრდა
raisins [რეიზინს] *n* ქიშმიში
ram [რემ] *n* ყოჩი, ვერძი
rapid [რეპიდ] *adj* ჩქარი
rare [რერ] *adj* არაჩვეულებრივი
rarely [რერელი] *adv* იშვიათად
raspberry [რასპბერრი] *n* ჟოლო
rat [რატ] *n* ვირთხა
rather [რათერ] *adv* ვიდრე, უმალ
rational [რაშიონალ] *adj* აზრიანი
rationalization [რაშიონალიზეიშინ] *n* რაციონალიზაცია
raven [რეივენ] *n* ყორანი
raw [რო] *adj* დაუმუშავებელი, უმი
ray [რეი] *n* შუქი
reach [რიჩ] *v* მიწვდომა
read [რიდ] *v* წაკითხვა, კითხვა
reader [რიდერ] *n* მკითხველი, წამკითხველი
readily [რედილი] *adv* ხალისიანად, ხალისით
real [რიალ] *adj* ნამდვილი
realise [რიალაის] *v* მიხვდომა
realism [რეალიზმ] *n* რეალიზმი
realistically [რეალისტიქალლი] *adv* ცხადლივ
reality [რიალიტი] *n* სინამდვილე
really [რილლი] *adv* ნამდვილად, მართლაც, ნუთუ, განა?

reason [რიზონ] *n* მიზეზი, საბაბი
reasonable [რიზონებლ] *adj* აზრიანი, გონიერი
rebate [რებეიტ] *n* ფასდაკლება
rebellion [რებელიონ] *n* ჯანყი
receipt [რესიპტ] *n* ქვითარი
reception room [რესპშინ რუმ] *n* მისაღები
reciprocal [რესიპროქალ] *adj* ორმხრივი
reckless [რეკლესს] *adj* თავზეხელაღებული
recklessly [რეკლესსლი] *adv* წინდაუხედავად
recognize [რექოგნაიზ] *v* ცნობა, შეტყობა
recognized [რექოგნაიზდ] *adj* ცნობილი
recommend [რექომმენდ] *v* რჩევა
reconciliator [რექონსილიეიტორ] *n* შემრიგებელი
recorder [რექორდერ] *n* მრიცხველი; *v* აღმრიცხველი, ჩამწერი
recording [რექორდინგ] *n* ჩანაწერი
recover [რექოვერ] *v* მორჩენა
rectangle [რექტენგლ] *n* სწორკუთხედი
red [რედ] *adj* წითელი
reduce [რედუს] *v* დაკლება
reduction [რედაქშინ] *n* ფასდაკლება
reestablish [რიესტაბლიშ] *v* აღდგენა
reevaluate [რიივალუეიშინ] *v* გადათვალიერება
reflect [რეფლექტ] *v* არეკვლა
reflection [რეფლექშინ] *n* უკუფენა
refrigerator [რეფრიჯერეიტორ] *n* საყინულე.

მაცივა́რი
refuge [რეფიუჯ] *n* თავშესაფა́რი
refusal [რეფიუზალ] *n* უა́რი
regardless [რეგარდლესს] *adv* თუ́ნდაც
regime [რეჟიმ] *n* წესწყობილე́ბა, წყობილე́ბა
region [რიჯეონ] *n* რაიო́ნი, ო́ლქი
regional [რეჯიონალ] *adj* სამხარე́ო
register [რეჯისტერ] *n* ჩამწე́რი, მრიცხველი; *v* აღმრიცხვე́ლი
registration [რეჯისტრეიშინ] *n* რეგისტრაცი́ა
regret [რეგრეტ] *v* დანანე́ბა
regulation [რეგულეიშინ] *n* წესდე́ბა, რეგლამე́ნტი
reign [რეინ] *v* მეფო́ბა, გაბატონე́ბა
reinforce [რეინფორს] *v* დამაგრე́ბა
reject [რეჯექტ] *v* დაწუნე́ბა
rejection [რეჯექშინ] *v* დაწუნე́ბა
relation [რელეიშინ] *n* ნათესა́ვი
relief [რელიფ] *n* გაადვილე́ბა
relieve [რელივ] *v* გაადვილე́ბა
religion [რელიჯინ] *n* რჯუ́ლი, რელიგი́ა
remain [რიმეინ] *v* დარჩე́ნა
remainder [რიმეინდერ] *n* დანარჩე́ნი
remark [რემარკ] *v* შემჩნე́ვა, შენი́შვნა
remarkable [რემარკაბლ] *adj* შესამჩნე́ვი
remember [რემემბერ] *v* დამახსოვრე́ბა, გახსენე́ბა, მოგონე́ბა

remind [რემაინდ] *v* გახსენება, შეხსენება
remote [რემოუტ] *adj* შორეული
remove [რემუვ] *v* წაწევა, მოშორება
renew [რენიუ] *v* გაახლება
renovate [რენოვეიტ] *v* გაახლება
renovation [რენოვეიშინ] *n* გაახლება
rent [რენტ] *n* ქირა
repair [რეპეარ] *v* შეკეთება
repeat [რიპიტ] *v* განმეორება
repetition [რეპეტიშინ] *v* გამეორება, *v* მონანიება
replace [რეპლეის] *v* შეცვლა
reply [რეფლაი] *v* მიგება; *n* პასუხი
report [რეპორტ] *n* პატაკი; *v n* მოხსენება
represent [რეპრეზენტ] *v* ასახვა
representation [რეპრეზენტეიშინ] *n* წარმომადგენლობა
representative [რეპრეზენტატივ] *n* წარმომადგენელი
reprimand [რეპრიმანდ] *n* საყვედური
reptile [რეპტაილ] *n* ქვეწარმავალი
rescue [რესქიუ] *n v* გადარჩენა
resemble [რეზემბლ] *v* დამსგავსება
reserve [რეზერვ] *v* დაჯავშნა
reservoir [რეზერვორ] *n* წყალსაცავი, აუზი
resistance [რეზისთენს] *n* წინაღობა
resort [რეზორტ] *n* კურორტი

resources [რისორსეს] *n* აქტივი
respect [რესპექტ] *n* ხათრი
respectable [რესპექტაბლ] *adj* პატივცემული
respectful [რესპექტფულ] *adj* ხათრიანი
respectfully [რესპექტფულლი] *adv* მოკრძალებით
responsibility [რესპონსიბილიტი] *n* ვალდებულება
responsive [რესპონსივ] *adj* საპასუხო
rest [რესტ] *v* შესვენება; *n* შაბაში
restless [რესტლესს] *adj* შემაწუხებელი
restore [რესტორ] *v* აღდგენა, გაახლება
restrain [რესტრეინ] *v* შეკავება
restraint [რესტრეინტ] *n* შეკავება
result [რეზალტ] *n* შედეგი
retail [რიტეილ] *adv* ცალობით
retreat [რეტრიტ] *v n* უკუქცევა, დახევა
return [რეტურნ] *v* დაბრუნება
review [რევიუ] *v* გადათვალიერება
revise [რევაიზ] *v* გადათვალიერება
revolt [რევოლტ] *n* ჯანყი
revolution [რევოლუშინ] *n* რევოლუცია
reward [რევორდ] *v n* დაჯილდოება, დასაჩუქრებარლვმაგარი
rice [რაის] *n* ფლავი, ბრინჯი, მდიდარი; *adj* მდიდარი, შეძლებული, დოვლათიანი
riddle [რიდდლ] *n* გამოცანა

rider [რაიდერ] *n* ცხენოსა́ნი

rifle [რაფლ] *n* თო́ფი

right side [რაიტ საიდ] *n* წალმა

right [რაით] *n* უფლე́ბა; *adj* მარჯვე́ნა

righteous [რაიჩეს] *adj* მართა́ლი

ring [რინგ] *v* დარე́კვა; *n* ბეჭე́დი

ripe [რაიპ] *adj* მწი́ფე

ripen [რაიპენ] *v* დამწიფე́ბა

ripeness [რაიპნესს] *n* სიმწი́ფე

rival [რაივალ] *n* კონკურე́ნტი, მეტო́ქე

river [რივერ] *n* მდინა́რე

road [როად] *n* ქუ́ჩა, გზა

roar [როარ] *v* დაღრიალე́ბა, დაყვირე́ბა

roast [როასტ] *v* შებრა́წვა, შე́წვა, ხრა́კვა, მოხრა́კვა

roasted [როასტედ] *adj* შებრაწუ́ლი, მოხრაკუ́ლი

rob [რობ]*v* ძა́რცვა, გაქუ́რდვა

robbery [რობბერი] *n* გაქუ́რდვა

rock salt [როკ სალტ] *n* ქვამარი́ლი

rocky [როკი] *adj* ქვია́ნი

roll [როლლ] *v* შეგორე́ბა, გაგორე́ბა, ჩაგორე́ბა; *n* ტაბუ́ლა

romance [რომანს] *n* რომა́ნსი

roof [რუფ] *n* სახურა́ვი

room [რუმ] *n* ცო́ცხი, ოთა́ხი

rooster [რუუსტერ] *n* მამა́ლი

root [რუტ] *n* ფესვი
rope [როუპ] *n* ბაწარი, თოკი
rose [როუზ] *n* ვარდი
rot [როტ] *v* ჩალპობა, დალპობა
rough [რაფ] *n* ესკიზი; *adj* უხეში, ხამი
round [რაუნდ] *v* მომრგვალება, დამრგვალება
rounded [რაუნდედ] *adj* ყოველმხრივი
roundness [რაუნდნესს] *n* სიმრგვალე
route [რაუტ] *n* მარშრუტი
row [როუ] *n* მწკრივი
royalty [როიალტი] *n* თავადაზნაურობა
rub [რაბ] *v* დაზელა, ხეხვა
rubber [რაბბერ] *n* რეზინი
rubbish [რაბბიშ] *n* ხარახურა, ნაგავი
ruble [რაბლ] *n* მანეთი
ruby [რუბი] *n* ლალი
rude [რუდ] *adj* უხეში, უზრდელი, ხამი
rug [რაგ] *n* ხალიჩა, ნოხი
ruin [რუინ] *v* აოხრება
rule [რულ] *n* წესი; *v* მართვა, მეფობა
ruler [რულერ] *n* ხელისუფალი
rules [რულზ] *n* წესდება
run [რან] *v* შერბენა, გარბენა, რბენა, მირბენა, არბენა
running [რანნინგ] *n* სირბილი
rural [რურალ] *adj* სახოფლო
Russia [რაშია] *n* რუსეთი

Russian [რაშიან] *adj* რუსული
rusty [რასტი] *adj* ჟანგიანი

S

sabre [სეიბრ] *n* ხმალი
sacred [სეიქრედ] *adj* საღვთო
sad [სედ] *adj* გაბოროტებული
saddle [სადდლ] *n* უნაგირი
safe [სეიფ] *adj* იმედიანი
safely [სეიფლი] *adv* უვნებლად
said [სედ] *adj* თქმული, ნათქვამი
sailor [სეილორ] *n* მეზღვაური
salad [სალად] *n* სალათა
salary [სალარი] *n* ხელფასი
sale [სეილ] *n* გაყიდვა, გასაღება
salesman [სეილზმენ] *n* გამყიდველი
saleswoman [სეილზვუმან] *n* გამყიდველი
salt [სალტ] *n* მარილი
salty [სალტი] *adj* მარილიანი
salvation [სალვეიშინ] *n* ცხონება
same [სეიმ] *adj* ამავე, ბადალი, იმავე
sample [სემპლ] *n* ეგზემპლარი
sand [სენდ] *n* სილა, ქვიშა
sane [სეინ] *adj* ჯანსაღი
sanitary [სანიტარი] *adj* სანიტარული
satiate [სიჩიეით] *v* გაძღომა

satin [სატინ] *n* ატლა́სი
satisfaction [სატისფაქშინ] *n* დაკმაყოფილე́ბა
satisfactory [სატისფაქტორი] *adj* საკმარი́სი, დამაკმაყოფილე́ბა
satisfy [სატიფაი] *v* დაკმაყოფილე́ბა, გაძლო́მა
Saturday [სატურდეი] *n* შაბა́თი
sauce [სოს] *n* საწებე́ლი
sausage [სოსეჯ] *n* ძე́ხვი, კუპა́თი
savage [საველჯ] *n* ბარბარო́სი
save [სეივ] *v* გადარჩე́ნა, შენა́ხვა
saved [სეივდ] *adj* შენახუ́ლი
savings [სეივინგს] *n* დანაზო́გი
saw [სო] *v* ხე́რხვა, წაკვე́რება; *n* ხე́რხი
say [სეი] *v* თქმა
scab [სქებ] *n* ქე́ცი
scale [სქეილ] *n* სასწო́რი, მასშტა́ბი
scare [სქერ] *v* შეში́ნება
scarlet [სქარლეტ] *adj* ალისფე́რი
scatter [სქატტერ] *v* დაფა́ნტვა
scene [სინ] *n* სცე́ნა
scent [სენტ] *n* ა́ლლი
school [სქულლ] *n* სკო́ლა
science [საიენს] *n* მეცნიერე́ბა
scientist [საიენტისტ] *n* მეცნიე́რი
scissors [სისსორზ] *n* მაკრატე́ლი
scold [სქოლდ] *v* ლა́ნძღვა
Scotland [სქოტლანდ] *n* შოტლანდი́ა

scrape [სქრეიპ] *v* ამოფხე́ქა
scratch [სქრაჩ] *v* ფხა́ნა, დაფხა́ქნა
scream [სქრიმ] *v n* წივი́ლი
screen [სქრიინ] *n* ეკრა́ნი
scribble [სქრიბბლ] *v* ჯღა́ბნა
scuffle [სქაფფლ] *v n* ჩხუ́ბი
sculptor [სქალპტორ] *n* მოქანდა́კე
sea [სი] *n* ზღვა
seal [სიალ] *n* პლო́მბი
seaman [სიმენ] *n* მეზღვაუ́რი
search [სერჩ] *v* ჩხრე́კა, ძე́ბნა, ძიე́ბა
searcher [სერჩერ] *n* მძებნე́ლი
seat [სიტ] *n* საჯდო́მი
second [სექონდ] *n* წა́მი; *num* მეო́რე; *n* სეკუ́ნდი, წა́მი
secret [სიქრეტ] *adj* ფარუ́ლი
secretary [სექრეტარი] *n* მდივა́ნი
secretly [სიქრეტლი] *adv* ნამალა́ვად
secular [სექულარ] *adj* ასწლოვა́ნი
seduce [სედუს] *v* ცდუნე́ბა
seduction [სედაქშინ] *n* ცდუნე́ბა
seductive [სედაქტივ] *adj* მაცთუნებე́ლი
see [სიი] *v* ხი́ლვა, ხე́დვა; *n* ნა́ხვა
seed [სიიდ] *n* თე́სლი
seeker [სიიკერ] *n* მძებნე́ლი
seen [სიინ] *v* ნახუ́ლი
select [სელექტ] *v* შერჩე́ვა

selection [სელექშინ] *n* შერჩე́ვა

self defence [სელფ დეფენს] *n* თავდა́ცვა

self-esteem [სელფ-ესტიმ] *n* თავმოყვარეო́ბა

sell [სელლ] *v* გაყი́დვა, გასაღე́ბა

seller [სელლერ] *n* გამყიდვე́ლი

semester [სემესტერ] *n* სემე́სტრი

semicolon [სემიქოლონ] *n* წერტილ მძი́მე

seminar [სემინარ] *n* ლექცი́ა

send [სენდ] *v* შეგზა́ვნა, გა́გზავნა

send off [სენდ ოფ] *v* გასტუმრე́ბა

senior [სენიორ] *adj* მოხუ́ცი

sense [სენს] *n* ცნობიერე́ბა

senseless [სენსლესს] *adj* უგრძნობე́ლი, უა́ზრო

sensitive [სენსიტივ] *adj* საგრძნო́ბი

sentence [სენტენს] *n* წინადადე́ბა; *v* მი́სჯა

separate [სეპარეიტ] *v* გაშორე́ბა, გამოყო́ფა, დაშორე́ბა, დაცილე́ბა

separately [სეპარეტლი] *adv* ცა́ლკე

separation [სეპარეიშინ] *n* დაშორე́ბა, და-ცილე́ბა

September [სეპტემბერ] *n* სექტემბე́რი

seriously [სერიოსლი] *adv* სერიოზუ́ლად

servant [სერვანტ] *n* მოსამსახუ́რე

serve [სერვ] *v* მომსახურე́ბა, მირთმე́ვა

service [სერვის] *n* სამსახუ́რი

set [სეტ] *n* კომპლე́ქტი

settle [სეტტლ] *v* შესახლე́ბა, ჩასახლე́ბა,

დაბინავება
settlement [სეტტლმენტ] *n* დასახლება
seven [სევენ] *num* შვიდი
seventeen [სევენტიინ] *num* ჩვიდმეტი
seventeenth [სევენტიინთ] *num* მეჩვიდმეტე
seventh [სევენთ] *num* მეშვიდე
sew [სუ] *v* შეკერვა, კერვა
sewing [სუინგ] *n* კერვა
sex [სექს] *n* სქესი
sexless [სექსლესს] *adj* უსქესო
sexual [სექშუალ] *adj* სქესობრივი
shadow [შადოუ] *n* აჩრდილი
shadow [შადოუ] *n* ჩრდილი
shaggy [შაგგი] *adj* თმიანი
shah [შაჰ] *n* შაჰი
shake [შეიკ] *v* ქანაობა, ბერტყვა, გაბერტყვა, შენძრევა
shame [შეიმ] *v* სირცხვილი
shameful [შეიმფულ] *adj* სასირცხო, უნამუსო
shameless [შეიმლესს] *adj* ურცხვი, უსირცხვილო, უსინდისო
shape [შეიპ] *n* ფორმა
share [შეარ] *n* მონაწილეობა, წილი
sharp [შარპ] *adj* მახვილი, მჭრელი, მკვეთრი, ბასრი
sharpen [შარპენ] *v* გალესვა
sharply [შარპლი] *adv* მკვეთრად

shave [შეივ] *v n* მოპა́რსვა, პა́რსვა, გაპა́რსვა
shawl [შოლ] *n* თავშა́ლი, შა́ლი
she [ში] *pron* ი́გი́, ის, მა́გი, მა́გან
shear [შიარ] *v* შექრე́ჭა
sheep [შიიპ] *n* ცხვა́რი
shelter [შელტერ] *n* თავშესაფა́რი
shepherd [შეპჰერდ] *n* მწყე́მსი
shift [შიფტ] *v* ხმე́ნა, ამოძრავე́ბა
shimmer [შიმმერ] *v n* ციმცი́მი
shine [შაინ] *v n* ბრწყი́ნვა
shining [შაინნინგ] *adj* კაშკა́ში, ბრწყინვა́ლე
shiny [შაინი] *adj* ელვა́რე, ბრწყინვა́ლე
ship [შიპ] *n* გე́მი
shiver [შივერ] *n* ჟრუანტე́ლი; *v* აკანკალე́ბა, ძაგძა́გი
shoemaker [შუმეიკერ] *n* ხარა́ზი
shoes [შუზ] *n* ფეხსაცმე́ლი
shoot [შუუტ] *v* სრო́ლა
shop [შოპ] *n* მაღაზი́ა
short [შორტ] *adj* მო́კლე
shorten [შორტენ] *v* დამოკლე́ბა, შეკვე́ცა
shortly [შორტლი] *adj* მო́კლედ
shoulder [შოულდერ] *n* მხა́რი
shout [შაუტ] *v* ყვი́რილი
shovel [შაუელ] *n* ბა́რი
show [შოუ] *n* ხანახაო́ბა, საყურებე́ლი
showery [შაუერი] *adj* წვიმია́ნი

shriek [შრიკ] *v n* წივილი
shut [შატ] *v* დაკეტვა
shuttle [შატტლ] *n* მაქო
shy [შაი] *adj* მორცხვი
Siberia [საიბერია] *n* ციმბირი
sick [სიკ] *adj* უძლური, ავადმყოფი
side [საიდ] *n* ფერდი, მხარე, გვერდი
sight [საით] *n* ხანახაობა, საყურებელი, მხედველობა
sign [საინ] *n* ნიშანი
signature [სიგნაჩურ] *adj* ხელმოწერა
signed [საინდ] *adv* ხელმოწერილი
silence [საილენს] *v* ჩაჩუმება, დადუმება; *n* მდუნარება, სიჩუმე
silent [საილენტ] *adj* ჩუმი, ჩუმათ
silently [საილენტლი] *adv* ჩუმად
silly [სილლი] *adj* ტუტუცი, ჩერჩეტი
silver [სილვერ] *n* ვერცხლი
similar [სიმილარლ] *adj* მსგავსი
similarly [სიმილარლი] *adv* მსგავსად
simple [სიმპლ] *adj* უბრალო
simulation [სიმიულეიშინ] *n* ხიმულაცია
simultaneous [სიმიულტანეოს] *adv* ერთდროული
sin [სინ] *n* ცოდვა
sincere [სინსიარ] *adj* გულითადი
sing [სინგ] *v* მღერა

singer [სინგერ] *n* მომღერალი
singing [სინგინგ] *n* გალობა
single [სინგლ] *adj* უქმრო, უცოლო, ერთადერთი, მარტო, მარტოკა
singular [სინგულარ] *adj* თავისებური
sink [სინკ] *v* ჩაძირვა
sinking [სინკინგ] *n* ჩაძირვა
sir [სირ] *n* ბატონი
sit [სიტ] *v* დასხმა, მოჯდომა, ჩამოჯდომა, ჩაჯდომა, ჯდომა
sitdown [სიტდაუნ] *v* დაჯდომა
site [საით] *n* ალაგი
six [სიქს] *num* ექვსი
sixteen [სიქსტიინ] *num* თექვსმეტი
sixteenth [სიქსტიინთ] *num* მეთექვსმეტე
sixth [სიქსთ] *num* მეექვსე
sixty [სიქსტი] *num* სამოცი
sizzle [სიზზლ] *v n* შიშინი, შიშხინი
skeleton [სკელეტონ] *n* ჩონჩხი
sketch [სკეჭ] *n* ესკიზი
sketch [სკეჩ] *v* ხაზვა
skilful [სქილფულ] *v* დახელოვნება
skill [სკილლ] *n* ოსტატობა
skin [სკინ] *n* კანი
sky [სკაი] *n* ცა
slave [სლეივ] *n* მონა
slavery [სლეივერი] *n* კატორღა

sledge [სლედჯ] *n* ცი́გა
sleep [სლიიპ] *n* ძი́ლი
sleepless [სლიიპლესს] *adj* უძი́ლო
sleepy [სლიიპი] *adj* ნამძინარე́ვი, მძინა́რა
sleeve [სლიივ] *n* სახე́ლო
slide [სლაიდ] *v* ჩამოსრიალე́ბა
slightly [სლაითლი] *adv* გა́კვრით, ო́დნავ; *adj* მსუ́ბუქად
slippers [სლიპპერზ] *n* ქოშე́ბი
slippery [სლიპპერი] *adj* სრია́ლა
slope [სლოუპ] *n* აღმა́რთი, ფე́რდი, დაღმა́რთი
slouch [სლაუჩ] *v* წაკუ́ზვა
slow [სლოუ] *adj* ნე́ლი, აუჩქარებე́ლი
slowly [სლოული] *adv* ნე́ლა, თანდა́თან, წყნა́რად
small [სმოლლ] *adj* პატა́რა, პაწაწი́ნა
smash [სმაშ] *v* ჩამტვრე́ვა, ჩანგრე́ვა
smell [სმელლ] *n* ა́ლღი, სუ́ნი
smile [სმაილ] *v* გაღინე́ბა, ჩაცინე́ბა, ღიმი́ლი
smoke [სმოუკ] *n* კვამლი, ბო́ლვა; *v* თამბა́ქოს წე́ვა
smoky [სმოუკი] *adj* გაბოლი́ლი
snail [სნეილ] *n* ლოკოკი́ნა
snake [სნეიკ] *n* გვე́ლი
sneer [სნიირ] *v* ღრე́ჭა
snore [სნორ] *v* ხვრი́ნვა
snow [სნოუ] *v n* თო́ვა, თო́ვლა

snowflake [სნოუფლეიკ] *n* ფი́ფქი
snowstorm [სნოუსტორმ] *n* ქარბუ́ქი
snowy [სნოუი] *adj* თოვლია́ნი
so [სო] *adv* ა́სე, ი́სე, ისეთნაი́რად, იმდე́ნად, ა́გრე,*int* ა́ბა
soak [სოაკ] *v* ჟო́ნვა
soap [სოაპ] *n* საპო́ნი
soberness [სოუბერნესს] *n* სიფხი́ზლე
soccer [სოქქერ] *n* ფეხბუ́რთი
social [სოშიალ] *adj* სოციალუ́რი
socialism [სოშიალიზმ] *n* სოციალი́ზმი
society [სოსაიეტი] *n* საზოგადოე́ბა
sociology [სოსიოლოჯი] *n* სოციოლოგი́ა
sofa [სოუფა] *n* ტა́ხტი, დივა́ნი
soft [სოფტ] *adj* რბი́ლი
soften [სოფტენ] *v* მორბილე́ბა, შერბილე́ბა
softening [სოფტენინგ] *n* შერბილე́ბა
softness [სოფტნესს] *n* სირბი́ლე
soil [სოილ] *v* გაბინძურე́ბა, გაჭუჭყიანე́ბა
soldier [სოლჯერ] *n* ჯარისკა́ცი
sole [სოლ] *n* ფეხისგუ́ლი
solicitor [სოლისიტორ] *n* ვექი́ლი
solid [სოლიდ] *adj* მაგა́რი
solitude [სოლიტუდ] *n* სიმარტო́ვე
solve [სოლვ] *v* გამოყვა́ნა
some time [სამ ტაიმ] *adj* ოდე́სმე
some [სამ] *adj pron* ზო́გი, ზოგიე́რთი

somebody [სამბოდი] *pron* ვი́ნმე, ვიღა́ცა
somehow [სამჰაუ] *adv* რამენაი́რად, როგო́რმე
something [სამთინგ] *pron* რაი́მე
sometimes [სამტაიმზ] *adv* ხანდა́ხან, ზო́გჯერ
somwhere [სამჰვერ] *adv* სა́დმე, სა́დღაც
son [სონ] *n* შვი́ლი, ვა́ჟი, ძე
son-in-law [სან ინ ლო] *n* სი́ძე
song [სონგ] *n* სიმღე́რა, რომა́ნსი, სუფრუ́ლი
soon [სუუნ] *adv* მა́ლე
sooner [სუუნერ] *adv* უ́მალ
sorcerer [სორსერერ] *n* ჯადოსა́ნი
sorcery [სორსერი] *n* ჯა́დო
sorrow [სორროუ] *n* წუხი́ლი
sort [სორტ] *v* დახარისხე́ბა
soup [სუპ] *n* ბულიო́ნი
sour [საუერ] *adj* მჟა́ვე
source [სორს] *n* თა́ვი
South America [საუთ ამერიქა] *n* სამხრე́თი
south [საუთ] *n* სამხრე́თი
sovereign [სოვერენ] *n* ხელმწი́ფე
Soviet [სოვიეტ] *adj* საბჭო́თა
space [სპეის] *n* სი́ვრცე
Spain [სპეინ] *n* ესპანე́თი
Spanish [სპანიშ] *adj* ესპანუ́რი
sparkle [სპარკლ] *v* ბრწყი́ნვა
spare [სპეარ] *v* დანდო́ბა
speak [სპიკ] *v* ლაპარა́კი

special [სპეშიალ] *adj* თავისებური, სპეციალური
specialist [სპეშიალისტ] *n* სპეციალისტი
speciality [სპეშიალიტი] *n* სპეციალობა
species [სპისიზ] *n* სახეობა
spectacle [სპექტაქლ] *n* სანახაობა, საყურებელი
spectator [სპექტეიტორ] *n* მაყურებელი
speech [სპიიჩ] *n* სიტყვა
speechless [სპიიჩლესს] *adj* უსიტყვო, უენო
speedy [სპიიდი] *adj* სწრაფი, სასწრაფო
spend [სპენდ] *v* დახარჯვა, ხარჯვა
sperm [სპერმ] *n* თესლი
spiritual [სპირიჩუალ] *adj* სულიერი
spit [სპიტ] *v* ფურთხება
spiteful [სპაიტფულ] *adj* ბოროტი
splash [სპლაშ] *v* ჭყუმპალაობა; *n* შხეფი
splendid [სპლენდიდ] *adj* საუცხოო
splendor [სპლენდორ] *n* ფუფუნება
split [სპლიტ] *v* გაბზარვა
spoil [სპოილ] *v* ჩალპობა, დალპობა, გაფუჭება
spoiler [სპოილერ] *n* მავნებელი
sponsor [სპონსორ] *n* თავდები
sport [სპორტ] *n* სპორტი
spread [სპრედ] *v* დაგება, გავრცელება
spring [სპრინგ] *v* ხტომა, ხტუნვა, წამოხტომა; *n* წყარო, გაზაფხული; *adj* საგაზაფხულო
springbuck [სპრინგბაკ] *n* ჯეირანი

square [სქუერ] *n* კვადრატი
squash [სქუაშ] *v* გასრესა, მიჭყლეტა
squeak [სქუიკ] *n* წრიპინი, წრუწუნი
squirrel [სქუირრლ] *n* ციყვი
stadium [სტადიუმ] *n* სტადიონი, მოედანი
staff [სტაფფ] *n* შტატი
stage [სტეიჯ] *n* ეტაპი, სცენა; *v* ინსცენირება
stamp [სტემპ] *n* მარკა
stand [სტენდ] *v* დადგომა, წამოდგომა, ჩადგომა, დგომა
star [სტარ] *n* ვარსკვლავი
state [სტეიტ] *n* სახელმწიფო
statement [სტეიტმენტ] *n* განცხადება
station [სტეიშინ] *n* სადგური
station [სტეიშინ] *n* სადგური
statutes [სტაჩუტს] *n* წესდება
stay [სტეი] *v* დარჩენა
steal [სტიელ] *v* მოპარვა, ქურდობა
steam [სტიმ] *n* ორთქლი
step [სტეპ] *n* ნაბიჯი
step-daughter [] *n* გერი
step-father [სტეპ ფათერ] *n* მამინაცვალი
step-mother [სტეპ მათერ] *n* დედინაცვალი
step-son [სტეპ სან] *n* გერი
stew [სთუ] *n* საცივი
stick [სტეპ დოთერ] *n* ჯოხი
sticky [სტიკი] *adj* წებოვანი

stingy [სტინჯი] *adj* ძუ́ნწი
stir [სტირ] *v* განზრე́ვა
stock [სტოკ] *n* ფო́ნდი, მარა́გი
stolen [სტოლენ] *adj* ნაქურდა́ლი, მოპარუ́ლი
stomach [სტომაქ] *n* მუცე́ლი
stone [სტოუნ] *n* ქვა
stony [სტოუნი] *adj* ქვია́ნი
stop [სტოპ] *v* შედგო́მა, შეჩერე́ბა, გაჩე́რა́, ხდექ!
storage [სტორეჯ] *n* მარა́გი, საწყო́ბი
store [სტორ] *n* მაღაზი́ა
storehouse [სტორჰაუს] *n* საწყო́ბი
storm [სტორმ] *n* ქარიშხა́ლი, ბუ́ქი
story [სტორი] *n* ამბა́ვი
stove [სტოუვ] *n* ღუმე́ლი
straight [სტრეით] *adj* სწო́რი, პირდაპი́რი, სწო́რად
strain [სტრეინ] *v* გაწუ́რვა
strained [სტრეინდ] *adj* დაძაბუ́ლი
strainer [სტრეინერ] *n* საწუ́რი
strangely [სტრეინჯლი] *adv* უცნაუ́რად
stranger [სტრეინჯერ] *n* უცნო́ბი
strategy [სტრატეჯი] *n* სტრატეგი́ა
straw [სტრო] *n* ჩა́ლა
strawberry [სტროუბერრი] *n* მა́რწყვი
street [სტრიიტ] *n* ქუ́ჩა
strength [სტრენთ] *n* ღო́ნე, ძლიერე́ბა

strengthen [სტრენთენ] *v* განმტკიცე́ბა,

დამასთრენუოუს [სტრენუოს] *adj* დაძაბუ́ლი

stretch [სტრეჩ] *v* გაჭი́მვა

strike [სტრაიკ] *v n* გაფი́ცვა, და́კვრა

strong [სტრონგ] *adj* მაგა́რი, ღონიე́რი, ჯანია́ნი

structure [სტრაქჩურ] *n* სტრუქტუ́რა

struggle [სტრაგგლ] *v n* ბრძო́ლა

stubborn [სტაბბრნ] *n* ჯიუ́ტი

student [სტუდენტ] *n* სტუდე́ნტი

study [სტადი] *v* შესწა́ვლა, სწა́ვლა

stuff [სტაფფ] *v* ჩატე́ნა

stupefied [სტუპეფაიდ] *adj* გაბრუებუ́ლი

stupid [სტიუპიდ] *adj* უტვი́ნო, უთა́ვო, ტუტუ́ცი

style [სტაილ] *n* სტი́ლი

subcommittee [საბქომმიტტიი] *n* ქვეკომისი́ა

subject [საბჯექტ] *n* საგა́ნი, სიუჟე́ტი, სუბიე́ქტი, თე́მა

subjugate [საბჯუგეიტ] *v* დამონე́ბა

submarine [საბმარინ] *n* წყალქვე́შა ნა́ვი

submerged [საბმერჯდ] წყალქვშ

subordinate [საბორდინეტ] *v* დაქვემდებარე́ბა

subordination [საბორდინეიშინ] *n* დაქვემდე-ბარე́ბა

subtitle [საბტაიტლ] *n* ქვესათაუ́რი

suburb [საბერბ] *n* გარეუბა́ნი

suburban [საბერბან] *adj* საგარეუ́ბნო

subway [საბვეი] *n* გვირა́დი

successfully [საქქსესსფულლი] *adv* წარმატე́ბით
succession [საქქსეშინ] *n* თანმიყოლე́ბით
such [საჩ] *adj* იმნაი́რი, იმისთა́ნა, ამისთა́ნა, ამისთა́ნა, ეგე́თი
suck [საკ] *v* წო́ვა
sucking [საკინგ] *n* წო́ვა
suction [საქშინ] *n* წო́ვა
suddenly [სადდენლი] *adv* უცბად, უ́ცებ
suffer [საფფერ] *v* დაზარალე́ბა
sufficient [სუფფიშიენტ] *adj* დამაკმაყოფილებე́ლი
sugar [შუგარ] *n* შაქა́რი
suggest [საჯჯესტ] *v* ჩაგონე́ბა
suggestion [საჯჯესჩინ] *v* შთაგონე́ბა
suitable [სუტაბლ] *adj* შესასვლე́ლი, შესაფერი́სი
suitcase [სუიტქეის] *n* ჩემოდა́ნი
sulphur [სალფრ] *n* გოგი́რდი
sum [სამ] *n* თა́ნხა, ჯა́ნი
summer [სამმერ] *n* ზაფხუ́ლი
summit [სამმიტ] *n* ქე́დი, წვე́რო, წვე́რი
Sunday [სანდეი] *n* კვი́რა
sunny [სანნი] *adj* მზიუ́რი
sunrise [სანრაიზ] *n* აი́სი, გათენე́ბა, განთია́დი
superfluous [სუპერფლუოს] *adj* ჭა́რბი
superior [სუპერიორ] *n* უფროსე́ბი, წინამძღვა́რი

supernatural [სუპერნაჩურალ] *adj* ზებუნებრივი
superstition [სუპერსტიშინ] *n* ცრუმორწმუნ-
ეობა
superstitious [სუპერსტიშიოს] *adj* ცრუმორწ-
მუნე
supplier [სუპპლაიერ] *n* მიმწოდებელი
supply [სუპპლაი] *n* მარაგი
supposedly [სუპპოზედლი] *adv* ალბათ
supreme [სუპრიმ] *adj* უზენაესი, უმაღლესი
surgeon [სურჯენ] *n* ქირურგი
surgery [სურჯერი] *n* ქირურგია
surname [სურნეიმ] *n* გვარი
surpass [სურპასს] *v* ჯობნა
surplus [სურპლას] *adj* ჭარბი
surprising [სურპრაიზინგ] *adj* საკვირველი
surrender [სურრენდერ] *v n* დანებება
surroundings [სურროუნდინგზ] *n* გარემო
survey [სურვეი] *v* დაკვირვება, დათვალიერება
suspend [სასპენდ] *v* შეჩერება
suspicion [სასპიშინ] *n* ეჭვი
swallow [სვალლოუ] *v* ჩაყლაპვა
swamp [სუამპ] *n* ჭაობი
swan [სუან] *n* გედი
swear [სუეარ] *v* დაფიცება, შეფიცვა
sweat [სუეტ] *v* გაოფლიანება; *n* ოფლი
sweep [სვიიპ] *v* მიხვეტა, ხვეტა
sweet [სვიიტ] *adj* ტკბილი

swell [სველლლ] *v* შესივება, დასივე́ბა
swelling [სველლლინგ] *n* გასივე́ბა
swift [სვიფტ] *adj* ჩქა́რი
swim [სვიმ] *v* შეცურე́ბა, ცუ́რვა
swimmer [სვიმმერ] *n* მცურა́ვი
swimming [სვიმმინგ] *n* ცუ́რვა
swing [სვინგ] *v* ქანაო́ბა
switch off [სვიჩ ოფ] *v* ჩაქრო́ბა; *n* ქრო́ბა
switch [სვიჭ] *n* სა́ხრე
swollen [სვოლლლენ] *adj* გაბერი́ლი
sword [სვორდ] *n* ხმა́ლი
symphathize [სიმპათაიზ] *v* თანაგრძნო́ბა
synagogue [სინაგოგ] *n* სინაგო́გა
synthesis [სინთესის] *n* სინთე́ზი
system [სისტემ] *n* სისტე́მა
systematic [სისტემატიქ] *adj* გეგმია́ნი

T

table [ტეიბლ] *n* სუ́ფრა, მაგი́და
tail [ტეილ] *n* კუ́დი
tailor [ტეილორ] *n* თე́რძი, მკერა́ვი
take [ტეიკ] *v* წაღე́ბა, წაყვა́ნა, აღე́ბა
taking [ტეიკინგ] nაღე́ბა
talent [ტალენტ] *n* ნი́ჭი
talk [ტოლკ] *n* საუბა́რი;*v* ლაპარა́კი
tall [ტოლლ] *adj* მაღა́ლი

tan [თან] *v* გაშავე́ბა
tangerine [ტანჯერინ] *n* მანდარი́ნი
tangled [ტანგლდ] *adj* აწეწი́ლი
tardy [ტარდი] *adj* ნაგვიანე́ვი
target [ტარგეტ] *n* მიზა́ნი
task [ტასკ] *n* მიზა́ნი
taste [ტეისთ] *n* გე́მო, გემოვნე́ბა, გასი́ნჯვა
tasteless [ტეისტლესს] *adj* უგემუ́რი
Tatar [ტატარ] *n* თათა́რი; *adj* თათრუ́ლი
tattle [ტატტლ] *n* ჭო́რი
tax [თაქს] *v n* შეწე́რა, ღა́ლა, ბა́ჟი
tea [თი] *n* ჩა́ი
teacher [თიჩერ] *n* პედაგო́გი, მასწავლებე́ლი
team [თიმ] *n* გუ́ნდი
tear [ტეარ] *n* ცრე́მლი; *v* ხე́ვა, დახე́ვა
technical [ტექნიქალ] *adj* ტექნიკუ́რი
technician [ტექნიშიან] *n* ტექნიკო́სი
telegram [ტელეგრამ] *n* დეპე́შა
telephone [ტელეფონ] *v* დარე́კვა; *n* ტელეფო́ნი
tell [ტელლ] *n* მბო́ბა
temper [ტემპერ] *n* გუნე́ბა
temperamental [ტემპერამენტალ] *adj* გულ-ფი́ცხი
temperature [ტემპერაჩურ] *n* სი́ცხე
tempest [ტემპესტ] *n* ქარიშხა́ლი
temporary [ტემპორერი] *adj* დროები́თი
tempt [ტემპტ] *v* ცდუნე́ბა

temptation [ტემპტეიშინ] *n* შეცდე́ნა, ცდუნე́ბა
ten [ტენ] *num* ა́თი
tender [ტენდერ] *adj* აზი́ზი
tenderly [ტენდერლი] *adv* ნა́ზად
tenderness [ტენდერლესს] *n* სინა́ზე
tennis [ტენნის] *n* ჩოგბუ́რთი
tense [თენს] *adj* დაძაბუ́ლი
tension [ტენშინ] *n* ძა́ბვა
term [თერმ] *n* სემე́სტრი
terms [ტერმს] *n* პირობე́ბი
terrace [ტერრას] *n* აივა́ნი
terrible [ტერრიბლ] *adj* საშინე́ლი
territory [ტერრიტორი] *n* მიწა-წყა́რო
test [ტესტ] *n* სი́ნჯი, გამო́ცდა
testament [ტესტამენტ] *n* ანდე́რძი
testimonial [ტესტიმონიალ] *n* ატესტა́ტი
text [ტექსტ] *n* ტე́ქსტი
thankful [თენკფულ] *adj* მადლობე́ლი
thanks [თანკს] *n* მადლო́ბა
that [თატ] *pron* რა́თა, ი́გი́, ის; *ádj* იმ, ი́მან
theater [თეატერ] *n* თეა́ტრი
theatrical [თეატრიქალ] *adj* სათეა́ტრო
theft [თეფთ] *v* ქურდო́ბა
their [თეირ] *adj* მა́თი, იმა́თი; *pron adj* თავია́ნთი
theirs [თეირს] *pron adj* თავია́ნთი, იმა́თი
them [თემ] *prón* მათ, ი́მათ
theme [თიმ] *n* თე́მა

then [თენ] *adv* შემდგომ, მერე, მაშინ
there [თეარ] *adv* ეგერ, მანდ, იქ
therefore [თერფორ] *adv* ეგრე, ამგვარათ
these [თიიხ] *pron* ესენი
they [თეი] *pron* ისინი, იგინი, ისini
thick [თიკ] *adj* სქელი
thicken [თიკენ] *v* შესქელება
thickness [თიკნესს] *n* სისქე
thief [თიფ] *n* ქურდი
thigh [თაი] *n* ბარძაყი
thin [თინ] *v* ჩამოხმობა; *adj* ჩამომხმარი
thing [თინგ] *n* საგანი
think [თინკ] *v* მოფიქრება, დაფიქრება
thinking [თინკინგ] *n* აზროვნება
third [თორდ] *num* მესამე
thirst [თორსტ] *n* წყურვილი
thirsty [თორსტი] *adj* მოწყურებული, მწყურვალე
thirteen [თორტიინ] *num* ცამეტი
thirteenth [თორტიინთ] *num* მეცამეტე
thirty [თორტი] *num* ოცდაათი
this [თის] *pron* ეგ
this year [თის იეარ] *n* წელს
thoroughbred [თოროუბრედ] *adj* ჯიშიანი
thoroughly [თოროული] *adv* საფუძვლიანად
though [თოუჰ] *conj* თუმცა
thoughtfulness [თოთფულნესს] *n* ჩაფიქრება

thoughtless [თოთლესს] *adj* ქარაფშუტა
thousand [თაუსანდ] *num* ათასი
thread [თრეად] *n* ძაფი
three [თრი] *num* სამი
throat [თროტ] *n* ყელი, სასულე
throw [თროუ] *v* გადაყრა, ჩაგდება, დაგდება, გადაგდება, შეგდება, დაყრა, სროლა
thumb [თამბ] *n* ცერი
thunder [თანდერ] *n* ქუხილი, მეხი
Thursday [თურსდეი] *n* ხუთშაბათი
thus [თას] *adv* ამგვარათ, ეგრე
ticket [ტიკეტ] *n* ბილეთი
tickle [ტიკლ] *v* ღიტინი
tie [თაი] *v* ახვევა, შეკვრა, დაბმა
tied [ტაიდ] *adj* შებმული, დაბმული
tiger [ტაიგერ] *n* ვეფხვი
tile [ტაიტლ] *n* კრამიტი
timber [ტიმბერ] *n* ხე-ტყე
time [ტაიმ] *n* ჟამი, ხანი
timely [ტაიმლი] *adj* დროული
timid [ტიმიდ] *adj* მოშიში, მორცხვი
tiny [ტაინი] *adj* პაწაწინა
tip-toe [ტიპ-თოუ] ცერებზე
tire [ტაიარ] *v* დაქამცვა, დაღლა
tiresome [ტაიარსამ] *adj* აბეზარი
tissue [ტიშიუ] *n* ცხვირსახოცი
title [ტაიტლ] *n* სათაური, ტიტული

to [თუ] *v* მიმართ
tobacco [ტობაქკო] *n* თამბაქო, თუთუნი
today [ტუდაი] *adv* დღეს; *adj* დღევანდელი
together [ტუგეთერ] *adv* ერთად
toilet [ტოილეტ] *n* ტუალეტი
told [ტოლდ] *v* ნაამბობი; *adj* თქმული
tolerate [ტოლერეიტ] *v* მოთმენა, თმენა
tomato [ტომეიტო] *n* პამიდორი
tomorrow [თუმორროუ] *adv* ხვალ
ton [ტონ] *n* ტონა
tongue [ტონგ] *n* ენა
tonight [ტუნაით] *adv* ამაღამ
too [თუუ] *adv* მეტისმეტად, ძალიან, ძალზე, ძლიერ
too much [თუუ მაჩ] *adj* ზედმეტი
tool [ტუულ] *n* ხელსაწყო
tooth [ტუთ] *n* კბილი
toothless [თუთლესს] *adj* უკბილო
top [ტოპ] *n* კენწერო, ქედი
Torah [თორაჰ] *n* თორა, ბიბლია
torment [ტორმენტ] *v n* ტანჯვა, წამება, წვალება
torn [ტორნ] *adj* გახეული, დაგლეჯილი
torture [ტარჩურ] *v n* ტანჯვა, წამება, წვალება
tortured [ტორჩურდ] *adj* გაწამებული
touch [ტაჩ] *v* მოკიდება

towards [თუვარდს] *v* მი́მართ
tower [ტაუერ] *n* კო́შკი
town [ტაუნ] *n* ქალა́ქი
townsman [ტაუნსმენ] *n* ქალაქე́ლი
toy [ტოი] *n* სათამა́შო
trade [ტრეიდ] *n* პროფესი́ა; *v* ვაჭრო́ბა; *n* ხელო́ბა, ხელოვნე́ბა
tradesman [ტრეიდსმენ] *n* ვაჭა́რი
traditional [ტრადიშინალ] *adj* ტრადიციუ́ლი
tragedy [ტრაჯედი] *n* ტრაგედი́ა
train [ტრეინ] *n* მატარებე́ლი
traitor [ტრეიტორ] *n* მოღალა́ტე
tranquil [ტრანქუილ] *adj* მყუ́დრო
Transcaucasus [ტრანსქოქოსუს] *n* ამიერკავკასი́ა
transfer [ტრანსფერ] *v* გადატა́ნა
transform [ტრანსფორმ] *v* გადაქცე́ვა
transitional [ტრანზიშინალ] *adj* გარდანავა́ლი
transitive [ტრანზიტივ] *adj* გარდანავა́ლი
translate [ტრანსლეით] *n* თა́რგმნა; *v* გადათა́რგმნა
translated [ტრანსლეიტედ] *adj* ნათა́რგმნი
translator [ტრანსლეიტორ] *n* მთარგმე́ლი
transmission [ტრანსმიშენ] *n* ტრანსლაცი́ა
transmit [ტრანსმიტ] *v* გადაცე́მა
transport [ტრანსპორტ] *n* ტრანსპო́რტი, გზა́თა; *v n* გადაზი́დვა

travel [ტრაველ] *v* მგზავრო́ბა, მოგზაურო́ბა
traveling [ტრაველინგ] *n* საგზა́ო
traveller [ტრაველლერ] *n* მოგზაუ́რი, მგზა́ვრი
treacherous [ტრეჩეროს] *adj* გაუტანე́ლი
treachery [ტრეჩერი] *n* ღალა́ტი
treason [ტრიზონ] *n* ღალა́ტი
treasure [ტრეჟურ] *n* საგანძუ́რი, გა́ნძი
treasury [ტრეჟური] *n* ხაზი́ნა
treat [ტრიტ] *v* გამასპინძლე́ბა, მკურნალო́ბა
treatment [ტრიტმენტ] *n* მკურნალო́ბა; *v* წამლო́ბა
treaty [ტრიტი] *n* ხელშეკრულე́ბა
tree [ტრიი] *n* ხე
tremble [ტრემბლ] *v* აკანკალე́ბა, ძაგძა́გი
trembling [ტრემბლინგ] *n* აცახცახე́ბა, ჟრჟო́ლა, ცარცა́ხი
tremendous [ტრემენდოს] *adj* უზარმაზა́რი
tremor [ტრემორ] *n* ძაგძა́გი
trial [ტრაიალ] *n* ხა́ნჯი
tribute [ტრიბიუთ] *n* ხა́რკი
triumph [ტრაიამფ] *n* გამარჯვე́ბა
trouble [ტრობლ] *v n* შეწუხე́ბა
trousers [ტრაუზერზ] *n* შარვა́ლი
trout [ტრაუტ] *n* კალმა́ხი
true [ტრუ] *adj* ჭეშმარი́ტი, მართა́ლი
truly [ტრული] *adv* ჭეშმარი́ტად
trust [ტრასტ] *n* ნდო́ბა

trustee [ტრასტიი] *n* მომვლელი
trustful [ტრასტფულ] *adj* მიმნდობი
trusting [ტრასტინგ] *adj* მიმნდობი
trustworthy [ტრასვორთი] *adj* სანდო
trusty [ტრასტი] *adj* იმედიანი
truth [ტრუთ] *n* სიმართლე, ჭეშმარიტება
truthful [ტრუთფულ] *adj* გულმართალი
Tuesday [ტიუზდეი] *n* სამშაბათი
tune [ტუნ] *n* ჰანგი; აწყობა
tunnel [ტანნელ] *n* გვირაბი
Turk [ტურკ] *n* თურქი
turkey [ტურკი] *n* ინდაური
Turkey [ტერკი] *n* თურქეთი
turn [ტერნ] *n* ჯერი, მოსახვევი; *v* მიბრუნება, მობრუნება, გატრიალება, შებრუნება
turquoise [ტურქოის] *n* ფირუზი
tusk [ტასკ] *n* ღონჯი
twelfth [ტველთ] *num* მეთორმეტე
twelve [ტველვ] *num* თორმეტი
twentieth [ტვენტიეთ] *num* მეოცე
twenty [ტვენტი] *num* ოცი
twice [თვაის] *adv* ორჯერ
twilight [ტვაილაიტ] *n* ბინდი, მწუხრი
twin [ტვინ] *n* ტყუპი
type [ტაიპ] *v* ბეჭდვა; *n* ტიპი
typical [ტიპიქალ] *adj* ტიპიური

U

ugliness [აგლინესს] *n* უშნოო́ბა, სიმახი́ნჯე
ulcer [ალსერ] *n* წყლუ́ლი
unacceptable [ანაქქსეპტებლ] *adj* არასაპატი́ო
unaccustomed [ანაქქასტომდ] *adj* მიუჩვევე́ლი, შეუჩვევე́ლი
unanimously [ანანიმოსლი] *adv* ე́რთხმად
unarmed [ანარმდ] *adj* უიარა́ღო
unceasing [ანსისინგ] *adj* შეუჩერებე́ლი
uncle [ანქლ] *n* ძი́ა, ბი́ძა
unclean [ანქლინ] *adj* დაუწმენდე́ლი
unconditional [ანქონდიშინალლი] *adj* უთ-უმცა́ო, უსი́ტყვო
uncontrollable [ანქონტროლლაბლ] *adj* შეუკავებე́ლი
uncultivated [ანქალტივეიტედ] *adj* დაუმუშა-ვებე́ლი
under [ანდერ] *ádv* ქვეშ
underestimation [ანდერესტიმეიშინ] *n* შეუფასებლო́ბა
underground [ანდერგრაუნდ] *adj* მიწისქვე́შა
underline [ანდერლაინ] *v* გა́სმა, გახა́ზვა
understand [ანდერსტენდ] *v* მიხვდო́მა, გაგე́ბა, შეგნე́ბა
undertaking [ანდერტეიკინგ] *n* ხაწა́რმო
undeserved [ანდეზერვდ] *adj* დაუმსახურებე́ლი
undesirable [ანდეზაირაბლ] *adj* არასასურვე́ლი

undoubtedly [ანდაუტედლი] *adv* უეჭველად
undressed [ანდრესსდ] *adj* ტანგახდილი
uneconomical [ანექონომმიქალ] *adj* უანგარიშო
uneducated [ანედუქეიტედ] *adj* უსცავლელი, გაუნათლებელი
uneducated [ანედუქეიტედ] *adj* შეუსწავლელი
unemployed [ანემპლოიდ] *adj* უმუშევარი
unexpected [ანექსპექტედ] *adj* მოულოდნელი
unexpectedly [ანექსპექტადლი] *adv* უეცრად, უცბად, უცებ
unfinished [ანფინიშდ] *adj* დაუმთავრებელი
unfit [ანფიტ] *adj* შეუფერებელი, უვარგისი
unforgettable [ანფორგეტტებლ] *adj* დაუვიწყ-ავი
unforseen [ანფორსიინ] *adj* გაუთვალისწი-ნებული
unfortunate [ანფორჩუნეტ] *adj* უბედური, ბედკრული
ungifted [ანგიფტედ] *adj* უნიჭო
unhappy [ანჰეპპი] *adj* უსიხარულო, უბედური, ბედკრული
unheard [ანჰერდ] *adj* არნახული, გაუგონარი
uninterruptedly [ანინთერრაპტედლი] *adv* უწყვეტლივ
unique [იუნიქ] *adj* ერთადერთი, არაჩვეულებ-რივი
unite [იუნაიტ] *v* გახსნა; *v n* შეერთება
united [იუნაიტედ] *adj* შეერთებული

unity [იუნაიტ] *n* ერთიანო́ბა, ერთო́ბა
universe [უნივერს] *n* სამყა́რო
unjust [ანჯასტ] *adj* მტყუა́ნი
unlawful [ანლოფულ] *adj* უკანონო
unlearned [ანლერნდ] *adj* უსცავლე́ლი, გაუნათლებე́ლი, შეუსწავლე́ლი
unlucky [ანლაკი] *adj* უბედუ́რი, ბედკრუ́ლი
unmarried [ანმერრიდ] *adj* გაუთხოვა́რი, უ́ქმრო, უცოლშვი́ლო
unmarried [ანმერრიდ] *adj* მა́რტო, მარტო́კა, მარტოხე́ლა
unmerited [ანმერიტედ] *adj* დაუმსახურებე́ლი
unnoticable [ანნოტისებლ] *adj* შეუმჩნევე́ლი
unofficial [ანოფფიშიალ] *adj* გაუფორმებე́ლი
unpleasantness [ანპლეზენტნესს] *n* უსიამოვნე-ბა
unprecedented [ანპრესედენტედ] *adj* არნახუ́ლი , გაუგონა́რი
unproductive [ანპროდაქტივ] *adj* უბარა́ქო
unprofitable [ანპროფიტებლ] *adj* საზარა́ლო, უსარგე́ბლო
unpunished [ანპანიშდ] *adj* დაუსჯე́ლი
unrealistic [უნრეალისტიქ] *adj* შეუსაძლებე́ლი
unrealizing [ანრიალაიზინგ] *adj* შეუგნებე́ლი
unreasonable [ანრიზენაბლ] *adj* არაგონიერი
unreliable [ანრელაიაბლ] *adj* გაუტანე́ლი
unrestrained [ანრესტრეინდ] *adj* თავშეუკავე-

ბე́ლი
unsatisfactory [ანსატისპაქტორი] *adj* არასაპატი́ო
unscrupulousness [ანსქრუპულესნესს] *n* უპრიცი́პობა
unseen [ანსიინ] *adj* არნახუ́ლი, გაუგონა́რი, უნახა́ვი
unsuitable [ანსუთებლ] *adj* შეუფერებე́ლი
unsuited [ანსუტედ] *adj* უვარგი́სი
until [ანტილ] *adv* მა́ნამ
untimely [ანტაიმლი] *adj* უდრო́ო
untiring [ანტაიარინგ] *adj* დაუღალა́ვი
untrue [ანტრუ] *adj* არასწო́რი
untruth [ანტრუთ] *n* ტყუ́ილი
unusual [ანიუჟუალ] *adj* არაჩვეულებრი́ვი, უჩვე́ვი, უჩვეუ́ლი
unwilling [ანვილლინგ] *adj* უხალი́სო
unwise [ანუაიზ] *adj* არაგონიე́რი
unworthy [ანვორთი] *adj* უღი́რსი
up [აპ] *adv* ზე́ვით, ზე́მოთ
upper [აპპერ] *adj* ზე́და
upset [აპსეტ] *v* გადატრიალე́ბა
urgent [იურჯენტ] *adj* საჩქა́რო, გადაუდებე́ლი
us [ას] *prón* ჩვენ
use [იუზ] *v* სარგებლო́ბა, გამოყენე́ბა, ხმარე́ბა , შეჩვე́ვა
used [იუზდ] *v* ნახმა́რი

useful [იუზფულ] *adj* მოსახმა́რი, მარგებე́ლი, სასარგე́ბლო
useless [იუსლესს] *adj* უსარგე́ბლო
usual [იუჟუალ] *adj* ჩვეულებრი́ვი
usurer [იუჟურერ] *n* მევა́ხშე
usury [იუჟური] *n* მევახშეო́ბა
uterus [იუტერესს] *n* საშვილო́სნო, სა́შო
utopia [უტოპია] *n* სამო́თღე
utter [ატტერ] *v* ჩალაპარაკე́ბა

V

vacation [ვაქეიშინს] *n* არდადეგე́ბი, შვეულე́ბა
vaccinate [ვაქსინეით] *v* ა́ცრა
vaccination [ვაქსინეიშინ] *n* ა́ცრა
valuable [ვალუებლ] *adj* ფასეუ́ლი
value [ვალიუ] *v* დაფასე́ბა; *n* ღირებულე́ბა; *v* შეფასე́ბა
vanity [ვანიტი] *n* ამაოე́ბა
vapor [ვეიპორ] *n* ო́რთქლი
variable [ვარიებლ] *adj* ცვალება́დი
variety [ვარაიატი] *n* სხვაო́ბა, სახესხვაო́ბა
vegetable [ვეჯეტებლ] *n* ბოსტნეუ́ლი
vehicle [ვეჰიქლ] *n* ავტომობი́ლი
vein [ვეინ] *n* ძა́რღვი
velvet [ველვეტ] *n* ხავე́რდი
vendor [ვენდორ] *n* გამყიდვე́ლი

venom [ვენომ] *n* შხა́მი
verbal [ვერბალ] *adj* სიტყვასიტყვი́თი
verify [ვერიფაი] *v* შემოწმე́ბა
verifying [ვერიფაინგ] *adj* შემმოწმებე́ლი
vertebrate [ვერტებრეით] *adj* ხერხემლია́ნი
vertical [ვერტიქალ] *adj* შვეუ́ლი
very [ვერი] *adv* მეტისმე́ტად, ძალია́ნ, ძა́ლზე, ძლი́ერ
vessel [ვესსლ] *n* გე́მი
victorious [ვიქტორიოს] *v* მოგე́ბა
victory [ვიქტორი] *n* გამარჯვე́ბა
view [ვიუ] *n* ხე́დი
village [ვილლაჯ] *n* სოფე́ლი
vindictive [ვინდიქტივ] *adj* დამსჯე́ლი
vinegar [ვინეგარ] *n* ძმა́რი
vineyard [ვაინიარდ] *n* სავენა́ხე; ვენა́ხი
violate [ვაიოლეით] *v* ძალდატანე́ბა
violence [ვაიოლენს] *n* ძალდატანე́ბა
violet [ვაიოლეტ] *n* ი́ა; *adj* იისფე́რი
virginity [ვირჯინიტი] *n* ქალწულო́ბა
visible [ვიზიბლ] *adj* დასანახა́ვი
visit [ვიზიტ] *n* ნა́ხვა, ჩამო́ვლა; *n* სტუმრო́ბა
visitor [ვიზიტორ] *n* მომსვლე́ლი, სტუმა́რი
vocation [ვოქეიშინ] *n* სამუშა́ო
vodka [ვოდკა] *n* არა́ყი
voice [ვოის] *n* ხმა
volleyball [ვოლლეიბოლლ] *n* ფრენბუ́რთი

volume [ვოლიუმ] *n* ტომი
volunteer [ვოლუნთიირ] *v* მოხალისე
vomit [ვომიტ] *v* ღებინება, გულისრევა
voter [ვოუტერ] *n* ამომრჩეველი

W

wages [ვეიჯ] *n* ჯამაგირი, ხელფასი
wagon [ვაგონ] *n* ვაგონი
wait [ვეიტ] *v* ცდა, ლოდინი, მოცდა, დაცდა
waiting room [ვეიტინგ რუმ] *n* მისაღები
waiting [ვეიტინგ] *n* ლოდინი, მოცდა, დაცდა
walk [ვოკ] *v* სეირნობა, სვლა, სიარული
wallpaper [ვოლლპეიპერ] *n* შპალერი
walnut [ვალნატ] *n* კაკალი
walrus [ვოლრას] *n* ლომთევზი
wander [ვონდერ] *v* ხეტიალი
სურვილი
want [ვონტ] *n* გასაჭირი, სურვილი, გაჭირვება; *v* ურვილი, ნდომა
war [ვორ] *n* ომი
ward [ვორდ] *n* პალატა
wardrobe [ვარდეროობ] *n* განჯინა
warehouse [ვეარჰაუს] *n* საწყობი
warfare [ვარფერ] *n* ომი
warm [ვარმ] *v* გახურება, გათბობა, შეთბობა, გაცხელება; *adj* თბილი, შემთბარი

warmth [ვარმთ] *n* სითბო
warn [ვარნ] *v* გაფრთხილება
warning [ვარნინგ] *n* გაფრთხილება
wash [ვაშ] *v* ამორეცხვა, ჩამორეცხვა, დაბანა, გარეცხვა, რეცხვა, ბანა
washed [ვაშდ] *adj* გარეცხილი
washing [ვაშინგ] *n* ხარეცხი
wasp [ვასპ] *n* ბზიკი
waste [ვეისტ] *v* გაფანტვა, ხარჯვა, დაფანტვა
wasteful [ვეისთფულ] *adj* უანგარიშო
water [ვოტერ] *n* წყალი; *v* მორწყვა
waterfall [ვოტერფოლლ] *n* ჩანჩქერი
watermelon [ვოტერმელონ] *n* საზამთრო
watershed [ვოტერშედ] *n* აუზი
watery [ვოტერი] *adj* წყლიანი
wave [ვეივ] *n* ტალღა; *v* დაქნევა, ქნევა
wax [ვაქს] *n* ცვილი
we [უვი] *pron* ჩვენ
weak [ვიკ] *adj* უძლური, სუსტი
weaken [ვიკენ] *v* დასუსტება, შესუსტება
weakness [ვიკნესს] *n* სისუსტე
wealth [ველთ] *n* სიმდიდრე, დოვლათი
wealthy [ველთი] *adj* მდიდარი, შეძლებული
weather [ვეთერ] *n* ამინდი, დარი, ტაროსი
wedlock [ვედლოკ] *n* ცოლქმრობა
Wednesday [ვენსდეი] *n* ოთხშაბათი
weekly [უვიიკლი] *adj* ყოველკვირეული

weep [ვიიპ] *v* ტირი́ლი
weigh [ვეიჰ] *v* აწო́ნა, წო́ნა
weight [ვეიტ] *n* საწო́ნი;*v* წო́ნა
well [ველლ] *int* ა́ჰა; *adv* კა́რგად; *int* ა́ბა
west [ვესტ] *n* დასავლე́თი
western [ვესტერნ] *adj* დასავლუ́რი
wet [ვეტ] *v* დასველე́ბა; *adj* სვე́ლი
whale [ვჰეილ] *n* ვეშა́პი
what [ვჰოტ] *pron* რანაი́რი́, რა
when [ვჰენ] *conj* როდე́საც; *adv* რო́დის, ო́დეს
where [ვჰეარ] *ádv* სად, სა́ით, საი́თკენ
which [ჰვიჩ] რომე́ლი
whip [ვჰიპ] *n* მათრა́ხი
whisper [ვჰისპერ] *v* ჩაჩურჩულე́ბა
whistle [ვჰისლ] *n* სასტვე́ნი; *v* სტვე́ნა
white [ვჰაით] *adj* თე́თრი
whiteness [ვჰაითნესს] *n* სითე́თრე
who [ჰვუ] რომე́ლი *prón* ვი́ნ, ვის,
whole [ვჰოლ] *adj* მთე́ლი
wholesale [ვჰოლსეილ] *n* ბითუ́მად
whom [ვჰუმ] *prón* ვის
whose [ვჰუზ] *pron* ვი́სი, რო́მლის, ვი́სი
why [ვჰაი] *adv* რა́ტომ
wide [ვაიდ] *adj* განიე́რი, ფა́რთო
widen [ვაიდენ] *v* გაფართოე́ბა
widow [ვიდოუ] *n* ქვრი́ვი
width [ვიდთ] *n* გა́ნი

wife [ვაიფ] *n* მეუღლე, ცოლი, ოჯახობა
wild [ვაილდ] *adj* გარეული
will [ვილლ] *n* ანდერძი/ ნება
willingly [ვილლინგლი] *adv* ხალისიანად, ხალისით
win [ვინ] *v* მოგება
wind [ვინდ] *n* ქარი;*v* მომართვა
window [ვინდოუ] *n* ფანჯარა, ვიტრინა
wine [ვაინ] *n* ღვინო
wine-cellar [ვაინ სელლარ] *n* მარანი
wine-grower [ვაინ გროუერ] *n* მეღვინე
wing [ვინგ] *n* ფლიგელი
wink [ვინკ] *v* ჩაკვრა
winner [ვინნერ] *n* მომგები
winter [ვინტერ] *n* ზამთარი
wise up [ვაიზ აპ] *v* დაჭკვიანება
wise [ვაიზ] *adj* დაჭკვიანებული
wish [ვიშ] *v* მონდომება;*v* *n* წადილი, სურვილი, ნდომა
wishful [ვიშფულ] *adj* მსურველი
witchery [ვიჭერი] *n* ჯადოსნობა
with [ვით] *prep* *adv* თან, ამით
with this [ვით თის] ამით
within [ვითინ] შიგ, შიგნით
without [ვითაუტ] *adj* უჩვენოდ, უშენოდ, უჩემოდ
witness [ვიტნესს] *n* დამსწრე, მოწმე; *v*

დამოწმება
wolf [ვულფ] *n* მგელი
woman [ვუმან] *n* ქალი
womanly [ვუმანლი] *adj* საქალო, ქალური
wonder [ვონდერ] *n* სასწაული
wonderful [ვანდერფულ] *adj* საკვირველი, განსაცვიფრებელი, გასაოცარი, საუცხოო
wonderfully [ვანდერფულლი] *adv* საოცრად
wood [ვუდ] *n* შეშა
wooden [ვუუდენ] *adj* ხის
woodpecker [ვუუდპეკერ] *n* ხეკაკუნა, კოდალა
wool [ვუულ] *n* მატყლი
word [ვორდ] *n* სიტყვა
work [ვორკ] *v n* მუშაობა, სამუშაო, შრომა
worker [ვორკერ] *n* მუშა, მომუშავე
workman [ვორკმან] *n* მომუშავე, ხელოსანი
workshop [ვორკშოპ] *n* სახელოსნო
world [ვორლდ] *n* სამყარო, მსოფლიო
worm [ვორმ] *n* მატლი, ჭია
worn [ვორნ] *adj* ნაცვამი
worry [ვორრი] *n* ჯავრი
worse [ვორს] *adj* უარესი
worship [ვორშიპ] *v* გაღმერთება
worth [ვორთ] *n* ღირებულება
worthy [ვორთი] *adj* ღირსი, საკადრისი
wound [ვუნდ] *n* ჭრილობა
wounded [ვუნდედ] *adj* დაჭრილი

wrap [რაპ] *v* გახვე́ვა
wrecker [რეკერ] *n* მავნებე́ლი
wrestle [რესლ] *v n* ჭიდაო́ბა
wrestler [რესლერ] *n* მოჭიდა́ვე
wrinkle [რინკლ] *v* ჭმუ́ჭნა
wrist [რისტ] *n* მა́ჯა
write off [ვრაიტ ოფ] *v* ჩამოწე́რა
write [რაით] *v* წე́რა, დაწე́რა
writer [რაიტერ] *n* მწერა́ლი
writing [რაიტინგ] *n* დაწე́რა; საწე́რი
written [რიტტენ] *adj* ნაწე́რი
wrong [ვრონგ] *adj* არასწო́რი, მტყუა́ნი

X

xenophobia [გზენოფობია] *n* ში́ში
Xmas [ექსმას] *n* შო́ბა
X-rays [ექრეიზ] *n* რენდგე́ნის სხივე́ბი
xylonite [ქსაილონაით] *n* ცელულო́იდი

Y

yard [იარდ] *n* ე́ზო
yawn [იონ] *v* დამთქნარე́ბა, ჩამთქნარე́ბა, მთქნარე́ბა
year [იეარ] *n* წე́ლი, წელიწა́დი
yearly [ეარლი] *adj* წლიუ́რი, ყოველწლიუ́რი
yellow [იელლოუ] *adj* ყვითე́ლი

yes [იეს] *adv* კი, დი́ახ
yesterday [იესტერდეი] *adv* გუ́შინ
yesterday's [იესტერდეიზ] *n* გუშინდე́ლი
yet [იეტ] *ádv* ჯერ
yoghurt [იოგარტ] *n* მაწო́ნი
you [იუ] *prón* თქვე́ნ, შენ
young [იანგ] *adj* მცირეწლოვა́ნი, ახალგა́ზრდა
younger [იანგერ] *adj* უმცრო́სი
youngster [იანგსტერ] *adj* ახალგა́ზრდა
your [იორ] *adj* შე́ნი
yours [იორზ] *adj* შე́ნი
youth [იუთ] *n* ჭაბუ́კი, სიჭაბუ́კე, მოზა́რდი

Z

zealously [ზელოსლი] *adv* გულდადე́ბით
zebra [ზიბრა] *n* ზე́ბრა
zero [ზირო] *n* ნუ́ლი
zoo [ზუ] *n* ზოოპა́რკი
zoology [ზოოლოჯი] *n* ზოოლოგი́ა

Dictionaries from Hippocrene Books

Albanian-English Dictionary
0744 ISBN 0-87052-077-6 $14.95 paper

English-Albanian Dictionary
0518 ISBN 0-7818-0021-8 $16.95 cloth

Bulgarian-English Dictionary
English-Bulgarian Dictionary
0331 ISBN 0-87052-154-4 $8.95 paper

Byelorussian-English/English Byelorussian Dictionary
1050 ISBN 0-87052-114-4 $9.95 paper

Czech-English English-Czech Concise Dictionary
0276 ISBN 0-87052-981-1 $7.95 paper

Czech Phrasebook
0599 ISBN 0-87052-967-6 $8.95 paper

Danish-English English-Danish Practical Dictioanry
0198 ISBN 0-87052-823-8 $9.95 paper

Dutch-English Concise Dictionary
0606 ISBN 0-87052-910-2 $7.95 paper

American English For Poles
0441 ISBN 83-214-0152-X $20.00 paper

American Phrasebook For Poles
0595 ISBN 0-87052-907-2 $7.95 paper

English for Poles Self-Taught
2648 ISBN 0-88254-904-9 $19.95 cloth

English Conversations for Poles
0762 ISBN 0-87052-873-4 $9.95 paper

American Phrasebook For Russians
0135 ISBN 0-7818-0054-4 $7.95 paper

Finnish-English/English-Finnish Concise Dictionary
0142 ISBN 0-87052-813-0 $9.95 paper

German-English/English-German Practical Dictionary
0200 ISBN 0-88254-813-1 $6.95 paper
2063 ISBN 0-88254-902-2 $12.95 cloth

Norwegian-English English-Norwegian Concise Dictionary
0202 ISBN 0-88254-584-1 $7.95 paper

Polish-English English Polish Practical Dictionary
1014 ISBN 0-87052-083-0 $9.95 paper

Polish-English English-Polish Concise Dictionary
0268 ISBN 0-87052-589-1 $6.95 paper

Polish-English English-Polish Standard Dictionary
0207 ISBN 0-87052-882-3 $14.95 paper
0665 ISBN 0-87052-908-0 $22.50 cloth

Polish Phrasebook and Dictionary
0192 ISBN 0-87052-053-9 $6.95 paper

Romanian-English/English-Romanian Dicitonary
0488 ISBN 0-87052-986-2 $19.95 paper

Romanian Conversation Guide
0153 ISBN 0-87052-803-3 $8.95 paper

English-Russian Dictionary
1025 ISBN 0-87052-100-4 $11.95 paper

A Dictionary of 1,000 Russian Verbs
1042 ISBN 0-87052-100-4 $11.95 paper

Russian-English English-Russian Dictionary
2344 ISBN 0-87052-751-7 $9.95 paper
2346 ISBN 0-87052-758-4 $14.95 cloth

Russian-English Dictionary, with Phonetics
0578 ISBN 0-87052-758-4 $11.95 paper

Russian Phrasebook and Dictionary
0597 ISBN 0-87052-965-X $9.95 paper

Slovak-English/English-Slovak Dictionary
1052 ISBN 0-87052-115-2 $8.95 paper

Ukranian-English/English Ukranian Dictionary
1055 ISBN 0-87052-116-0 $8.95 paper

TO PURCHASE HIPPOCRENE'S BOOKS contact your local bookstore, or write to Hippocrene Books, 171 Madison Avenue, New York, NY 10016. Please enclose a check or money order, adding $3.00 shipping (UPS) for the first book, and 50 cents for each of the others.

Write also for our full catalog of maps and foreign language dictionaries and phrasebooks.